東京湾
巨大貝塚の時代と社会

阿部 芳郎 編

雄山閣

序　文

　大型の貨物船やタンカーが行き来する波穏やかな東京湾も、約1万年前には
なかった。東京湾の形成は日本列島の形成史のなかでは比較的新しい出来事だ。
ちょうどこの時期に環境は地球規模の大きな変化をむかえた。昨今話題とされ
る地球温暖化という大イベントが起こるのだ。

　この温暖化によって海水面がそれまでよりも50m以上も上昇し、古東京川に
刻まれた谷に海水が入り込んで今日見る東京湾ができたのだ。さらにまた黒潮
が房総半島をかすめて流れることにより、暖かい海と温暖な森が出現した。こ
うした土地に定住的な生活を開始した縄文人たちは、海に面した台地の上に活
動の拠点を残したのである。貝塚とはそうした人類の環境適応の歴史を物語る
重要な遺跡だ。

　東京湾東岸あるいは京葉地域とよばれる内湾付近には、約8000年前から貝塚
が残され、縄文時代の貝塚の4割がこの波穏やかな内湾部に残されている。し
かし貝塚と一口にいっても、当時のムラの一角にうず高く盛り上げられた貝塚
から、当時のハマに残されたものなど、その規模や性格は決して単一ではない。
すなわち、こうしたさまざまな性格をもつ貝塚の形成の背景には、縄文人たち
の資源利用の時々の有様が反映しているのである。貝塚とは、人類と資源の利
用形態を考える際に格好の研究対象でもある。

　本書では東京湾東岸地帯に分布する貝塚の調査と研究のあゆみをたどり、ま
ず考古学の先人たちが貝塚から何を学んだのかを今日的に掘り起こして考え、
さらに最新の貝塚研究を紹介し、貝塚遺跡の意義と重要性について考えた。

　また、貝塚研究とともに、貝塚遺跡の保存と活用の現場を経験した第一人者
をあつめた座談会をおこない、将来の貝塚の保存と活用を展望した。開発とい
う波間に消えていった貝塚とその現場に立ち会った人々の経験と視点から、文
化資源としての貝塚のもつ重要性を問い、人類未来を見据える糧としたい。

明治大学日本先史文化研究所所長

阿部芳郎

2009年9月10日

東京湾巨大貝塚の時代と社会　目次

序　文 ……………………………………………………………阿部芳郎　i

第Ⅰ章　貝塚研究の歩み ……………………………………………… 1

1　貝塚を発掘した人々とその研究 ………………………堀越正行　3
貝塚の発見　3／貝塚発掘の本格的開始　5／1924年の千葉・加曽利
貝塚の発掘　8／海　11／貝塚の史跡指定　15／漁労活動　17

2　大規模開発と貝塚研究 …………………………………堀越正行　23
戦後の調査　23／緊急調査の増加　25／大学などの貝塚調査　27／
海と貝塚　30／季節推定　31／数量化とサンプリング　32／貝塚と
集落　33／貝塚の基礎文献　36／史跡指定の追加　37／研究会の活
動ほか　38

第Ⅱ章　東京湾貝塚の学史と新展開 ……………………………… 43

1　姥山貝塚「接続溝第1号竪穴（住居址）遺骸」の
　　死体検案………………………………………………………渡辺　新　45
検　屍　45／竪穴の検分　56／死体検案　58

2　加曽利貝塚の形成過程と集落構造
　　　　―調査記録の再検討と縄文集落研究の課題― ………阿部芳郎　63
大山史前学研究所による調査記録の検討　63／南貝塚における堆積
構造　69／加曽利西貝塚の展開―北貝塚と南貝塚をつなぐ貝塚と集
落展開―　71／加曽利南貝塚の形成と後期集落の展開　74／大形竪
穴建物址と後期の集落構成　75

3　貝塚解題―船橋市古作貝塚を例として― …………………堀越正行　81
発掘と報告　81／貝塚を戸籍簿で知る　82／主要文献にあたる　83／酒
詰仲男と古作貝塚　86／上羽貞幸の発掘　88／八木奘三郎の調査　89
／1980年代の調査　92／古作の埋葬―堀越説　92／古作の埋葬―設
楽説　95／着装品　96／葬制からの復原　97／報告書に望むこと　97

目次　iii

4　園生貝塚の研究史と後晩期の大型貝塚 ………………………須賀博子　101
園生貝塚の研究史と今日的課題　101／貝塚の形態と形成過程　104
／遺跡の広がりと貝層・集落形成の関係　108／おわりに　115

5　千葉貝塚（貝塚町貝塚群）と縄紋式社会研究 ………………鈴木正博　119
序―千葉貝塚（貝塚町貝塚群）は「FRS集落」の複合―　119／千
葉貝塚(貝塚町貝塚群)研究の原点―環状貝塚から環状集落論へ―　120
／千葉貝塚（貝塚町貝塚群）研究の土台―「貝塚の隣地」から「集
落相互の状況」を経、ついには「貝塚町貝塚群」へ―　126／千葉
貝塚（貝塚町貝塚群）研究の展開―複雑化した社会と地域社会の単
位からみた新たな集落論の射程―　130／今後の課題と展望―研究
なくして活用なし！　136

第Ⅲ章　最先端の貝塚研究と縄文社会論 …………………………………　141

1　大型貝塚形成の背景をさぐる …………………………………西野雅人　143
大型貝塚の形成年代　143／大型貝塚を含む集落群の構造　145／大
型貝塚を支えた生産様式　152／大型貝塚形成の背景　160

2　東京湾沿岸における縄文時代人骨に見られる古病理学的研究について
　　　―千葉県市川市姥山貝塚出土例を中心にして―　…………谷畑美帆　163
被葬者である出土人骨に関する研究史　163／観察対象とした資料
と観察方法　169／観察結果　170／考察　174／まとめ　175

3　大型貝塚調査から見えてきた
　　　縄文時代の装身具の実態と貝材利用 ………………………忍澤成視　181
祇園原貝塚と西広貝塚の遺跡立地と調査概要　181／貝塚の分析作
業　187／道具類構成の実態　189／装身具の出土状況　194／房総
半島における貝材利用の実態　194

4　微小貝類からみた東京湾沿岸の巨大貝塚の時代 ……………黒住耐二　203
西広貝塚における微小貝類サンプリング　203／陸産貝類による遺
跡周辺の古環境推定　204／海産微小貝類による植物利用の推定
212／食用貝類の採集・調理・廃棄の問題　217／おわりに　218

第Ⅳ章　座談会
　　　巨大貝塚はどう守られたのか …………………後藤和民・熊野正也　223
　　　　　　　　　　　　　　　　　　　堀越正行・秋山邦雄・鈴木正博
　　　　　　　　　　　　　　　　　　　　　　　司会　阿部芳郎
あとがき …………………………………………………………阿部芳郎　263
執筆者紹介 …………………………………………………………………… 265

第Ⅰ章　貝塚研究の歩み

千葉県香取市良文貝塚出土
人面香炉土器

1　貝塚を発掘した人々とその研究

堀越正行

1　貝塚の発見

　貝塚という用語は、何も考古学の専門用語ではなく、地名などとして古くから使用されていたものである。しかし、人々は貝塚という用語を使用し続けていたけれども、貝塚を先人の残した遺跡として認識していたわけではなかった。遺跡という認識のもとで科学的な解明に取り組んだのは、1877（明治10）年に来日したE.S.モールスが最初である。

　モールスの来日は、腕足類の研究が目的であったのであるが、アメリカにおいて貝塚を発掘した経験があり、日本においてもこれを実践したいという願望も抱いていた。モールスは、幸運にも東京大学教授の職を得て動物学や進化論の講義をする一方、東京に向かう車窓から発見した東京・大森貝塚の発掘に着手したのである。助手として松村任三が任命され、生物学科に入学した学生の松浦佐用彦・佐々木忠二郎がモールスの指導を受け、大森貝塚の発掘と遺物の整理作業に従事し、報告書（E. S. Morse 1879、図1）の刊行に協力したのであるが、松浦はその翌年にチフスで急逝してしまう。今一人の教え子である佐々木は、1879年、淡水貝類採集のため霞ヶ浦沿岸を調査中に茨城・陸平貝塚を発見、1年後輩の飯島魁とともに発掘し、日本人による最初の学術報告と評価されている報告書を刊行

図1　大森貝塚の報告書（和文版と英文版）

している。もとより、彼らは生物学科の学生であり、専門の動物学の道を歩んだため、モールスから直接教えを受けた考古学研究は途絶えることになる。しかし、モールスは、講演会や発掘資料や動物標本の展示（一ツ橋にあった大学理学部博物場（有坂 1939）"博品館"）など、科学の啓発活動にも力を入れており、文明開化直後の日本人各層に大いに刺激を与えたことは間違いない。

　ちなみに、明治年間の人類学・考古学に指導的役割を果たした坪井正五郎は、大森貝塚発掘の年、東京大学予備門に入学している。坪井は、大森貝塚発掘の件を伝聞していた（吉川 1933a）のであるが、大森貝塚に行ったという記録はない。モールスから直接指導を受けなかったことは事実としても、自伝の中で「余が幼時の博物学的傾向とモールス氏佐々木氏の動物学者なりしとの事実とが余を此学科に導きしにもや有らん」（吉川 1933b）と、生物学科を専攻した動機についてモールスの存在が大きかったことを吐露している。モールスの教えを受けなくとも、近代科学の風を坪井も受けていたことは間違いないであろう。

　その後、日本各地で貝塚が発見されていくことになるのであるが、千葉県では、常総各地を旅行していた伊澤信三郎が、道普請中の東金街道で撒かれていた貝殻に注目し、その中に土器や骨があることを認め、これを貝塚から運んだものであることを確信して搬出元の千葉・主理台貝塚に逢着、後日、さらに番人貝塚と六通貝塚を発見したのが最初である（加部 1881）。それは1881年夏のことである。このうちの番人貝塚は、その後その呼称をみないのであるが、今日の千葉市築地台貝塚に比定される（堀越 2008）。信三郎が文部省書記官伊澤修二の弟であったことがこの発見のキーポイントで、彼は大森貝塚のことを兄から聞かされていたに違いない。

　1884年10月12日、東京大学植物学教室で第1回の人類学会が開かれた。これは、そもそも坪井正五郎（当時21歳）など東京大学の学生を中心とした同好の士が、「各自採集した遺物を持ちより、これを比較して、盛に気焔を挙げ、半日を愉快に送ったのに基因」（有坂 1939）し、「古事考ふる友達も已に五指の数にも余るやうなりたればべつに一の会をたてたて（略）相集りて各思ふ節を述べ互に益せん事を思ふが如何にや」（白井 1924）という坪井の提案に賛同したことにより実現したものである。この人類学会（1886年から1940年までは東京人類学会、その後は日本人類学会）とその関係者こそが、このあと貝塚研究の主役となって活動していくのである。月1回ペースで開かれる例会で会員が発表し、同様に会誌も発行されるという、実にエネルギッシュな活動が展開されていったのであるが、その背景に多くの会員の盛んな野外調査があった。

　しかし、「発掘と日ふことは容易に出来ず、大抵貝塚物は表面採集に留まっていたのは、言はゞ学生あがりの連中とて勢力もなく、便宜もなかつた訳では

あるが、帰する所は費用欠乏の為めであると思ふ」が、「夫れでも坪井さんが洋行から帰つて、西ヶ原貝塚を発掘する迄は妙に世人一般は勿論のこと大学の連中と雖も先史遺跡は総て表面採集の一点に止まつて居つた。然るに坪井博士の帰朝後、此旧風を一洗すると倶に」（八木 1935）という。ちなみに坪井は、1886年9月に初の人類学専攻生として大学院に進学し、給費を受けるようになった。1888年9月には理科大学助手を拝命し、翌1889年6月から3年間のイギリス・フランスの官費留学を命ぜられ、1892年10月に帰朝し、同月理科大学教授に任ぜられ、人類学の講義を開始している。大学院生時代に坪井の関係した足利公園の古墳や吉見百穴などの大きな調査は、地元の町会や地主、時に東大総長などの費用拠出で実現した（八木 1935）ことが指摘されている。

2　貝塚発掘の本格的開始

　陸平貝塚以後の発掘調査の敢行は、1892年12月の坪井による帰朝直後の東京・西ヶ原貝塚をもって嚆矢とするというのが通説であるが、坪井の留学中に帝国大学理科大学庸人の若林勝邦が、坪井に先んじて西ヶ原貝塚を発掘している。坪井による西ヶ原貝塚の発掘は、帰朝後の成果を出すため、発掘の手本を自ら示したものであった。そして坪井の依頼により、八木奘三郎が船橋・古作貝塚と市川・姥山貝塚（1893年1月）、山崎直方・佐藤伝蔵が市川・曽谷貝塚と千葉・千葉貝塚[1]（同年1月）、鳥居龍蔵が埼玉・新郷東貝塚（同年1月）、鳥居龍蔵・内山九三郎が東京・下沼部貝塚（同年3月）、内山九三郎が東京・千鳥久保貝塚（同年3月）、八木奘三郎・下村三四吉が茨城・椎塚貝塚（同年4月）と香取・阿玉台貝塚（1894年1月）を次々と発掘したことから、一転して堰を切るように発掘による貝塚研究が盛んとなっていった。ちなみに、当時、八木・鳥居は帝国大学理科大学人類学教室備人、山崎直方・佐藤伝蔵は理大生であった。

　「今日の貝塚発掘は、いづれも大規模で且学術的であるが、明治中葉の斯学創生の時代には、実に簡単なものであつた。尤も大森と陸平とは例外であるが、先づ貝塚の所在を見付けるのが一つぱしの名誉であつてそれも其頃は所謂先人未踏の処女地許りであつたから、少し踏み出した東京郊外でも随分手柄が立てられた。されば採集家はステッキで、甚しいのは蝙蝠傘の先でほじくる位でもよかつたのである」（中澤 1937）という貝塚・遺跡発見時代から、いよいよ貝塚・遺跡発掘時代へと移行していったのである。

　もちろん、遺跡発見は以後も続くのであるが、かくして1897年、『日本石器時代人民遺物発見地名表』第1版が東京帝国大学（人類学教室）により刊行されるに至る。これは全国の東京人類学会員からの遺物・遺跡情報を集大成し

た成果物であり、1930年の第5版まで増補を加えて改訂されていく。表示は旧国ごとにおこなわれていて、貝塚表示のあるものを拾うと、安房国2、上総国4、下総国62（内訳は千葉県51、茨城県11）となっている。余山が貝塚となっていないなど額面通りに評価はできないが、これによって大森貝塚発掘以後の20年間の動静を知ることができる。

　明治年間の石器時代住民の人種・民族論争においては、文様・土偶や竪穴住居、石器使用・食人などで風俗・習慣を比較検討していたのであるが、直接的証拠としての石器時代人の骨を得ることも悲願であった。モールスの大森貝塚で人骨が発見されたことにより、貝塚から人骨が発見されることのあることは知られていたのであるが、実際には長らく四肢骨・大腿骨といった部分骨のみしか得られず、全身の骨はなかなか発見されなかった。部分骨のみで、切り込み痕を残す骨もあるということの帰結として、モールスによる石器時代人＝食人説と、全体の共通認識としての食人をする石器時代人＝蛮族＝先住民という説の定着をみるのである。

　発掘による完全に近い埋葬人骨の発見は、1904年に高島唯峯（多米治）が市川・堀之内貝塚で貝層中より1体を発見したのが最初である[2]。しかし、この前例のない発見は、何と当の人類学教室関係者によって果たして本当に石器時代の人骨なのかという疑義が提出（無記名 1905）されるという後日談を生み、すぐには正当に評価されなかったことに異議が提出（高島 1909b）されたこともある。

　しかし、1905・06年のマンローによる神奈川・三ッ沢貝塚の発掘でも、3個の頭蓋骨とともに2体の人骨（小金井 1923）が、1906・07年に発掘が繰り返された銚子・余山貝塚でも人骨10数体が、ともに貝層の下から発見され、人骨は当時のままであることは疑い無いと主張された（高島 1909a）のである。さらに1907年には千葉・加曽利貝塚で1体、1907・08年には岩手・中沢浜貝塚で多数の人骨が発見され、この後も各地で完全な骨格を保った人骨が次々と発掘されるようになるにつれて疑いも晴れ、今度は一転して埋葬状態も検討の対象（小金井 1923）となっていくのである。

　明治時代の"コロポックル説"と"アイヌ説"の論争は、"コロポックル説"が1913年の坪井の逝去により自然消滅したため、大正時代は"アイヌ説"一色となった（大野 1918、鳥居 1924、小金井 1924など）。とはいえ、石器時代人は大和民族に駆逐された先住民＝異民族であるという論の前提は、何らの変更もなかったのである。そうした中で発表されたのが病理学者清野謙次による"日本原人説"である。それは、それまで清野が収集した600体をこえる古人骨の検討から、日本の大部分を占めていた1種族とみなすべき石器時代人民（日本

6　第I章　貝塚研究の歩み

原人）が、その後、お互いに混血しつつも、他種族との混血によって二つの異なった方向に流れ、それぞれ今日のアイヌと今日の日本人になったというものである（清野 1925）。この"日本原人説"は、石器時代人をそのままアイヌとはいえないこと、現代日本人と繋がっていることを主張したのであるから、それまでの別人種という呪縛を解放した説として実に画期的であったといえる。

　1904年、高島唯峯が市川・堀之内貝塚の貝層中より完全に近い埋葬人骨1体を発見したのは、東京人類学会創立20周年を記念して計画された、同貝塚への10月16日の遠足会の翌日である。完全な人骨の発見は、遠足会に参加した水谷・江見・飯田・高島の4名が1泊し、翌日も堀之内貝塚を発掘した成果であったのである。さて81名という多数の参加者をみた遠足会の方は、貝塚を発掘して学術上の研究をなすことに最大の目的が置かれたのであるが、多様な同好者が発掘を通して学事上交際上益すること（坪井 1904）もまた期待されていた。実際には、各自が思い思いに陣取って発掘し、珍品を得ることに夢中であったのであるが、途中で坪井会長による講話があり、最後には発見された遺物が集められて陳列され、講評もされている。また大野雲外の手によるスケッチのほか、徳川頼倫によって写真撮影による記録もされている。以後も概ねこのスタイルで続けられていくのであるが、この最初の遠足会こそ、それまでのスケッチから写真に移行していく転換点でもあった。

　この東京人類学会主催の遠足会は病み付きとなり、1940年の第14回まで断続的に東京近郊の貝塚を対象として実施されていく。以下に列記すると、第2回千葉・園生貝塚（1906年）、第3回千葉・加曽利貝塚（1907年）、第4回茨城・小文間（中妻）貝塚（1914年）、第5回千葉・加曽利貝塚（1915年）、第6回市川・堀之内貝塚（1917年）、第7回千葉・犢橋貝塚（1925年）、第8回市川・姥山貝塚（1926年）、第9回野田・山崎貝塚（1927年）、第10回流山・上新宿貝塚[3]（1928年）、第11回流山・鰭ヶ崎貝塚（1932年）、第12回埼玉・真福寺貝塚（1934年）、第13回埼玉・水子貝塚（1939年）、第14回流山・上新宿貝塚（1940年）。

　そこでの中核をなす東京帝国大学人類学教室員の最大の眼目が、人骨の発見にあったことはいうまでもないが、第8回での貝層下土層を発掘して竪穴住居跡の床の発見、第9回での発掘地点の違いで貝の淡鹹度が異なることに気付いたこと、第10回での正方形区画を20cmずつ下げて遺物と貝殻の変化を調べる方法の採用、第11回では堀之内期という土器型式名の報告での登場など、回を追うごとに発掘の方法や観点の明確化がしっかりとしたものになっていく様が見て取れる。かくして遠足会も、当初の珍品考古学から次第に層位関係を調べる考古学へと変容し、「文化と編相。これこそ現代の先史考古学者が最も興味を集中し、激しく論議するところの問題である」（宮内・赤堀 1928）とまで指摘

1　貝塚を発掘した人々とその研究（堀越正行）　　7

されるに至ったのである。

　そのうち特筆されるのは、第8回の市川・姥山貝塚での貝層下土層の発掘が、竪穴住居跡床面と埋葬人骨1体の発見を齎し、直後に開始された本調査によって完全な姿の竪穴住居跡が発見されたことに止まらず、多数の住居が群在して集落をなすことが明らかとなるなど、大きな成果をあげたことである。この当たり前ともいえる貝層下土層の発掘というのは、しかし、近代考古学における発掘調査の最初からおこなわれたものではなかったのであった。

　そもそも、それまでの貝塚の発掘一般は、貝層の尽きる最下部は「敷」（八木・下村 1893、江見 1917ほか）と命名され、そこで発掘を終了するのが普通であった。今日いう「地山」は、当初は貝層下土層上面であったのである。もちろん、中には貝層下の土層を発掘した調査もあり、それによってマンローは1905・06年に神奈川・三ッ沢貝塚で人骨を得ている。また大野市平・水谷幻花・高島などによる1906・07年の銚子・余山貝塚の断続的な調査でも、続々と人骨を発見したのである。この直前の1905年の余山貝塚の発掘で、坪井ら（坪井・柴田ほか 1905）が人骨を発見できなかったのは、これまで通り貝層の敷で発掘を終えてしまったからである。「人骨は貝層の盡くる處に発見せられ、而して其位置たる、必ず貝層の下五寸乃至一尺以下の砂地にありて、皆一様に長く横はれり」（高島 1909a）という高島の所見にあるように、高島らは貝層よりも下の砂層まで掘り下げたことにより人骨を発見できたのである。

3　1924年の千葉・加曽利貝塚の発掘

　実は、1926年の姥山貝塚発掘の2年前の1924年3月、東京帝国大学人類学教室では千葉・加曽利貝塚の発掘をおこなっている。これこそかの有名な加曽利E式と加曽利B式の違いが層位により認識された記念すべき発掘として知られているが、そもそもが「殊に人骨の存在を予想しての」「発掘地点の選定」による調査であり、小金井博士が特に意を注いだのは、「他地方の発見状態に徴して先づ考慮すべき事」として、「貝層の下の黒褐色の」「土の層の中又は貝層底から人骨が発見されるであらうと云ふ事」であった（八幡 1924）。人類学教室員による貝層下土層の発掘は、このときがはじめてだったのであろう。したがってこれ以前の東京帝国大学人類学教室員のかかわった発掘では、貝層下土層を意識した調査はされなかったということになる。ちなみに内務省史蹟調査員の柴田常恵らが、富山・朝日貝塚で史蹟指定直後に焼失した誓度寺境内における2回目の発掘で、貝層下からかの著名な炉跡を伴う住居床面を確認したのは、加曽利貝塚発掘3ヶ月後の1924年6月である。

　第6回市川・堀之内貝塚（1917年）、第7回千葉・犢橋貝塚（1925年）の遠足

会の記録では、そのあたりの言及がないので確認できないが、少なくとも第3回千葉・加曽利貝塚（1907年）、第4回茨城・小文間（中妻）貝塚（1914年）では「敷に達せり」とあるから、そこでは貝層下土層への発掘はおこなわれていないと考えられる。余山貝塚で人骨が発見できなかった1905年と人骨が次々と発見されていった1906年以後の違いが、現象的には掘り方の違い、根本的には先入観の有無にあったことに、東京帝国大学人類学教室員は長らく気付かなかったのである。

　このことについて清野謙次は、「関東貝塚から今日迄人骨の発見が稀なのは、関東では石器時代墓地と貝塚とは遠隔して居たのかも知れぬが今日迄の関東貝塚の発掘者は遺物採集が目的だつたから、人骨の少ない部分を掘つて居たのも原因の一で無いかと思ふ」（清野 1925）と、相変わらずの珍品狙いの貝層掘りに終始していた関東の貝塚発掘法一般が、人骨の発見を少なくしていた事情を冷静に分析していたのであった。1919年の岡山・津雲貝塚、熊本・轟貝塚、1922年の愛知・伊川津貝塚、同・吉胡貝塚（1923年）など、「各地からしきりに石器時代の人骨の埋葬されたものが発見され学界は俄かに色めきわたつた。それが殆んど内地全般に亘つて ゞあつたが、数に於ても量に於ても最も豊富に貝塚を有する関東地方は独り其の圏外にあるかの感があつた。今でも少しも発見されなかつたのではないが、他地方に比すると実に寥々たる晨星にもひとしい程僅かなものに過ぎない」として、「関東地方に埋葬された人骨の集群を発見する事は全く不可能であらうか。この疑問を解結する為めに私達は鍬を執つた」（八幡 1924）のが、1924年3月の千葉・加曽利貝塚の小金井博士と東京帝国大学人類学教室による発掘であったのである。

　「分担で一つの区の貝層を発掘し了る毎に更に貝層の下に続く黒味を帯びた褐色の土の層を0.4-0.6米ぢあままで掘下げつゝ進んだ」（八幡 1924）結果、人骨3体の発見に成功し、目的は一応達せられたのであるが、この発掘はB地点、E地点、D地点の3地点に拡大していったことから、B地点とE地点の土器が趣を異にし、かつB地点の貝層下土層からはE地点に似た土器が現れたことにより、加曽利E式土器と加曽利B式土器の違いが、まとまりと時間差として認識された（八幡 1924）のは、この加曽利貝塚における貝層下土層の発掘の副産物であったのである。この加曽利報告でいう「ぢあま」とは「地山」のこと、ここでは赤土のことであろう。

　遺跡によって土器の趣が異なることは、大森貝塚に続く陸平貝塚の報告で早くも指摘されていることであり、遺跡間の土器を比較する行為は、むしろ自然な成り行きである。1894年の香取・阿玉台貝塚の報告以降、「大森式」「陸平式」「浮島式」などとタイプ別に分類された土器には時間差があるらしいことが、

1　貝塚を発掘した人々とその研究（堀越正行）　　9

貝塚の貝の淡鹹の差から想定されていたのである。これに対して1920年、土器の違いは、海岸地方—漁人的性格—薄手式派、台地地方—狩人的性格—厚手式派、出羽・陸奥—出奥式（亀ヶ岡式）派という、地理的に生活様式の異なる3部族が同時併存したことによるものという説が鳥居龍蔵により提唱（鳥居 1920）された。これは武蔵野を主たるフィールドとしていた鳥居ならではの説であるが、「着想としてちょっと面白かったので、一時は世間から喝采されたものです」（甲野 1953）という。しかし、1924年の千葉・加曽利貝塚の発掘は、図らずも土器の違いが年代差かそれとも部族差かという両説を検証する場となったのであり、厚手式の加曽利E式土器が古く、薄手式の加曽利B式土器が新しいという時間差をもつことが海岸地方の貝塚で証明されたことにより、考古学的な裏付けのない鳥居の部族差説は破綻する。

　鳥居の先史考古学研究（鳥居 1925・1928）は、民衆の生活の復原に比重を置いたものであると評価できよう。それゆえに論点は多岐にわたることになるのであるが、武蔵野台地における地理的な偏りをもつ土器の違いを空間的な生活様式の違いとして解釈したのも、生活の復原を目指すあまり、証拠の検討を怠ってしまったことによるのであろう。その一方、1893年1月に坪井の依頼により発掘し、同年11月に報告した埼玉・新郷東貝塚の中で、大森貝塚と陸平貝塚の報告書について、「惜ム可シコノ貴重ナル書、其貝塚内部ノ積層、遺物トノ関係如何等ハ絶ヘテコレヲ記スルナシ」（鳥居 1893）と、層位と遺物を結びつけた報告になっていないことに不満を述べているように、鳥居は研究法にも意を払っていたこと—しかもかなり早い段階で—がうかがえる。とはいえ、当の鳥居自身も層に対応した遺物の報告をしていないのであるから、有言不実行で、結果としては何らの前進もみられなかったのである。

　京都大学考古学研究室の浜田耕作が欧州留学後に、大阪・国府遺跡を分層的に発掘したのが1917・18年、東北大学古生物研究室の松本彦七郎が地質学の地層累重の法則を応用して宮城・大木囲貝塚・里浜貝塚・青島貝塚などを分層的に発掘したのが1918年以降であるから、鳥居の発想を踏まえた発掘とその報告がすぐにかつ広く実践されていたならば、日本考古学は25年も早く、その第1歩を進めていたのかもしれない。しかし、残念なことに、そうはならなかった。そもそも鳥居の関心は、生活の復原に必要な遺物の共存関係の確認にあったと考えられ、層位学的方法や型式学的方法を推し進めることはなかったようである。

　明治年間の未熟な型式学のあと、大正年間半ば以降は層位学的方法の採用がはじまったが、その次に発達したのが山内清男・八幡一郎・甲野勇らによる本格的な型式学的方法による型式設定と編年的研究である。この契機が、3氏の

10　第Ⅰ章　貝塚研究の歩み

参加した1924年の千葉・加曽利貝塚の層位学的方法に注意を払った発掘にあったことは、周知のことであろう。その中心的役割を果たした山内による次の解説もまたよく知られた文章である。「加曽利貝塚の発掘（大正13年3月）は、土器型式の内容決定、層位的事実、年代的考察に向つて僕等を躍進せしめた。加曽利E地点発掘土器、加曽利B地点貝塚土器は各別個の一型とみとめられ、爾後地点の名称は夫々の型式を指示する言葉となつた。これに前後して堀之内貝塚の土器は大正10年鳥居博士が主宰、小松宮坂山内等の参加した発掘の土器及大正7年僕の表面採集品を標準として一型式と認められ、安行貝塚の土器は大正8年僕と藤枝隆太郎氏との組織的発掘の土器を基として他の一型式として認められた。これらの名称は型式を指示するものとして用ひられた。以上の型式だけに就ては、加曽利B地点貝層以下の土層には「堀之内」が稍多量、加曽利に近縁な土器が発見された。更に僕は「堀之内」は「加曽利」より後であることを示す型式学的根拠に基いて加曽利、堀之内、加曽利Bの年代的序列を認めた。「安行」は最近甲野君の報告した真福寺貝塚の土器と同じで、加曽利以後と考えられた」（山内 1928）。

　山内は、加曽利貝塚発掘（1924年）以前において、堀之内貝塚の採集（1917年）と発掘（1921年）での地点による土器の違いを認め、埼玉・安行貝塚の発掘（1919年）で異なる土器を知り、松戸・上本郷貝塚（1922年）で地点により土器が異なることに興味を惹いたことなどという研究の下地を蓄積していたのである。その上で加曽利貝塚発掘により地点と層位の違いにより土器の違いと時間差を認めたことから、1924年以後、型式学的方法による型式設定と編年的研究を一気に本格化させたのであろう。とりわけ東北帝国大学医学部副手としての赴任は、東北と関東の土器を比較検討して土器編年を確立する機会となり、東京に戻ってからは、その年代的序列の全国的な編成に向けて邁進していくのである。かくして1920年代の慣用語であった厚手や薄手は、やがてまず研究仲間であだ名のように地点による土器型式名で呼ばれるようになり、さらに土器編年表の提示と層位的事実と型式学的方法によって補強された土器型式の解説により、広く研究者の間で呼称されるようになっていったのである。

4　海

　市川・堀之内貝塚「から海迄は二里計りも有りませう。如何に昔の人が時を貴ばなかつたにもせよ、無益な労力を費して態々遠い所から貝を運んで来たとは思はれない。近傍に産する貝類を採つて食用に供したとすれば、海が近い所に有つたに相違無い」（坪井 1904）と、貝塚の近傍に水域を想定し、また貝の種類から海や河口を想定しようとしたのは、至極当然のことであろう。

坪井の依頼により茨城・椎塚貝塚と香取・阿玉台貝塚を発掘した八木奘三郎と下村三四吉は、香取・阿玉台貝塚の報告にあたり、「関東地方所出ノ土器ニハ二様ノ別アリ」として、薄手・精巧な大森式と粗笨・粗大な陸平式土器の間に年代差を認めたのは、貝塚の貝の淡鹹の差を年代の差と考えたことによる。「元来貝類ノ異同ハ天然ノ海潮作用ニ依ルモノアルガ故ニ、同一時代ニ斯ク河海両様ノ貝ヲ両岸或ハ海辺ニ近キ場所ニ産スルノ理由ナケレバ必ズヤ其間ニ年代ノ懸隔アルモノト見做サザルベカラズ。然ラバ則チ右二様ノ遺物ヲ止メシモノハ何レヲ先トシ何レヲ後トスルヤト云ハゞ、彼ノ粗大ナル土器即陸平式ノモノヲ以テ後者トナサゞルヲ得ズ。如何トナレバ、此風ノ遺物ヲ出ス貝塚ハ二者共ニ海辺ノ近傍ニ在レドモ却テ蜆貝ノ類最多ケレバナリ」（八木・下村 1894）。

　八木・下村が貝の淡鹹の違いに時間差を認めたのは卓見である。しかし、そこで得られた、河＝シジミの貝塚・椎塚貝塚・大森式土器が古く、海＝ハマグリの貝塚・阿玉台貝塚・陸平式土器が新しいという結論は、その後の土器編年の確立により逆であることが明らかとなるのであるが、貝塚の位置と貝の淡鹹の違いにより土器や貝塚の時間差を求めようとする研究は、この後、1930年代まで続く。そこでの前提は、「大鳥圭介先生モ曾テ本曾ニ於テ武蔵一般及ビ東京ニ就キテ隆起ト三角州ノ┐ヲ演述セラレシ由」（坪井 1888）とあるように、土地隆起が想定されていた。すなわちかつて海が広がっていた時に貝塚がつくられ、その後の隆起により海が後退して現在に至ったというものである。ところが、なぜか阿玉台貝塚の報告はこれに従わなかったため、結論が誤ってしまったのである。これを海→河としていたら、陸平式土器→大森式土器という結果となり、この報告は、俄然高い評価が得られたに違いない。

　当時知られた下総・武蔵・相模の55ヵ所の貝塚を「皆鹹水産ノ貝殻ヨリナレリ」と認定して地図に落し、「総武間ノ地層中沖積層ノ低地ハ石器時代ノ海底ニシテ洪積層ノ丘崖ハ石器時代ニアツテハ海岸ナリシヲ認ム精細ニ云ハゞ東京湾ノ海水ハ遠ク（一）下総関宿貝塚ノ丘下（略）ニ達シ現今ノ中川江戸川荒川ノ如キハ固ヨリ其形ヲダモナサリシナラン（略）最遠キハ十三里ヨリ十五里ニ達シ」（若林 1892）とは、かつての東京湾を貝塚の位置によって再現しようとした若林勝邦の先駆的な取り組みであった。

　さらに貝塚の位置と貝類の淡鹹から、有史以前の東京湾を想定したのは鳥居龍蔵である（鳥居 1921）。当時の鹹水と淡水の境界線は、武蔵野台地の小豆沢付近（東京都板橋区）から下総台地の流山の北あたりに一線を引いた所にあったとし、下総台地―大宮台地―武蔵野台地―下末吉台地の間に形成されていた入江を、埼玉の入江、豊島の入江、多摩の入江と呼んでいる。これは、今日でいう奥東京湾の輪郭を大雑把ながらも指摘した最初である。これに対する異議

12　第Ⅰ章　貝塚研究の歩み

は、直良信夫（旧姓村本）によって提出されているが、その根拠は、貝類学者矢倉和三郎の研究によるハマグリのA型・B型の形態差によるものであった。すなわち、流山貝塚で採集されたハマグリには、「外海か若しくは潮流烈しき場所に棲息する」「B型が介存してゐた」ことから、「海は流山貝塚附近よりも、ずっと奥まで這入ってゐたに相違ない」とし、結論として、「貝塚包含の貝類に依り、石器時代に於ける東京湾の海水の深さ及淡水と鹹水との境界線は、（中略）流山附近より遥かに奥まではまだ鹹水であり、関宿附近まで僅か乍ら潮は流入し（後略）」（村本1924）たとしたのである。

その後に実施された鈴木尚によるハマグリの形態的変化に関する研究の結論は、ハマグリの左右の殻をつなげる蝶番部に近い殻頂部と、殻長をなす左右の突端である前縁と後縁を結ぶ角度 a は、「同一年代では同一値を、然も年代に平行して、遡上れば値は小に、年代が降下すれば値は大となる。然も其の値の変化は、連続的で然も単調な一方向的変化である」とする。「従って逆に a 角によって土器形式を想像し、時には規定することが出来る」とすらいう（鈴木1935）。ハマグリの形態差が、鈴木のいうように年代差とすれば、直良説の環境差とする根拠は崩れることになるが、この点の今日の評価は寡聞にして知らない。とはいえ、ハマグリの形態差で水域の違いを復原しようとする直良の研究手法は、動物考古学ならではのものである。

そして地理学者東木龍七による石器時代の東京湾の旧海岸線を復原する研究が発表される（東木1926abcd、図2）。まず陸地測量部の地形図により地形区分し、次に東京帝国大学人類学教室編纂の『日本石器時代人民遺物発見地名表』第4版（1917）所収の貝塚を地図に落し、そして貝塚所在の谷地形の諸々を計算して検討を加えたものである。貝塚の分布線＝当時の海岸線という認識を前提としているが、土器の新旧はともかく、貝類の淡鹹という観点がまったく考慮されていないのは、鳥居論文よりも後退しているといえる。

そこでの地形発達史は、①深い渓谷の成立、②傾斜沈降運動による海水の侵入、③貝塚の成立、④海水の退却＝沈水谷の陸化という経過

図2　東木龍七論文掲載の『地理学評論』

を辿るというもので、④の作用としては、陸地の隆起、河流による堆積、両作用の合併作用があげられ、東木は堆積作用を重視している。かくして、貝塚の成立は現在の海岸の支配を受けず、陸地が沈降して海水の侵入をみた旧溺れ谷の支配を受けて成立したものであるとするのであるが、東木が言いはじめたとされる世に知られた10m海進説に関しては、海水の侵入は陸地の沈降作用、海水の退却は河流による堆積作用で説明していることから、海面は変動せずに一定であったという立場をとっており、当時は海面が10m上昇していたということを主張してはいないのである。したがって、10m海進説は後世人の早とちりの結果ということになるが、東木の仕事の及ぼした影響は大きなものがあった。

　1929年に開設された大山史前学研究所は、貝類の淡鹹の程度と谷の位置から貝塚の新旧を明らかにし、土器の編年を求めることに大きな研究テーマを設定し、研究活動を精力的に進めていったのであるが、1925年秋の大山が主催する史前学会による埼玉・真福寺貝塚の発掘とその報告（甲野 1928）は、その先駆けとなる仕事であった。この綾瀬川谷での適用を東京湾各地に広げ、精力的に活動したのが大山史前学研究所であり、開所5年後には予報として公表された（大山・宮坂・池上 1933）。しばらくの後に刊行された田村剛・本田正次編の『武蔵野』は、1940年現在の武蔵野の総合研究書といえるものであるが、考古は八幡一郎と和島誠一が執筆している（八幡・和島 1941）。これも陸地の沈降により谷に海水が侵入し、人が住みついて貝塚を形成してからは海が現在に向けて後退していったという従来の理解の仕方で解説されているのであるが、前期・中期・後期という3時期区分を採用して時系列で記述されているため、内容に齟齬はきたしていないものとなっている。

　この直後に、従来の一方向的海退論に疑問を提出したのは、酒詰仲男（酒詰 1942）と江坂輝弥（江坂 1943）である。これにも前史があり、1937年に埼玉・上福岡貝塚、神奈川・下組東貝塚、東京・四枚畑貝塚で相次いで前期の貝塚を伴う竪穴住居跡が発掘され、その後も関東各地で前期の貝塚が続々発見され、検討材料が増えていたのである。酒詰は、これらを整備が進んだ土器編年に照らし、最奥の貝塚は前期が多くて鹹度も高く、早期貝塚の場合は鹹度が低いことに気付き、また和島の示唆を受け、従来の一方向的海退論は誤りで、前期に海水がもっとも深く侵入したという結論に達したのである（酒詰 1942・1967）。江坂論文（江坂 1943）もほぼ同内容であり、かくして一方的海退論からの呪縛から解放され、縄文時代前期（酒詰は諸磯B式、江坂は関山式から諸磯式）を極限とする海進の存在がクローズアップされたのであるが、地盤の沈降による海進、隆起による海退という地殻変動を前提としていたことに変わりはない。この相似た酒詰論文と江坂論文は、脱稿に約1年の差があり、発行と脱稿に半年

以上の期間があるが、遅い江坂論文に酒詰論文は引用されていないから、それ
ぞれ独自に研究し、到達した結論なのであろう。

　汎地球的海進を日本で最初に指摘したのは、有楽町層の命名者である大塚弥
之助で、1931年のことといわれている。1942年に神田神保町の神田日活前の工
事現場で有楽町層から縄文中期の加曽利Ｅ式土器片が採集されたことから、江
坂は大塚と一緒に見に行き、そこでの二人の会話で有楽町海進は縄文海進とも
いえると話されたことがエピソードとして残されている（前田 1980）。ちなみ
に「奥東京湾」という用語の初出は、この江坂論文（江坂 1943）である。この
後、考古学と地質学の連携が大きく進展していくのである。

5　貝塚の史跡指定

　大山史前学研究所にかかわる学史については別項に譲るが、その主催者であ
る大山柏は、研究所を正式に発足させる２年前の1927年10月、香取・良文貝塚
を個人的に発掘している。この後、地元良文村貝塚区では、出土遺物は発掘者
が持ち去って地元には残らない現状を憂い、出土遺物を区有として陳列し、ま
た現地に貝層断面を展示して将来の研究者に備える目的のため、良文貝塚の発
掘を発足間も無い大山史前学研究所に依頼する一方、有志による「貝塚史蹟保
存会」を設立したのである。発掘は1929年９月に４日間おこなわれ、翌1930年
２月には千葉県初の国史跡に指定（古谷 1932）されている。ちなみに貝塚で最
初の史跡指定は1922年３月８日の富山・朝日貝塚であり、良文貝塚は福島・新
地貝塚と同時の２番目の史跡指定である。

　保存会の活動内容については根本弘がまとめている（根本 1985）が、かの類
例のない香炉形顔面付土器などを含むこのときの出土品は、専用の展示施設こ
そ実現しなかったものの、隣地の豊玉姫神社に保管・展示され、会の文化財愛
護活動が今でも続けられていることは、高く評価されるものである。指定の翌
月には、早速８葉からなる“史蹟繪はがき”が貝塚史蹟地保存会から発行され
ている（図３）。ちなみに『史前学雑誌』第１巻第５号の良文貝塚の概要報告
は、大山個人が発掘した方ではなく、貝塚区有志が依頼した分の報告である。
このことについて根本は、大山個人の発掘分の報告がないのは、良文貝塚が
「特に特異なるものとする様な所はない」（大山ほか 1929）とする大山の評価に
よるもので、貝塚区有志依頼分の「発掘は、報告書を出さざるを得なかった。
地域の人びとの強い要求が、報告書をつくらせたといえる」と想定している。
あるいはそうなのかもしれないが、発掘から２ヶ月後には概報を活字化した異
例の早さに、貝塚区有志の熱き思いに対する大山の真摯な答礼を読み取ること
もできよう。

図3　貝塚史蹟保存会発行の「史蹟繪はがき」

　文部省嘱託古谷清の調査報告では、「本貝塚は関東通有のもので、別に特色の点を認め得ないが、唯多く散在するのと、其所在地点、従来人口に膾炙せざりし為、幸に濫掘の弊をまぬかれて、舊態を留むる點多きを以て、人類学・考古学上の重要遺蹟として、保存するの要あるを以て（略）史蹟に指定せられた次第である」（古谷 1932）とある。同書に掲載されている古谷による新地貝塚の指定理由と比べると、貝塚の保存状態は良いという点は同じであるが、新地貝塚の著名で学術上貴重な遺跡という理由とは異なり、良文貝塚の平凡な貝塚という、大山の「関東諸貝塚に於て、特に特異なるものとする様な所はない」という評価を容れたと思える内容で、よく国の史蹟指定の選考が通ったものだと思う。あるいは、地元貝塚区の熱心な文化財愛護思想の存在が、記録されざる指定理由としてあったのではないかと思われるのである。

　とはいえ、未報告に終わった大山個人の発掘資料が太平洋戦争下の1945年の空襲で焼失し、"遺物は出土地にあるべき"という貝塚区民の崇高な精神により、当時にあってはまったく異例の措置[4]で地元に保管されることが特別に許可された資料が、今日に至るまで現地に保管され、親しく見学できるとは、なんという運命のいたずらであろうか。

16　第Ⅰ章　貝塚研究の歩み

6　漁労活動

　日本の近代考古学が生物学者によってはじまり、また東京人類学会が広義の人類学に関心をもつ多分野の同好の士が集まっていたこと、必要に応じて大学各分野の専門家に鑑定を請うことができる環境にあったことから、発掘報告の中身は当初から学際的であり、人工遺物に偏してはいなかった。ただ、その中味の多くは種名の列記であり、ときに量比の記載、あるいは現海岸の貝との比較をおこなうものであったが、千葉・園生貝塚の獣骨の報告（石田 1906）のような、種ごとに骨の部位と数量を記載するという先見的な取り組みもあった。

　そうした中で縄文の漁労活動について体系的に論じた最初の論文として、"Prehistoric Fishing in Japan"（k. kisinouye 1911、小田野・川村 1984・85）をあげることができよう。著者の岸上鎌吉は、東京帝国大学農科大学水産学科教授として水産学の発展に貢献した人物であるが、先史漁労にも関心をもち、教授就任 4 年後に農科大学紀要第 2 巻第 7 号で上記の論文を英文で発表したのである。岸上による先史漁労に関する論及は少ないが、後年、「自分は我原始民族の水産資料を自身に調べるまでは、彼等は貝類から沿岸の浅い處に棲息する不活發な動物位を漁獲して居たのだらうと想像して居た、處が人類学教室へ行つて見るとタイ、スズキ、ボラ、アジ等が發見されて居り、又シビの骨も發見されたとて標本を示された、然しシビの如きは何かの間違で後世に漁獲されたものが混したのでは無いか抔と考へて居た、それから段々人の發堀採集するものを見ると鈎、銛、矠等が發見され、それが中々巧に出來て居る、此處まで知れて來ると種々の疑問が更に生じて來て、此を解決するには自ら貝塚を發堀して見るより外に途が無いので、二ヶ年に亘り宮城、岩手の地方でまだ餘り手の付いて居ない貝塚を調べて見た、その結果は原始民族が驚くべき程漁獲に巧であつて、今日我々が珍重して居る上等魚類は殆ど盡く漁獲して居たのを知つたのである」（岸上 1922）と述懐している。研究を深めるため 2 ヵ年にわたり宮城・岩手の地方の貝塚を調べたというのであるから、最早小手先の纏めではない。紀要の文末にリストアップされた水産動物種名のリストのうち、鍬ヶ崎貝塚など岩手県の 5 貝塚、沼津貝塚など宮城県の 3 貝塚は、岸上自らの発掘によるものなのであろう。

　紀要の記述で注目されているのは、「偶然にも私は余山貝塚から、カタクチイワシの椎骨を見つけた。それはキツネの骨に付着した泥の中にあった。それ以来、私は貝塚出土の骨格及び他の遺物を洗面器の中で洗い、最初にきれいになった大きな遺物を取り出してから、濁りがわずかになるまでくり返し残った沈殿物を洗うことにしている。乾かしてから、小さな骨格専用の拡大鏡で沈殿

1　貝塚を発掘した人々とその研究（堀越正行）　17

物を調べる。時には、微小の骨格が大量に見つかっている土を集めて同じように拡大鏡で調べるということをやっている」（小田野・川村 1985）という箇所である。水洗で偶然に微小な骨を見つけたため、以後は土を意識的に水洗して微小な骨を選別し、専用ルーペで調べている、つまり水洗選別（ウォーターセパレーション）法を今から百年も前に採用していたのであるから、驚きを禁じえない。その後、酒詰仲男も土砂などを水浸しにして遺物を採集することを実践し、その採用を奨励している（酒詰 1939）けれども、両者ともに今日のような貝塚から意図的に土壌サンプルを採取するものではなかったらしい。

　大山史前学研究所が、研究所として自然遺物とりわけ動物の研究を重要視したことは、『史前学雑誌』第1巻第1号の資料欄をはじめ、全巻を通して感じられるところであるが、大山柏・甲野勇・酒詰仲男・大山桂・大給尹らの業績は別項に譲る。今ひとり、自然遺物の研究に光彩を放った人物として直良信夫（旧姓村本）がいる。直良の多彩な業績については杉山博久による解説（杉山 1990）に詳しいが、直良の深い生態学的知識を背景とした人と食料としての動植物の文化史の初期の代表的な著作として「史前日本人の食糧文化」（直良 1938ａｂｃ）をあげることができる。直良は、その後、多くの著作や論文を著し、そして発掘による動物遺体の鑑定・報告など大きな役割を果たしていったのであるが、「貝塚を探訪する研究者は、比較的多いのにも拘らず、貝塚の包含する貝類を考査しやうとする人々は、絶無といつていゝ位少い。寧ろ遺物を発掘する上に於て、貝塚の貝類は、邪魔物扱ひにされてゐる。（略）然るに多くの人々は、唯単に貝塚包含の貝類の名称を羅列するに過ぎずして、何等科学的に、貝類学の力をかりて、貝塚の真実的な研究を遂行しやうとしなかつた。僅かな土器の破片を拾ひ上げるだけの労力を惜しまない人でも、貝殻を具に手にとつて研究しやうとしないばかりではなく、脚下に蹂躙する事さへ敢て意に留なかつた」（村本 1924）という一節は、正しく不当に扱われている動物考古学に邁進しようとする直良22歳の決意表明であったといえよう。

　当時の貝塚に対する捉え方については、塵捨て場という通説の一方で、「ムキミ説」（江見 1915）、「聖所説」（グロート 1941）も唱えられている。前者は貝は日常の自家消費用であるという先入観に一石を投じた意見であり、後者も貝塚に死者を埋葬している事実を直視し、貝塚を汚物の捨所という現代的評価を排した意見である。共に大きな反響を呼んで、好意的に評価されたとはいかなかったようであるが、定説にとらわれない柔軟な思考の発議に敬意を表したい。そして田沢金吾による貝塚の概説（田沢 1935）は、戦前における貝塚研究の到達点を示したものといえる。

　昭和に入っての貝塚調査も多く、網羅できないが、大山史前学研究所と東京

帝国大学人類学教室によるものが圧倒的に多い。人類の1940年の銚子・余山貝塚の発掘では大量の貝輪を得ている。土器型式の設定に貢献する資料を得た発掘は、1933・34年の柏・岩井貝塚、1936年の市川・曽谷貝塚である。1938年の東京考古学会による船橋・飛ノ台貝塚の発掘では、炉穴を発見している。

註

1) 千葉貝塚というのは、台門・荒屋敷・草刈場貝塚など、今日でいう貝塚町貝塚群全体を指している。

2) 上田英吉（上田 1887）によると、研究者の発掘によるものではないが、千葉・月ノ木貝塚で石灰製造のため貝殻を採掘した際、人骨全体が発見されたことが1887（明治20年）に記録されている。

3) 新川村下新宿貝塚として報告されているが、これは上新宿貝塚の誤りである。

4) 太政官第85号布達（1882）で、東京大学の教員学生が考古学研究のために各地で採集した古物は東大で保存することを心得るべしと警視庁・府県に通知しているが、1899年3月の遺失物法の公布により、発掘された埋蔵物の権利者は発見者と土地所有者であり、所有者がわからないときは国庫に帰属することが規定された。したがって保存会には遺物を保管する権利はないのである。同年10月の内務省訓令985号では、石器時代の遺物は東京帝国大学に通知するよう通達されている。そこで県警が東大に問い合わせ、地元警察署長に回答した内容は、国の所有として保存したいが、発掘地有志が博物館を新設して保存する計画があるならば、東大に遺物を送付する必要はないというものであった。ただし、保存施設の詳細と管理の方法を埋蔵物権利者と保存所建設責任者から知事あてに請書を提出するよう通知している。こうして地主からの寄付申込書など必要な書類が整えられて保存会から知事あてに請書が提出され（根本1985）、保存会という地域の人々による遺物の保管が認可されたのである。

引用・参考文献

E. S. Morse 1879：Shell Mounds of Omori. Memoirs of the science department, University of Tokio, Japan.（和文版は、エドワルド・エス・モールス・矢田部良吉訳 1879『大森介墟古物編』理科会粋、第一帙、上冊）

加部厳夫 1881「古器物見聞の記」『好古雑誌』初論 6

上田英吉 1887「下総国千葉郡介墟記」『東京人類学会雑誌』19

坪井正五郎 1888「貝塚とは何であるか」『東京人類学会雑誌』29

若林勝邦 1892「下総武蔵相模ニ於ケル貝塚ノ分布」『東京人類学会雑誌』73

八木奘三郎・下村三四吉 1893「常陸国椎塚介墟発掘報告」『東京人類学会雑誌』87

鳥居龍蔵 1893「武蔵北足立郡貝塚村貝塚内部ノ状態」『東京人類学会雑誌』92

八木奘三郎・下村三四吉 1894「下総国香取郡阿玉台貝塚探求報告」『東京人類学会雑誌』97

坪井正五郎 1904「紀念遠足堀内貝塚実査に付いて」『東京人類学会雑誌』224

無記名 1905「雑報 第1回太古遺跡研究会」『東京人類学会雑誌』231

坪井正五郎・柴田常恵ほか 1905「銚子紀行（貝塚掘りと海岸巡り）」『東京人類学会雑誌』233

石田収蔵 1906「動物の残り物」『東京人類学会雑誌』249

高島唯峯 1909a「貝塚叢話 其一 下総国余山貝塚の人骨」『考古界』8－5

高島唯峯 1909b「貝塚叢話 其二 下総国堀の内貝塚の人骨」『考古界』8－6

kamakichi. kisinouye 1911：Prehistoric Fishing in Japan. Journal of the College of Agriculture, University of Tokyou. Vol. Ⅱ，　No. 7.

江見水蔭 1915「貝塚に就て」『人類学雑誌』30－2

江見水蔭 1917『考古小説　三千年前』実業之日本社

大野雲外 1918「先住民族論」『人生』14－11

鳥居龍蔵 1920「武蔵野の有史以前」『武蔵野』3－3

鳥居龍蔵 1921「有史以前に於ける東京湾」『武蔵野』4－4

岸上鎌吉 1922「原始民族の水産資料」『中央史壇』6－1（『原始時代之研究』1924再録）

小金井良精 1923「日本石器時代人の埋葬状態」『人類学雑誌』38－1

八幡一郎 1924「千葉県加曽利貝塚の発掘」『人類学雑誌』39－4・5・6

白井光太郎 1924「人類学会創立当時に於ける回顧」『中央史壇 臨時増刊 土中の日本』9－4

鳥居龍蔵 1924「日本の石器時代民族とアイヌとの関係」同上文献

小金井良精 1924「日本石器時代人骨の研究概要」同上文献

村本信夫 1924「貝類学的に見たる石器時代の東京附近」『考古学雑誌』14－13

清野謙次 1925『日本原人の研究』岡書院

鳥居龍蔵 1925『武蔵野及其有史以前』磯部甲陽堂

東木龍七 1926a「貝塚分布より見たる関東低地の舊海岸線（一）」『地理学評論』2－7

東木龍七 1926b「貝塚分布より見たる関東低地の舊海岸線（二）」『地理学評論』2－8

東木龍七 1926c「貝塚分布より見たる関東低地の舊海岸線（三）」『地理学評論』2－9

東木龍七 1926d「貝塚分布の地形学的考察」『人類学雑誌』41－11

鳥居龍蔵 1928「先史人類学概論」『科学画報』10－3

甲野　勇 1928『埼玉県柏崎村真福寺貝塚調査報告』史前学会小報 2

山内清男 1928「下総上本郷貝塚」『人類学雑誌』43－10

宮内悦蔵・赤堀英三 1928「下総国東葛飾郡下新宿貝塚遠足会記事」『人類学雑誌』
　　43－12

大山　柏ほか 1929「千葉県良文村貝塚調査概報」『史前学雑誌』1－5

古谷　清 1932「千葉縣良文村貝塚」『史蹟調査報告』6、文部省

吉川芳秋 1933a「日本考古学の始祖 故坪井正五郎博士の自叙伝一」『ドルメン』
　　2－6

吉川芳秋 1933b「日本考古学の始祖 故坪井正五郎博士の自叙伝二」『ドルメン』
　　2－7

大山　柏・宮坂光次・池上啓介 1933「東京湾に注ぐ主要渓谷の貝塚に於ける縄紋
　　式石器時代の編年学的研究豫報［第1編］」『史前学雑誌』3－6代冊

鈴木　尚 1935「東京湾を繞る主要貝塚に於ける「はまぐり」の形態的変化に依る
　　石器時代の編年学的研究」『史前学雑誌』7－2

八木静山 1935「明治考古学史」『ドルメン』4－6

田沢金吾 1935「貝塚」『ドルメン』同上文献

中澤澄男 1937「趣味の採集」『歴史公論 臨時増刊 趣味の考古学』6－8

直良信夫 1938a「史前日本人の食糧文化（一）」『人類学・先史学講座』1、雄山閣

直良信夫 1938b「史前日本人の食糧文化（二）」『人類学・先史学講座』2、雄山閣

直良信夫 1938c「史前日本人の食糧文化（三）」『人類学・先史学講座』3、雄山閣

有坂鉊蔵 1939「人類学会の基因」『人類学雑誌』54－1

酒詰仲男 1939「微少遺物採集法に就いて」『貝塚』8

八幡一郎・和島誠一 1941「武蔵野台地の遺跡と遺物」『武蔵野』科学主義工業社

ジェラード・グロート 1941「貝塚は捨處であるか」『民族文化』2－11

酒詰仲男 1942「南関東石器時代貝塚の貝類相と土器形式との関係に就いて」『人類
　　学雑誌』57－6

江坂輝弥 1943「南関東新石器時代貝塚より観たる沖積世における海進海退」『古代
　　文化』14－4

甲野　勇 1953『縄文土器のはなし』世界社

酒詰仲男 1967『貝塚に学ぶ』学生社

前田保夫 1980『縄文の海と森』蒼樹書房

小田野哲憲・川村和子 1984「岸上鎌吉；日本先史時代の漁労」『岩手県立博物館研
　　究報告』2

小田野哲憲・川村和子 1985「岸上鎌吉；日本先史時代の漁労（2）」『岩手県立博

物館研究報告』3
根本　弘 1985「良文貝塚「貝塚史蹟保存会」を考える」『香取民衆史』4
杉山博久 1990『直良信夫と考古学研究』吉川弘文館
堀越正行 2008『千葉の貝塚に学ぶ』（私家本）

2 大規模開発と貝塚研究

堀 越 正 行

1 戦後の調査

　敗戦による皇国史観からの解放は、束縛のない自由な歴史研究を保証した。
1946〜51年を中心に堰を切ったように考古学の概説書が発行されていった。そ
れは、正しい日本の歴史を知りたいという国民の願望を察知した編集者たちが、
研究者に依頼した件数がとりわけ多かったことを示している。1946年の直良信
夫『古代日本の漁猟生活』、1947年の甲野勇『図解先史考古学入門』、清野謙次
『日本歴史のあけぼの』、八幡一郎『日本石器時代文化』、1948年の樋口清之
『日本のあけぼの』、大場磐雄『日本考古学新講』、酒詰仲男『貝塚の話』、宮坂
英弌『原住民族の遺跡』、後藤守一『私たちの考古学　先史時代編』、1950年の
原田淑人『日本考古学入門』、1951年の酒詰仲男『先史発掘入門』、杉原荘介
『貝塚と古墳』、小林行雄『日本考古学概説』などがそれである。

　正しい日本の歴史の解明に向けての歩みは、遺跡発掘の自由となって顕在化
した。千葉県内でも、1946年4月のグロート神父による市川・堀之内貝塚の発
掘を皮切りに、酒詰仲男の関係する10月の千葉・荒屋敷貝塚、10・11月の千
葉・鳥喰貝塚、12・翌年1月の千葉・辺田（向ノ台）貝塚と続く。戦後の貝塚
研究の詳細は酒詰の回顧（酒詰 1956）に譲るが、とりわけ1949〜67年の間は毎
年約10〜20ヵ所の貝塚が発掘されていったのである。空前の発掘ブームの到来
である。千葉県では、グロート神父を所長として市川市国府台の旧陸軍の将校
集会所を利用して日本考古学研究所が設立（1946〜52年）され、多くの縄文学
者を研究員として迎え入れ、県内の貝塚（香取・向油田貝塚・木内明神貝塚、市
川・姥山貝塚・寺山（三中校庭）貝塚・根古谷貝塚・権現原貝塚、鎌ヶ谷・中沢貝塚、
松戸・二ッ木貝塚・陣ヶ前貝塚・南道合貝塚）を中心として数多くの遺跡を発掘
したことが特筆される。しかし、資料を附属陳列館で公開したけれども、報告
は市川・姥山貝塚のみで、茨城・花輪台貝塚と市川・根古谷貝塚が概報、松
戸・二ッ木貝塚が短報どまりで、10数件の発掘は未報告に終わっている。1952
年にグロート神父に替わって所長となったマーリンガー神父は、組織と名称を

改めて考古学研究所（1952～58年）としたが、以前のように発掘をおこなうことはなかった（領塚 1996）。

　1948年、千葉県教育委員会の所管する史蹟調査委員会で、上総国分寺附近の遺跡の総合調査の提案が承認されたことにより、7～9月、県は早稲田大学と共同して市原台地の先史時代から歴史時代にわたる遺跡群の総合調査を実施している。このうち先史時代班は、西村正衛を筆頭にして西広貝塚・山倉貝塚・根田祇園（祇園原貝塚）・分廻貝塚の発掘と、養老川渓谷の遺跡の発見と試掘をおこなっている。その成果物は、概報ながら同年度末に刊行されているが、組織的な臨地探究（定金ほか 1949）を戦後すぐに実施したことは特筆されよう。しかし、こと貝塚に関していえば、それらがその後の貝塚の指定・保存に結びつく資料に活かされずに終わったことは残念なことである。

　1956年、県は館山・鉈切洞窟遺跡と周辺地域の総合調査を企画し、考古学班は鉈切洞窟遺跡の学術調査を実施している。これにより縄文後期初頭の東京湾口の優れた漁労文化の解明という大きな成果をあげたのである。また、1959・60年度に印旛沼手賀沼干拓工事に伴う埋蔵文化財調査を実施し、柏・手賀貝塚・布瀬貝塚、船橋・海老ヶ作貝塚、印西・天神台貝塚・備中崎貝塚・大越台貝塚、四街道・前広貝塚がこのときに調査されている。

　戦後20年ほどの発掘主体の多くは、学問の自由を反映してか圧倒的に都内の大学であり、これに少数の県内外の高校や中学が実施している。その多くは学術調査であるが、整理・研究のため遺物は持ち帰っている。つまり、一般の方々は遺物はその遺跡のある地元に保管されているものと思っているけれども、地元自治体が自らの手で発掘を開始する以前のものは何も残されてはいない、というのが普通なのである。県が費用を拠出した前記の1948年の市原台地総合調査の遺物ですら千葉県を離れたままである。例えば市川市でいえば、発掘で得た資料一括としては、市長部局が市史編纂事業で調査を外部委託した1966年以降の資料、教育委員会がはじめて自らの手で調査した1968年の今島田貝塚以降の発掘資料しか保管していないのである。地元自治体が所蔵している遺物は、おおむね1960年代以降の緊急調査によって出土したものに限られるとみて大差ない。前項で触れた、香取・良文貝塚出土遺物の地元からの流出を防ごうとして結成された「貝塚史跡保存会」の偉大さを改めて感じるのである。

　自治体による発掘は、自治体史編纂に伴うものが先行して実施されている。千葉市（1951年月ノ木貝塚・蕨立貝塚）、松戸市（1955年河原塚貝塚）、船橋市（1958年金堀台貝塚）、佐原市（1959年金田貝塚）、鎌ヶ谷町（1962年中沢貝塚）、市川市（1966年美濃輪台貝塚・上台貝塚、1967年向台貝塚）、印旛村（1980・81年石神台貝塚、1981年戸ノ内貝塚）がそれである。公費の発掘であるから資料の帰属は

自治体に権利があるはずであるが、これら資料の地元自治体保管は一部にとどまっている。これは、市・町史の記述に成果内容を反映させるのが第一の目的であるためと、当時の保管・展示施設の未整備など、遺物保管に対する対応ができない自治体側にも問題があったことは否定できない。

　大学・学校以外の主な発掘として、野口義麿・伊勢田進が1948年に南房総・谷向貝塚、吉田格が1949・50年に香取・城ノ台貝塚、日本考古学協会特別委員会が1950年に館山・稲原貝塚、銚子・粟島台貝塚、篠遠喜彦らが1950年に香取・下小野貝塚、1951年に市川・三中校庭（寺山）貝塚、1954年に千葉・谷津貝塚、伊丹信太郎が1950年に南房総・仲尾川貝塚・谷向貝塚、佐野大和らが1953年に銚子・余山貝塚、山内清男が1955年に松戸・幸田貝塚、高橋良治らが1962年に松戸・子和清水貝塚、千葉市教育委員会（武田宗久）が1962年に千葉・加曽利北貝塚、佐山貝塚発掘調査団（村田一男）が1974・75年に八千代市佐山貝塚、奈和同人会が1982年に成田・龍正院（大原野）貝塚、1986年に成田・宝田鳥羽貝塚、国立歴史民俗博物館（春成秀爾）が1989・90年に成田・荒海貝塚、千葉県史料研究財団考古部会（麻生優）が1997年に成田・荒海川表貝塚、2000年に成田・宝田八反目貝塚、八木原貝塚調査団（阿部芳郎）が2000〜02年に四街道・八木原貝塚を調査している。

2　緊急調査の増加

　1950年に文化財保護法が制定されたとはいえ、すぐに地方自治体の隅々まで体制が整備され、監視の目が行き届くというわけにはいかなかった。千葉県は、首都圏の一角として東京のベッドタウン、あるいは港湾・工業地帯として注目され、宅地・工場・学校など各種公共施設などの土地造成や土取りによる遺跡破壊が急速に進んでいったのである。その結果、遺跡破壊の無法状態は、各地方自治体が独自の文化財保護条例を制定するまでの、少なくとも10数年間、場合によってはそれ以上も続いたのである。松戸・陣ヶ前貝塚のような、熱意ある個人の献身的努力と自治体や学校の協力で、1961・1963年の2回も事前調査ができた貝塚（岩崎 1963）は、当時としては稀有な事例というべきで、多くは未調査のまま宅地となっていったのである。それでも個人住宅の破壊の多くは小規模なものであり、建て替え時に発掘可能であるが、削平を伴うものは永久に遺跡跡となってしまったのである。

　1962年、明治大学が市川・庚塚貝塚を実習で発掘していたところ、近接する曽谷貝塚を横断するように水道管が新たな路線に沿って運びこまれ、今まさに掘削がはじまることに気付き、1ヵ月間の工事の中止を要請して緊急調査を実施している。これなどは、県営水道の本管敷設工事なのであるから、本来は県

教育委員会が事前に把握し、路線の変更が無理な場合は県の予算で事前に調査するのが筋であるが、当時はそのような文化財のチェック機能や対応ができなかったことを物語っている。

　1963年度から3年間、県は国の補助を得て京葉工業地帯に所在する遺跡のうち、破壊される恐れのある遺跡を選び、外部機関にその調査を委託したことがある。貝塚に限ると、中には千葉・犢橋貝塚や習志野・藤崎堀込貝塚のような、結果として見込みが外れた貝塚の調査もあったが、船橋・塚田貝塚は、1963年に県営の水道施設建設（おそらく市川・曽谷貝塚を通る県営水道本管に繋がる施設と思われる）に先立って発掘されたものである。塚田貝塚は当時すでに西半部を船橋市立塚田小学校敷地として、おそらく未調査のまま削平されていたから、残された東半部の調査は完璧を期すべきであったが、4本のトレンチを入れて10日間で済ませている。さすがに破壊される予定であったので、翌年に未調査部分を6日間追加調査している（滝口・平野　1964）というが、もとより径約100mほどの点列馬蹄形貝塚の半分の面積を16日間で完掘できたとは思えない。このほか、県では大規模開発に対応するため別途調査団を組織し、1969・70年は木更津・祇園貝塚（宅地造成）、1970・71年は千葉・鳥込（鳥喰）貝塚（団地造成）を調査しているが、これらも未調査部分を多く残して終了としているようである。

　市町村もまた開発に伴う遺跡の危機に対する対応が迫られていた。千葉市では1960年、かの著名な加曽利貝塚の土地が買収され、1963年1月には南貝塚の一部が破壊されたため、保存運動がおきたのである。以後、数度も破壊の危機が迫ったが、いずれも関係者の粘り強い努力により回避され、1971年には北貝塚が、1977年には南貝塚が国史跡に指定されたのである。加曽利貝塚という抜群の知名度と熱心な保存活動が幸いした好例である。その一方で、1965・66年には坂月ニュータウンの造成で蕨立貝塚とさら坊貝塚が、1966年には貝塚町貝塚群の一角をなす台門貝塚が、十分とはいえない調査の後に消滅している。

　松戸市では、1964・65年に貝の花貝塚、1971年からは幸田貝塚、1972年からは子和清水貝塚の発掘がおこなわれている。船橋市では、1967年に高根木戸貝塚、1969年に宮本台貝塚が発掘されている。これらの原因は、船橋・高根木戸貝塚の学校建設を除き、宅地造成に伴う発掘であり、松戸・幸田貝塚に保存地区を残しているが、そのほかの調査区域は消滅している。文化財保護委員会（現在は文化庁）と公団公社との事前協議にかかわる協定が結ばれたのが1965年であるから、その直前におこなわれた日本住宅公団小金原団地予定地の松戸・貝の花貝塚の発掘は、開発側の認識に大きな影響を与えたことと推察する。

　開発はとどまることなく、やや遅れて総武線以遠地域にも押し寄せていった。

26　第Ⅰ章　貝塚研究の歩み

県では、「文化財保護を中核とした文化財行政組織の整備について」の千葉県文化財専門委員会の建議を受けて、1969年4月、社会教育課から文化課が独立・新設された。同年9月には千葉県北総公社内に、翌年8月には千葉県都市公社内に文化財調査班が設置

図1　市原市西広貝塚第4次調査（1982年）

され、ニュータウンの文化財調査がはじまったのである[1]。千葉東南部ニュータウンでは、千葉・木戸作貝塚（1974～76年）・有吉北貝塚（1984～86年）・六通貝塚（1991～2003年）が、千原台ニュータウンでは、市原・草刈貝塚（1980～83年）が、国分寺台土地区画整理事業では、市原・西広貝塚（1972～87年、図1）・祇園原貝塚（1977～83年）などが大規模に調査されている。また東葛地区においても、鎌ヶ谷・中沢貝塚（1967～96年）、市川・権現原貝塚（1985～92年）、船橋・飛ノ台貝塚（1977～93年）、流山・三輪野山貝塚（1988～2007年）などが、外房でも茂原・下太田貝塚（1997～99年）が断続的に調査されているが、このほかに数多くの貝塚調査がある。

　千葉県全体の発掘調査件数は、1977年まで100件以下であったものが、1978年から急激に増加し、1997年には約700件に達した。少なくとも1970年代以降は、1960年代のような完掘せずに破壊を許すということは徐々になくなっていったようである。これは県も市町村も、体制の不備を教訓として埋蔵文化財の専任職員を配置し、調査体制を整備していったからである。しかしながら、発掘調査件数の増加に反比例して、貝塚を実感できる遺跡が加速度的に減少していったことは間違いないことである。

3　大学などの貝塚調査

　戦前における大学による千葉県の貝塚発掘は、圧倒的に東京帝国大学人類学教室によるものであったが、戦後20年ほどの間、千葉県の貝塚発掘の主体となったのは多くの大学研究者である。

　東京大学人類学教室は、1946年に千葉・荒屋敷貝塚・鳥喰貝塚・辺田（向ノ

台）貝塚、1947年に千葉・長谷部貝塚、1948年に市川・姥山貝塚、1949年に市川・姥山貝塚、千葉・六通貝塚・長谷部貝塚、1950年に市川・曽谷貝塚・姥山貝塚、1951年に市川・堀之内貝塚、1952年に市川・姥山貝塚を調査している。これら東大人類の調査の主目的は人骨の収集であったから、1942年の千葉・草刈場貝塚では、環状貝塚の中央窪地を調査したため酒詰仲男が長谷部言人に叱られたというエピソードが残されている。中央窪地からは遺構も遺物も出なかったというが、人骨の出る見込みのない所を掘ることは許されなかったわけである。しかし、1953年4月、1939年から嘱託や助手として実際の発掘を推進してきた酒詰が同志社大学に教授として転出したことにより、伝統ある東大人類の考古学分野は事実上消滅したのである。

　早稲田大学考古学研究室も貝塚の発掘を盛んに実施している。千葉県分としては、1947年に千葉・園生貝塚、栄町・麻生貝塚、1948年に千葉・園生貝塚、市原・西広貝塚・山倉貝塚・根田祇園（祇園原）貝塚・分廻貝塚、1950年に香取・三郎作貝塚・白井通路貝塚・白井雷貝塚、1951年に香取・向油田貝塚、市川・曽谷貝塚、1952年に香取・白井雷貝塚2次、神崎・西之城貝塚、1953年に香取・白井雷貝塚3次、1954年に香取・大倉南貝塚、市川・堀之内貝塚、神崎・西之城貝塚、1955年に神崎・植房貝塚、1956年に神崎・古原貝塚、1957年に柏・棧屋荒久貝塚、我孫子・根戸貝塚、成田・奈土貝塚、市川・旧東練兵場（上台）貝塚、香取・阿玉台貝塚、1958年に香取・木之内明神貝塚・鴇崎貝塚・内野貝塚、1959年に富津・富士見台貝塚、1960年に千葉・長谷部貝塚・長作城山貝塚・長作築地貝塚、成田・荒海貝塚、香取・三郎作貝塚、1961年に成田・台方花輪貝塚・荒海貝塚2次、1963年に成田・宝田山ノ越貝塚、神崎・西之城貝塚2次、1964年に成田・荒海貝塚3次、1965年に神崎・西之城貝塚3次・武田新貝塚1次、1966年に神崎・武田新貝塚2次、1968年に市原・山倉貝塚となっている。現利根川下流域を中心に、土器編年と動物遺存体の研究などに大きな成果をあげている。

　慶應義塾大学民族学考古学研究室による千葉県の活動は、1948年に千葉・落合遺跡、南房総・加茂遺跡、1950年に旭・一番割で丸木舟と、当初は低地遺跡の調査のみであったが、1952年の柏・岩井貝塚、大網白里・上昼貝塚、一宮・貝殻塚貝塚、横芝光・鴻ノ巣貝塚から貝塚調査も加わり、1953年に東金・上谷貝塚、1954年に横芝光・牛熊貝塚、市川・堀之内貝塚、1955年に匝瑳・八辺貝塚、1956年に横芝光・山武姥山貝塚、1957年に匝瑳・宿井下貝塚・飯高貝塚、1959年に横芝光・山武姥山貝塚2次・木戸台貝塚、1960年に多古・大原内貝塚、横芝光・山武姥山貝塚3次、1961年に多古・南玉造貝塚、匝瑳・大浦貝塚、1962年に横芝光・鴻ノ巣貝塚2次、1963年に横芝光・山武姥山貝塚4次、1964年に

匝瑳・久方貝塚、1966年に匝瑳・高市貝塚、1967年に横芝光・山武姥山貝塚5次となっている。栗山川流域を中心とする九十九里浜沿岸の貝塚と丸木舟などの低地遺跡の調査を継続していたのである。

國學院大学および関係者は、1949年に銚子・粟島台貝塚、1950年に船橋・飛ノ台貝塚、1951年に市川・三中校庭（寺山）貝塚、1953年に銚子・余山貝塚、1954年に柏・岩井貝塚、1957年に野田・香取原貝塚・山崎貝塚、1959年に銚子・余山貝塚、野田・中之台貝塚、1967年に富津・富士見台貝塚を調査している。明治大学考古学研究室は、1951・56・64年に千葉・犢橋貝塚、1954年に市川・堀之内貝塚、1957年に佐倉・上座貝塚、1958年に千葉・加曽利貝塚、1959年に市川・曽谷貝塚、1962年に市川・姥山貝塚・庚塚貝塚・曽谷貝塚、1963年に市川・堀之内貝塚、1967年に市川・権現原貝塚を調査している。立教大学史学部は、1949年に市川・堀之内貝塚、立正大学考古学研究室は、1949・50年に千葉・築地台貝塚、1966年に習志野・藤崎堀込貝塚、千葉大学先史地理学研究室は、1951年に鴨川・松が鼻貝塚、1951～57・59・60年に千葉・園生貝塚1～9次、1962年に千葉・鳥込東貝塚、1964年に千葉・犢橋貝塚、1969年に柏・岩井貝塚、東京教育大学は、1954年に千葉・多部田貝塚、麗沢大学は、1960～66年に野田・山崎貝塚、千葉大学考古学研究室は1985年に香取・清水堆貝塚、1989・90年に香取・城ノ台南貝塚、1993～98年に館山・大寺山洞穴を調査している。

高校・中学の部活動としては、県立千葉高校（千葉中）（武田宗久）は、1946年に千葉・辺田（向ノ台）貝塚、1951年に千葉・園生貝塚、1954年に千葉・多部田貝塚、1961年に市原・上高根貝塚、県立安房（第一）高校（君塚文雄）は、1949年に館山・稲原貝塚、1954年に館山・出野尾貝塚、成田高校は1951年に成田・宝田貝塚、県立東金高校（川戸彰）は、1956年に千葉・野呂山田貝塚、1959年に山武・武勝貝塚、1960年に山武・観音台貝塚、1962年に茂原・石神貝塚、1966・67年に茂原・下太田貝塚、県立木更津（第一）高校（対馬郁夫）は、1956年に木更津・祇園貝塚、1957年に木更津・永井作貝塚、市立千葉高校（宍倉昭一郎）は、1969年に千葉・谷津台貝塚、1972年に千葉・廿五里南貝塚、学習院高等科（岡田茂弘）は、1949・51・55年に市川・堀之内貝塚、1950年に館山・稲原貝塚、1952年に流山・前ヶ崎貝塚、1954年に千葉・誉田高田貝塚、都立江北（第十一）高校（可児弘明）は、1950年松戸・紙敷貝塚・通源寺貝塚、1952年に松戸・紙敷貝塚、武蔵高校（佐原眞）は、1950年に市川・堀之内貝塚、慶應高校は、1952年に柏・岩井貝塚、都立小松川高校は、1953年に鎌ヶ谷・中沢貝塚、葛飾区立中川中学（江森正義）は、1949年に佐倉・三日月山貝塚、1962年に船橋・藤原北貝塚、日大三高（上川名昭）は1964～66年に流山・上新

宿貝塚を発掘している。

4　海と貝塚

　戦中に酒詰仲男・江坂輝弥によって相次いで発表された前期海進説による縄文の海の研究は、戦後も継続され、ついに考古学研究者による関東地方の3時期の海岸線復原図が作成（江坂 1954）されるにいたった。その後も縄文時代の海の研究が続けられていくのであるが、戦後の第四紀学の進展がこの分野の進展に大きく寄与した。

　一つには、1950年代後半から1960年代に各地で海面高度の研究が盛んに実施されていったが、資源科学研究所は1964～66年度に文部省科学研究費による「関東地方における自然環境の変遷に関する総合的研究」を組織した。その一環として「関東地方における後氷期の海進海退について」に取り組んだ和島誠一・岡本勇・塚田光らは、湾奥・湾口の前期貝塚を発掘して貝層の細別時期と鹹度を調べ、隣接する旧海域の沖積低地をボーリングし、鹹度に敏感な珪藻化石により海成層の頂面を検討し、海面高度を求めようとした。貝塚として、茨城・江川貝塚、埼玉・打越貝塚、同・水子貝塚、茨城・奥野谷貝塚が発掘され、ボーリングは、上記貝塚隣地のほかに、すでに内容の明らかな神奈川・南堀貝塚、柏市・花野井（寺前）貝塚、銚子・粟島台貝塚の隣地で実施されたのである。その結果、海成層頂面高度は0～3.5mの間という値が得られた（和島・松井ほか 1968）。これは他地域の値にも近く、受け入れられやすかったと思われるが、奥東京湾は海成層と淡水成層の境界は明瞭であったが、古鬼怒湾では明瞭ではなかったという。ともかく、この関東平野の縄文時代の最高海水準が3.5m以下であるという結果により、これまで流布していた通説の10m説は実証的に否定されたのであった。

　この珪藻化石を利用した研究は、その後も各地で盛んにおこなわれているけれども、兵庫・玉津環境センターにおける海成層の上限の認定にあたり、珪藻化石群集・黄鉄鉱の析出・生痕化石・貝類化石という複数の調査法で確かめたところ、軽微な不一致が認められたという。結論は、前二者が認定に有効で、後二者は若干低い層準になる（前田・松島ほか 1982）というものであったが、縄文の海の堆積環境を多角的に分析することの必要性を示唆している。

　今一つは、当時の海に生息していた貝類群集の解析から古環境を復元する研究であり、これは1960年代以降の臨海沖積平野における土木工事の増加と、^{14}C年代測定の普及に負うところが大きい。まず水質、底質、地形などで異なる海成沖積層中の特定な貝種の組み合わせを6つの内湾・沿岸性貝類群集として区分する。これによって考古学側としては、その貝塚の貝はどこから採集し

ていたのか、貝の取捨選択をどのようにしていたのかなどを具体的に知ること
ができる。具体例として、古大船湾の貝塚である中期の神奈川・平戸山貝塚は、
近くの入江に生息したＣ群集（内湾潮間帯下泥底）やＦ群集（岩礁）の貝ではな
く、約２㎞も離れた湾央のＢ群集（内湾潮間帯〜潮間帯下砂質底）の貝を中心に
採取していた（松島・大嶋 1974）という興味深い成果を紹介している。この場
合、Ｃ・Ｆ群集の貝には有用な食用貝が含まれていないことが、少し離れた海
での採貝という行動を引き起こしていることは明らかである。これは、目の前
の海で貝を採ったという安易な思考に警鐘を鳴らす成果といえる。このような
研究には海成沖積層の調査、それも時系列の推移把握が必要となるので簡単で
はないが、海と貝塚を結びつける研究として期待できる。

5　季節推定

　人がいつ獲ったのかは、その動物にとってはいつ死んだのかということにな
る。その動物の死亡した年齢や季節を知るには、齢査定法の確立が必要である。
また多く獲っていたのはいつごろかがわかれば、生業活動の季節的な動向がわ
かってくる。しかし、縄文人の季節的な生業活動については、久しく生態学や
民俗誌に頼って推定し、叙情的に語るしかなかった。日本では、水産学の分野
で資源管理の必要から齢査定法が早くから開発されていたが、各種動物遺物の
季節推定の研究（小池 1980）が1970年代に着手されはじめ、1980年にはじまる
特定研究「古文化財」で改めて遺跡出土の自然遺物の季節推定と生業活動の復
原のための基礎データの収集、考古学への応用が検討されたのである。

　貝殻成長線解析は、冬輪の数で年数を、最後の冬輪から貝縁までの日成長線
の本数を数えて採集された日を推定する方法で、日本では小池裕子により先鞭
がつけられた（小池 1979、H. Koike 1980など）。全体の「季節性を概観すると、
春季あるいは夏季前半（３月〜６月）に採取の盛期があり、それら３期を合わ
せると全体の60〜70％に達する」（小池 1983）という結果が得られている。３
期とは春季前半・後半、夏季前半のことであるが、関東地方の前期から後期ま
でのこの時点で分析された６貝塚８地点のトータルはそうだとしても、個別の
貝塚での貝採集の取り組み方の解明が基本であり、そのデータの蓄積の上で、
時間的な推移、空間的な異同の検討を繰り返すことが必要であろう。

　出土動物の採集季節も問題であるが、多くの縄文人の主要な食用獣であった
シカやイノシシなどの哺乳類の場合、正確さを求めるには歯牙セメント質年輪
法によるべきで、年齢と死亡季節が推定できる。しかし、これには歯根の切断
が必要なため、出土標本については、歯の萌出交換や咬耗指数など外部観察法
が採用されている。この方法では細かな死亡季節を推定することができず、年

齢の推定にとどまってしまう。セメント質年輪法との併用が望まれる。

　年齢の推定を集計したものが齢構成となるが、千葉県のニホンジカを分析した６貝塚をみると、前期の松戸・幸田貝塚では年齢のピークがなく平準化しているが、後期の千葉・木戸作貝塚、矢作貝塚では１〜２歳をピークに４歳までの個体が多くなり、晩期の我孫子・下ヶ戸宮前貝塚では２歳までの個体はなく、３歳をピークに以降は個体数が減少し、横芝光・山武姥山貝塚では４歳をピークとして若齢獣の比率が高かったという。後・晩期の木戸作・矢作・山武姥山の３貝塚の2.5歳以上のシカの平均余命は4.6〜5.2歳であったが、これは現代の狩猟下におかれた北海道のエゾジカ自然群の平均余命に近く、捕獲許容量の限界近くまでニホンジカを狩猟していた可能性が考えられる（小池・大泰司 1984）という。イノシシについてもほぼ同様の方法で分析されており、最小個体数法により前期の松戸・幸田貝塚は2.5＞1.5歳、後期の矢作貝塚は3.5＞2.5・1.5歳、晩期の下ヶ戸宮前貝塚は4.5歳以上、山武姥山貝塚は3.5＞4.5歳以上が多いという結果が得られている（小池・林 1984）。分析の限りでは、千葉では次第に老齢獣の比率が高くなっていくという傾向が認められている。

　ただ、これら獣類に用いた分析標本は、発掘で得られた保存状態の良い全資料であるから、数百年にまたがるものを一括することになるため、各標本の細別時期を明らかにして検討する必要がある。個別の貝塚の調査報告にあたり、貝殻成長線解析の実施例は多いのに、残念ながら哺乳類の歯牙セメント質年輪法や外部観察法が採用されていないのは、発掘者の認知度が低いことや、研究レベルであって報告レベルではないと認識されていることによるのであろう。

6　数量化とサンプリング

　貝塚で得られた骨や貝などを鑑定してを種名をリストアップすることは、貝塚発掘報告の最低限の義務であるが、個体数把握に必要な数量化の報告は、前項で触れた1906年の千葉・園生貝塚の獣類の報告に先行例はあるものの、今日に続く画期となったのは、その50年後の金子浩昌による香取・大倉南貝塚の報告（西村・金子 1956）であることは、よく知られているところである。

　慶應義塾大学による茨城・上高津貝塚1968年調査の整理作業において、５㎜以下の小さな顎骨や脊椎骨がしばしば発見され、このような小型魚骨は調査中の発見は困難であることが予想されたことから、1969年の調査で30㎝四方×厚さ10㎝を単位とするブロックが柱状にサンプリングされ、水洗選別されたのである。その結果、予想通り多量の小型魚の骨が採集された（小宮 1970）のであるが、これは貝塚から意図的組織的に土壌サンプルを採取した最初である。このことは、従来の発掘中の肉眼観察による資料の採取では、小型魚や小形魚の

微小な骨を確認できずに見逃していたことを意味する（小宮・鈴木 1977）。つまり、東京湾沿岸の縄文貝塚の代表的魚種はクロダイ・スズキであるという長い間の定説は、サンプリング・エラーに起因する誤ったものであったことになる。したがって、発掘による採取と柱状（コラム）サンプルの併用により、サンプリング・エラーを回避し、魚類組成の復原に際し質量的に有効な情報を得ることが求められることになる。小宮の用いている試験フルイのメッシュ目寸法は、当初は4㎜、2㎜、1㎜の3種類であったが、その後9.5㎜が追加され、さらに1㎜メッシュ面を通過するハゼ科の極小標本の存在が判明したことから0.5㎜メッシュのフルイが追加されている。

この柱状サンプルを定量で連続的に切り取る方法については、しかし、上下の異なる層位の資料が混在するブロックが生じてしまうという大きな欠陥のあることが指摘されており、このような層位の混乱を回避するため、層位別にブロックを得ることが提案され、試みられている（中村 1981、山崎 1982など）。それでも、柱状サンプルにしろ層位別の任意サンプルにしろ、それが全体をよく反映しているという保証はない。竪穴住居跡覆土というような遺構内の閉じた貝層（例えば神奈川・西ノ谷貝塚J30号住居跡、坂本・中村 1991）、あるいは開地でも小規模な貝層（例えば夷隅・新田野貝塚、武井・小池ほか 1975）であるならば、全資料のサンプリングは可能であるが、開地に広く広がる貝層については、全資料のサンプリングは多くの場合は困難であろう。資料を保管する場所、整理に要する時間と経費に莫大な投資が必要だからである。後・晩期の大貝塚として知られている市原・西広貝塚の、第4‐7次調査の貝層をすべて回収し、37,000箱を人海戦術で10年かけて整理・報告するという「発掘調査の限界への挑戦」（市原市教育委員会 2008）は、大規模開発に伴なう緊急調査でも異例である。千葉県文化財センターでは、「有吉北貝塚の調査以降サンプルとして持ち帰れない貝層などの堆積物を捨てる前に現地で約4㎜の園芸用フルイを使って遺物の回収に努めている」（上守・西野 1995）という。4㎜のフルイというのは、クロダイの前上顎骨なら長さ約7㎜以下（体長に換算すると約9㎝以下の小型魚クラス）の魚骨は回収できない可能性が高くなるものであるが、人工遺物ならまず全点回収が可能であろう。

7　貝塚と集落

集落という観点で貝塚が発掘されたのは、原始集落の内部構造の追及を試みた和島誠一（和島 1948）を担当とする、1955年7月の神奈川・南堀貝塚が最初であろう。姥山貝塚発掘から29年後のことである。これは横浜市史編纂の一環として発掘されたもので、作物の関係で目指す全掘はできなかったものの、集

落のほぼ全容を窺い知ることができた画期的な調査であった。しかし、成果は
『横浜市史第1巻』（1958年）で紹介されたが、和島の多忙で岡本勇が執筆し、
ついに報告書や和島による考察を見ずに終わってしまったのは、まったく残念
といわざるをえない。とはいえ、千葉県で縄文集落論として取り上げられた貝
塚は、共に緊急調査による船橋・高根木戸貝塚（1971年発行）、松戸・貝の花貝
塚（1973年発行）であるから、学術調査で全掘を目指した和島の情熱は、長
野・尖石遺跡の宮坂英弌に劣らぬものがあったのであろう。

　考古学研究者の手になる貝塚の平板測量による地形図の作成は、1954年の日
本人類学会創立70周年を記念して実施された市川・堀之内貝塚が最初である。
その後、次々と貝塚の測量図がつくられてきたことに呼応して地形と貝塚の関
係が再びクローズアップされ、和島が推進した集落論や遺跡群研究を受けた研
究が盛んとなる（麻生 1960・1965、岡本 1963）。しかし、共同体規制を強調する
あまり、馬蹄形貝塚と集落の関係を限定的に捉えることになり、後藤により批
判を受けることになる（後藤 1980）。

　1973年、後藤和民は大型貝塚干加工場説を発表する（後藤 1973）。千葉県下
の貝塚集落にはその性格と消長の異なる二型（点在貝塚＝小型貝塚と馬蹄形貝
塚＝大型貝塚）があり、大型貝塚の消長は貯蔵形態の発達と有機的関連性があ
り、干貝の生産・保存が集落の定着性を実現したが、製塩の開始によって干貝
の交換価値が低下し、そのため大型貝塚が消滅したという。そして、山岳地帯
の産物と交換すべき沿岸地帯の産物は、海産物であり保存食料の干貝であり、
大型貝塚こそ干貝を分業的に生産した集落であるとしたのである。つまり、小
型貝塚の日常消費集落との生産背景の違いを強調したのであった。これに対し
ては異論もあるが、強いインパクトをもって広まっていったのである。

　鈴木公雄の反論（鈴木 1979・1989）は、貝塚の貝の総量を計算し、形成期間
を考慮して比較すると、東京・伊皿子貝塚、千葉・木戸作貝塚、千葉・加曽利
南貝塚も1時期当りの規模はほぼ同じであるから、加曽利南貝塚の巨大な貝層
は、伊皿子貝塚や木戸作貝塚のような一般的な規模の貝塚が、長期間におよん
だことによるみかけの大きさにすぎないというものである。しかし、大型貝塚
ほどこれまでの貝抜きによる破壊が著しいという事実は、計算の根拠が揺らぐ
だけに現状での比較にすぎない点に問題を残すのである。

　西野雅人の異論（西野 1999）は、①専門の「加工場」のイメージはうすい、
②貝漁の目的は干し貝加工だけでは説明しにくい、③集中的な採取だけではな
い、という項目のもとで具体的に反対理由を列記していて説得的である。また、
製塩の開始と貝塚の消滅は一致しないことも指摘している。そして結論として、
干貝生産を認めつつも、鮮度のよいものを安定して手に入れていたことに重要

34　第Ⅰ章　貝塚研究の歩み

性を認めるのである。

　樋泉岳二は千葉・加曽利南北両貝塚の貝殻成長線分析を実施し、南北両貝塚ともにハマグリなど主要二枚貝は通年採取され、北貝塚では春〜夏、南貝塚では夏・冬の頻度がやや高いものの、特定の季節に大きく偏ることはない（樋泉1999a）ことを明らかにし、さらに周辺諸貝塚の分析例を加えて、「ハマグリ採取の季節性が従来いわれてきたように春〜夏中心であると単純に一般化できないことを示している」として、「実際の生活暦は集落ごとに多様で複雑なものであったと理解すべき」（樋泉1999b）と指摘したのである。

　1975年に国内4ヵ所のデパートを会場として開催された朝日新聞社主催の"縄文人展"は、縄文人の息吹が伝わってくるよう工夫され、大盛況のうちに終了した展覧会であった。おそらく小林達雄の企画・執筆になる「縄文人の四季」に、「縄文人の生活カレンダー」の図が、初春をピークとするハマグリをとったシーズンという棒グラフとともに示され、春、「海浜の村では貝をとりはじめる。多量にとられた貝は、乾かして蓄えられもしただろう」と解説された（朝日新聞社1975）。これは小林の「縄文カレンダー」の初出と思われるが、ハマグリ採集量の棒グラフの出所は明記されていないが、茨城・上高津貝塚B地点で間違いないだろう。筆者も小池裕子による当時の分析結果から、時期を追った採貝の季節性を検討し、中期以降の採貝は春〜夏前半を中心としていたと指摘したことがある（堀越1984）。しかし、樋泉がデータで示したように、生業活動は一斉一律な行動ではなく、個々の集落のそのときの事情で異なるものであり、その上での遺跡の個性を探るべきであろうが、貝殻成長線分析もまだ全体をどれほど正確に反映しているかという点に弱いものがある。

　貝塚にはいろいろある。人間の営みであるから、多様な姿はむしろ当然のことである。集落の内部に形成された貝塚をムラ貝塚、当時の砂浜に形成された貝塚をハマ貝塚と区別したのは阿部芳郎（阿部1996）であり、植月学は低地性貝塚と呼んでその分類と性格を論じている（植月2001）。台地上の集落に伴う東日本

図2　低地性の市川市イゴ塚貝塚（1981年）

的立地の貝塚ではなく、沖積地に接する台麓・段丘の上、場合によっては砂州・砂浜の上にある西日本的立地の低地性貝塚も、千葉県側の東京湾沿岸では市川市・千葉市・市原市・富津市などで知られている。明らかに海に近接した貝塚であるが、時期は前期から後期まであり、生活臭の強い貝塚と乏しい貝塚の大きくは二者がある。このうち生活臭に乏しい貝塚は、ほとんど貝殻ばかりで、貝に特化した遺跡と考えられている（図2）。問題は台地上の貝塚であるが、大型貝塚を干貝生産に限定することも、また干貝生産を否定することも、極論であるように思われる。今一度、総合的に検討すべきであろう。

印旛沼周辺に点在する集落に伴う小さな後期の貝塚は、汽水のヤマトシジミを主体としているのに、印旛沼に流れ込む鹿島川（後期）・桑納川（中期）・神崎川（後期）を遡った地域の貝塚は、ハマグリ・イボキサゴ・オキアサリなど海の貝からなることが明らかとなり、川戸彰（川戸1961)・金子浩昌（金子1961)はこれらの貝の産地を東京湾水系に求めた。これは、明らかにそれまでの常識的理解である貝塚の眼下に海が来ていたという貝塚の位置＝汀線論に見直しを迫るものであり、貝は遠くまで運ばれていることを証明するものである。貝塚の形成を遺跡群との関わりの中で検討すること（阿部2001)が期待される。

8　貝塚の基礎文献

東京帝国大学人類学教室編纂の『日本石器時代人民遺物発見地名表』は、貝塚のみではないものの、さしずめ石器時代遺跡の戸籍簿であるが、八幡一郎・中谷治宇二郎増訂になる1928年の第5版の『日本石器時代遺物発見地名表』を最後としていた。これを後に千葉県の遺跡として纏めたのが伊藤和夫の『千葉県石器時代遺跡地名表』（千葉県教育委員会1959年発行、図3）であり、全国の貝塚として纏めたのが酒詰仲男の『日本貝塚地名表』（土曜会1959年発行）である。酒詰は『日本縄文石器時代食料総説』（土曜会1961年発行）という食料リストの集大成もおこなっている。『千葉県石器時代遺跡地名表』には、伊藤による概説と文献目録、金子浩昌による漁労活動の詳説も追加されている。

県は、1980〜82年度に国庫補助を受けて県内所在貝塚遺跡詳細分布調査を実施し、『千葉県所在貝塚遺跡詳細分布調査報告書』（千葉

図3　千葉県教育委員会発行の『千葉県石器時代遺跡地名表』

県教育委員会1983年発行）を公表した。ここでも研究史や貝塚概論という解説が加えられており、貝塚研究の手引きとなっている。また、県が国庫補助を受けて事業主体となり、県文化財センターに委託して実施した「県内主要貝塚確認調査事業」では、1988〜97年度の10年間に、銚子・余山貝塚、横芝光・山武姥山貝塚、千葉・誉田高田貝塚、香取・白井大宮台貝塚、袖ヶ浦・山野貝塚、野田・東金野井貝塚、流山・上新宿貝塚、香取・鴇崎貝塚、茂原・渋谷貝塚、木更津・峰ノ台貝塚の10貝塚が調査され、それぞれ報告書が刊行されているが、改めてその成果と課題について、「貝塚出土資料の分析」と題して『千葉県文化財センター研究紀要19』（1999年）が発行されている。内容は多岐におよび、今可能な自然科学的手法による分析がおこなわれているのであるが、資料・データ集では、貝塚地名表・文献目録のほかに人骨リストなどが加えられている。

　また『千葉県の歴史』が千葉県から刊行されている。主な貝塚については資料編考古1（2000年）、遺跡・遺構・遺物については資料編考古4（2004年）、概説については通史編原始・古代1（2007年）が該当する。

9　史跡指定の追加

　1926年の市川・姥山貝塚の発掘が大きな成果をおさめたことから、史跡指定の話もでたが、話は立ち消えになってしまったという。千葉県初の国史跡指定の栄誉をうけた1930年の香取・良文貝塚以降、指定は進まなかったが、1964年の市川・堀之内貝塚を皮切りに、1967年の市川・姥山貝塚、1968年の香取・阿玉台貝塚、1971年の千葉・加曽利貝塚、1976年の野田・山崎貝塚、1978年の千葉・月ノ木貝塚、1979年の千葉・荒屋敷貝塚、市川・曽谷貝塚、1981年の千葉・犢橋貝塚、2006年の千葉・花輪貝塚と2008年5月現在で11ヵ所の史跡が指定され、保存されたのである。全国最多であるのは当然であるが、694ヵ所あった貝塚の1.6％弱であるから、そう自慢できるものでもなかろう。

　県指定には、野田・清水貝塚、習志野・藤崎堀込貝塚、千葉・長谷部貝塚、香取・下小野貝塚、神崎・西之城貝塚、佐倉・上座貝塚、市指定には、松戸・幸田貝塚、市川・美濃輪台貝塚、船橋・飛ノ台貝塚、千葉・滑橋貝塚、一宮・貝殻塚貝塚、茂原・石神貝塚・下太田貝塚、銚子・余山貝塚、香取・向油田貝塚・大倉南貝塚・三郎作貝塚・台畑貝塚・鴇崎貝塚がある。ほとんどが部分的であるが、旧状を何とかとどめている部分があるだけでも良しとすべきか。

　指定のために地権者の同意を得、また買収にと事務方の苦労も並々ならぬものがあったと察せられるが、とりわけ加曽利貝塚と荒屋敷貝塚の保存は、破壊の危機に直面した上での保存運動の大きな盛り上がりによる成果であるだけに、県民の良識の存在を知るのである。問題は、史跡として保護している貝塚

2　大規模開発と貝塚研究（堀越正行）　37

の活用である。これは地域住民と共に検討していかねばならないだろう。

10　研究会の活動ほか

　勝坂式とも阿玉台式とも認定できない一群の土器の存在に注目した高橋良治・塚田光らは、その性格解明のため1963年に松戸・中峠貝塚の発掘に着手し、民間の考古学研究団体の「下総考古学研究会」を結成した（大村 2000）。活動は発掘と研究会の二本立てで、正月前後の休みを利用した手弁当による学術発掘は1987年の10次まで続けられ、私財を投じて「下総史料館」を庭先に建てた地元の湯浅喜代冶宅で定例の研究会を開くという、実践的な在野の研究者集団となった。その研究成果は機関誌「下総考古学」で順次公表されている。活動に経年の変更は当然あるが、このような活動の蓄積が中峠貝塚に県施設を建設するという計画を断念させ、指定はされていない中で旧状をとどめた貝塚として現存させているのであろう。

　一方、千葉・園生貝塚の破壊の危機に危惧を抱いた宍倉昭一郎を中心に「園生貝塚研究会」が結成され、1996年に機関誌「貝塚研究」が創刊されている。活動は園生貝塚の綿密な踏査と文献探求にとどまらず、追求の目は周辺流域から県内、さらに茨城県へと広がりをみせ、さらに貝塚の空間論と貝や魚の調理法といった食文化論の視座（宍倉 2005）にもおよぶ研究活動を続けている。

　このほか、金子浩昌による動物遺体をはじめとする貝塚研究（金子 1982など）、渡辺誠による漁労活動の研究（渡辺 1973など）、赤沢威による漁労活動やテリトリーの研究（赤沢 1969・1983など）などをはじめとして、到底書き尽せない多くの研究や報告がある。いささか古いが、学史としては、石井則孝らの貝塚座談会（石井ほか 1979）、牛沢百合子の動物遺存体と骨角器に注目した学史（牛沢 1980）、精神生活からみた貝塚研究史（西山 1995）が参考になろう。ともあれ、季節推定やサンプリングという新たな貝塚研究法は、大規模な発掘調査の進展に伴って開発されたものではなく、学術研究として導入され、大規模調査にも採用されたものである。おそらく大規模な発掘調査それ自体は、何ら新しい研究法を生み出してはいないのではないだろうか。

　全国一の貝塚保有県である千葉県が、県内主要貝塚確認調査事業を「今後の保存と活用を見据えた資料を得ることを目的とし」、「各遺跡の内容の把握と重要性を確認できた」（『千葉県文化財センター研究紀要』第19号の「はじめに」より）のであれば、貝塚発掘期間中に最低限地元住民に対して現地説明会を開き、その成果を公表して重要性を知ってもらい、身近に大切に守るべき遺跡があることを宣伝すべきであるが、筆者が入手したどの報告書にも一言もその記述がない。学術調査は、正しく遺跡保護の精神を普及する絶好の機会であるのに、研

究者すら知らないうちに、まるで秘密裏に実行したのなら、地域住民にとって
はただの資料漁りにすぎないと思うが事実や如何に。地域密着で理解を得るこ
と、これが何よりも遺跡保護にも、考古学の存続にも必要なことである。緊急
調査にもかかわらず、流山市教育委員会が三輪野山貝塚の現地説明会や見学会
を何回も開催し、市民への公開に努力したことには、見習うべきものがある。

註
1) 1974年11月、財団法人千葉県文化財センターが設立され、県から公社に出向し
ていた専門職員の配置換えにより調査体制が一本化したが、2005年10月、千葉
県教育振興財団に改称している。

引用・参考文献
和島誠一 1948「原始聚落の構成」『日本歴史学講座』東京大学出版会
定金右源二ほか 1949「市原遺蹟発掘調査概報」『千葉縣史蹟名勝天然紀念物調査報
告書』千葉縣教育委員会
江坂輝弥 1954「海岸線の進退からみた日本の新石器時代」『科学朝日』14-3
西村正衛・金子浩昌 1956「千葉県香取郡大倉南貝塚」『古代』21・22
酒詰仲男 1956「問題の回顧と展望 ③ 貝塚─戦後日本における貝塚研究の動向につ
いて─」『古代学研究』14
麻生 優 1960「縄文時代後期の集落」『考古学研究』7-2
金子浩昌 1961「印旛・手賀沼地域の貝塚」『印旛・手賀沼周辺地域埋蔵文化財調査
(本編)』千葉県教育委員会
川戸 彰 1961「野呂山田貝塚」同上文献
岩崎卓也 1963「陣ヶ前貝塚」『松戸市文化財調査報告』1
岡本 勇 1963「加曽利貝塚の意義」『考古学研究』10-1
滝口 宏・平野元三郎 1964「船橋市前貝塚町塚田貝塚」『千葉県遺跡調査報告書』
千葉県教育委員会
麻生 優 1965「住居と集落」『日本の考古学Ⅱ』河出書房
和島誠一・松井 健ほか 1968「関東平野における縄文海進の最高海水準について」
『資源科学研究所彙報』70
赤沢 威 1969「縄文貝塚産魚類の体長組成並びにその先史漁労学的意味」『人類学
雑誌』77-4
小宮 孟 1970「捕獲対象魚の変化からみた漁撈活動の一側面 特に上高津貝塚を
中心として」『研究会報告』1、慶應義塾大学考古学研究会
後藤和民 1973「縄文時代における東京湾沿岸の貝塚文化について」『房総地方史の

研究』雄山閣

渡辺　誠 1973『縄文時代の漁業』雄山閣

松島義章・大嶋和雄 1974「縄文海進期における内湾の軟体動物群集」『第四紀研究』
　　13 - 3

朝日新聞社 1975『縄文人展　自然に生きた祖先の姿』

武井則道・小池裕子ほか 1975『新田野貝塚』立教大学考古学研究会調査報告 2

小宮　孟・鈴木公雄 1977「貝塚産魚類の体長組成復元における標本採集法の影響
　　について―特にクロダイ体長組成について―」『第四紀研究』16 - 2

鈴木公雄 1979「貝塚における貝の総量について」『考古学ジャーナル』171・172

小池裕子 1979「関東地方の貝塚遺跡における貝類採取の季節性と貝層の堆積速度」
　　『第四紀研究』17 - 4

石井則孝ほか 1979『シンポジウム縄文貝塚の謎』新人物往来社

後藤和民 1980「縄文集落と貝塚」『季刊どるめん』24・25

牛沢百合子 1980「縄文貝塚研究史序説」同上文献

小池裕子 1980「動物遺物の季節推定」同上文献

Hiroko Koike 1980：Seasonal Dating by Growth - line Counting of the Clam,
　　Meretrix Lusoria. The University Museum, The University of Tokyo.
　　Bulletin № 18

中村若枝 1981「柱状サンプルの問題点と限界性」『伊皿子貝塚遺跡』港区教育委員
　　会

金子浩昌 1982『貝塚出土の動物遺体』貝塚博物館研究資料 3、千葉市加曽利貝塚
　　博物館

山崎京美 1982「動物遺存体」『豊沢貝塚』渋谷区教育委員会

前田保夫・松島義章ほか 1982「海成層（marine limit）の認定」『第四紀研究』
　　21 - 3

赤沢　威 1983『採集狩猟民の考古学　その生態学的アプローチ』海鳴社

小池裕子 1983「貝類分析」『縄文文化の研究 2　生業』雄山閣

小池裕子・大泰司紀之 1984「遺跡出土ニホンジカの齢構成からみた狩猟圧の時代
　　変化」『古文化財の自然科学的研究』同朋舎出版

小池裕子・林　良博 1984「遺跡出土ニホンイノシシの齢査定について」同上文献

堀越正行 1984「ハマグリからみた生業の季節性」『史館』16

鈴木公雄 1989『貝塚の考古学』東京大学出版会

坂本　彰・中村若枝 1991「縄文海進期の住居址覆土内貝層―横浜市西ノ谷貝塚J30
　　号住居址とその貝層について―」『調査研究集録』8、横浜市埋蔵文化財セン
　　ター

上守秀明・西野雅人 1995「貝塚確認調査の現状と課題」『千葉県文化財センター研究紀要』16

西山太郎 1995「もう一つの貝塚研究史」同上文献

領塚正浩 1996「ジェラード・グロート神父と日本考古学研究所」『鎌ヶ谷市史研究』9

阿部芳郎 1996「水産資源の利用形態」『季刊考古学』55

樋泉岳二 1999a『貝層の研究Ⅰ』貝塚博物館研究資料5、千葉市立加曽利貝塚博物館

樋泉岳二 1999b「二枚貝の成長線分析」『千葉県文化財センター研究紀要』19

西野雅人 1999「縄文中期の大型貝塚と生産活動―有吉北貝塚の分析結果―」同上文献

大村　裕 2000「中峠貝塚」『千葉県の歴史　資料編　考古Ⅰ（旧石器・縄文時代）』千葉県

阿部芳郎 2001「四街道市　八木原貝塚の基礎的研究」『四街道市の文化財』25

植月　学 2001「縄文時代における貝塚形成の多様性」『文化財研究紀要』14、北区教育委員会

宍倉昭一郎 2005「『貝塚研究』10年の歩み」『貝塚研究』10

市原市教育委員会 2008『ここまでわかった市原の遺跡　第1回発表会　～西広貝塚の謎にせまる～』

第Ⅱ章　東京湾貝塚の学史と新展開

千葉県千葉市千葉貝塚採集
中期土器の把手

1 姥山貝塚「接続溝第1号竪穴（住居址）遺骸」の死体検案

渡辺　新

　炉が設えられ四隅に柱穴が並ぶ"竪穴住居址"の床面の一隅に、5体の人骨が横たわっている。ある者は口を大きく開いて苦悶の表情を浮かべ、ある者は手を床に突っ張って必死に起き上がろうとしたまま力尽きた様子に見える。その光景は、5人の一家に不測の厄災が出来し住まいの中で全員同時に死亡した、との印象を抱かせる。

　実際、「接続溝第1号竪穴（住居址）遺骸」は同時死亡との前提で、縄文時代の家族をはしなくも示す好資料と見做されてきた。時々の家族構成論では人骨の性・年齢鑑定結果をあれこれ組み合わせる方法が専らで、より振幅の小さい年齢の鑑定に傾注された学史を顧みる。

　しかし、5人を家族とするのは出土状態を瞥見しての印象にしかすぎない。まずは家族如何に拘わらず5人の死体の検屍を実施し、個々の死亡時間・死亡状況・死亡の種類を把捉した死体検案が示されるべきである。死体検案においては就中、各々死体の間に死亡時間差を示す事象の有無を確認することが案件になる。それには死体が発見された場所の検分も欠かせない。死体はその存する環境によって腐敗ないし腐朽といった死体現象に大きな差異が生じるからである。

　本稿では、報告書[1]の所見と掲出写真を典拠に出土状態を精察して、5人の関係を考究するに必須の手続きである死体検案を提示したい。

1　検　屍

　報告所見では「溝第1号人骨ハ仰臥シ、上下肢ノ一部ヲ屈スレドモ全体ニ於テ、屈葬トハ認メ難ク、同第5号亦同断ニシテ横臥セリ。同第2号・第3号及同第4号（中略）是等3体ニハ明カニ屈葬ノ状態ヲ認メ得ズ」と記される。この所見を掲出写真（図1）と照合して確認すると、5体はいずれも解剖学的自然位を逸している様子が見て取れる。

　死後直ちに埋葬された死体は土で固定されることにより自然位を保った状態

図1 「接続溝第1号竪穴(住居跡)遺骸」

46 第Ⅱ章 東京湾貝塚の学史と新展開

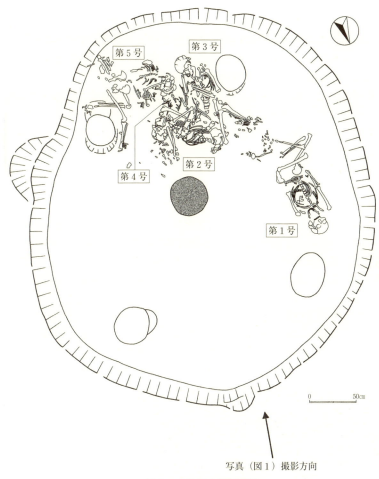

図2　人骨出土位置関係

で出土するが、埋葬されず土の固定が無い場合には死体現象によって少なからず骨が変位した状態を目にすることになる。また巷説の"遺棄""放置"であれば風雨や霜による浸食、鳥獣類による毀損を伴った顕著な変位が生じることになるはずである。ここでは5体個々について骨各部位の位置関係を観察して変位を抽出、その姿に至った因由を考えてゆく。

なお検屍に際しては、「5体ハ竪穴底面ニ接シ」骨が相重する部分では直接して土の介在は無く「該竪穴ガ全ク埋没セザルニ先チ」死体が存在していたことを諒解し、死体は均しく「褐色ナル硬キ土ヲ被リ」ほぼ同時に土の被覆があったことを所与とする。

(1) 個体別所見

第1号人骨

竪穴西壁際にあって仰臥し、頭位を北にして体軸が西壁に概ね平行する。独りやや離れて位置しほかの4体との接触がなく、一般的な埋葬形態であるとの見解[2]も示されるが、報告所見のとおり全身各所に変位をみる。

頭部 頭蓋骨は顔面を上方に向けるが、頭頂側の竪穴底面凹部にやや落ち込んで、微かに右方へ傾げる形となる。下顎骨は頭蓋骨から遊離して頸部辺りにあり、咬合面を上方に向ける。頭蓋骨─下顎骨は一瞥、口を大きく開く様に見えるもまったく関節位置関係にない。

体幹 椎骨は概ね直線に並ぶ。肋骨は上縁を上方に向け弓状の彎曲を折ることなく全形を保ち、一般的な仰臥人骨との相違が著明に現れる。仰臥人骨の一般は、頭蓋骨・椎骨・四肢骨の着地面を目処に発掘が行われることで、より高い位置に包含される脆弱で破片化した肋骨前端側半分が取り除かれ、写真や微細図を見るとほぼ例外なく肋骨の前端側半分が失われた形になっている。

上肢 右は体側に伸ばす。橈尺骨の交差により、手の甲を上方に向ける様子をみる。左は肘を屈す。上腕骨は体側に沿い後面を上方に向ける。橈尺骨は上腕骨から離脱して腹

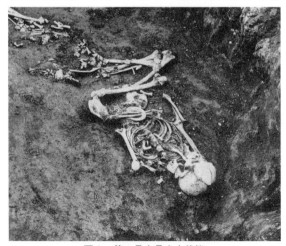

図3　第1号人骨出土状態

頭蓋は15種23個の骨からなり、互いにその縁辺が結締織性の連結で縁辺は凹凸互に嵌入して縫目の如き様を呈し、この連結を縫合という。縫合は加齢により融合消失する。

椎骨は頸椎・胸椎・腰椎に区別され、胸椎には肋骨の後端が関節する。

肋骨は前端が軟骨を介して胸骨と連結し、全体で籠状となり、胸郭を形づくる。

寛骨は上方の腸骨、前方の恥骨、後下方の坐骨からなる。腸骨は寛骨で最も広い面積を有する腸骨翼、大腿骨との関節部の寛骨臼窩を形成する腸骨体に分けられる。

大腿骨の寛骨と関節する近位端部は球状を呈し、これを大腿骨頭という。

主に四肢骨の方向について、体幹（胴体）に近い側を近位、遠い側を遠位という。

右図では、右前腕は橈尺骨が交差する回内運動位にあり手の甲を前面、左は安静位の掌を前面とする表現にある。

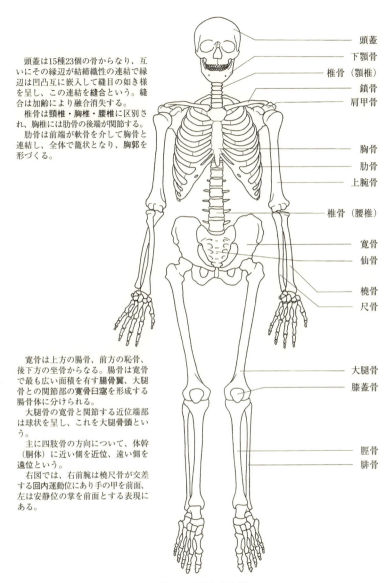

図4　人骨部位名称

部上にあり、並列して体軸に直交、イタボガキ製貝輪の着装をみる。

下肢　左右膝を屈して体右方で重ねる。右は寛骨─大腿骨─脛腓骨が一連関節して着地する。左は寛骨に特徴が現れ、仙骨関節部分を支点にして腸骨翼が竪穴底面から持ち上がる。大腿骨は寛骨に密接するものの、骨頭が寛骨臼窩から離脱（図5の矢印部分にその様子が写る）して後面を上方に向け、骨幹中央が下の右股関節部分に直接する。脛骨は右大腿骨─脛腓骨の上で後面を上方に向け大腿骨からやや離れる。腓骨は大きく離れて脛骨の遠位辺りにある。

所見　死に直した姿は、仰臥の状態で顎を引いて顔面を体下方に向け、右上肢を体側に伸ばし、左上肢を肘で屈して手を胸腹部にのせ、下肢を両膝立てる形、であったと仮定する。すなわち葬の姿勢である。これが死体腐朽の進行によって次の変位が生じたと考える。

頸の筋肉で支えられた頭蓋骨は、均衡を保てず下顎骨をその場に残して後方へ転落する。胸郭を形づくる肋骨は、軟骨結束が解けて体下方へ将棋倒しになる。これに伴い胸腹部にのせる左橈尺骨は、肘関節から外れて体下方へ押し流されるが、貝輪の着装により並列が保たれる。下肢は左腓骨の崩落によって均衡を失い体右方へ横転、衝撃で左の股関節と膝関節が脱する。左寛骨の腸骨翼が竪穴底面から持ち上がる現象は、生体において仰臥で屈した足を体右方へ倒すと左臀部が地を離れるのと同様、筋の牽引を原因とし、股関節の筋組織が残存していたことを示す。ただし骨頭が寛骨臼窩から離脱する状態をみるならば、残存は重層筋群の深部に限定されるであろう。

以上、死体現象による変位のみをもって出土状態の説明が可能であり、土に被覆された時点で軟組織の一部が残存していたことを確認した。

第2号人骨

炉の南側で左向きに横臥し、頭位を東にして体軸が南壁に概ね平行する。上半身を第3号人骨の下肢上、第4号人骨の頭部上にのせる。下位の人骨と直接する部位に著明な変位をみる。

頭部　頭蓋骨は顔面で着地し後頭部を上方に向け、上顎部分が第3号人骨の右脛骨と直接、頭蓋縫合が外れて上下にやや潰れた形となる。下顎骨は頭蓋骨から遊離してその南側で下顎底を上方に向け、咬合面が第3号人骨の右脛骨と直接する。

体幹　第2頸椎が第3号人骨の足骨上にあるなど、頸椎〜胸椎は体軸から離れて散乱する。腰椎は体軸に並ぶもののやや列を乱す。肋骨は右骨が腰椎の上に折り重なり、弓状の彎曲を折ることなく全形を保つ。頸部の上には、被覆土に混入した土器小破片が裏面を上方に向けてのる。

上肢　右は体前方にあり、肘関節部分が体側から離れて上腕骨─橈尺骨はハ

50　第Ⅱ章　東京湾貝塚の学史と新展開

図5 第2号～第5号人骨出土状態

図6 第3号人骨出土状態

図7 第4号人骨出土状態

字形に並ぶ。左は体斜め前方に伸ばす。

下肢 左右膝を屈して体前方で重ねる。寛骨は体軸左で外面を上方に向けるのが右骨、体軸右で破片となって腰椎に立てかかるのが左骨であり、大腿骨とは関節しない。大腿骨—脛腓骨は左右ともに膝関節でやや捻れる。左足骨はほとんど欠落なく関節状態を保つが極端な密着を特徴とする。

所見 死に直した姿は、左向きに横臥して頭を第3号人骨の左膝にのせ、右上肢を体の上で伸ばし、左上肢を斜め前方に開いて体を支え、下肢を屈して体前方で左右重ねる形、であったと仮定する。すなわち葬の姿勢である。これが死体腐朽の進行によって次の変位が生じたと考える。

頭蓋骨は安定を欠いて第3号人骨の膝から転落、下顎骨は頭蓋骨から滑落する。頭が膝上にあることでやや上方に引き上げられる頸～胸椎は落下散乱、右半身を支える胸郭が軟骨結束を失い、右の肋骨は崩れ落ちる。体の上にある右上肢は、肩・肘関節の靱帯が残存する時点で上腕骨が体前方へ滑落、上腕骨遠位が橈尺骨近位を引きずって肘が逆関節の形になる。竪穴底面との比高差が大きい右寛骨はほぼ垂直に落下、左寛骨は腰椎～仙骨によって体右方へ押しやられ、寛骨が左右逆位に並ぶ。左右膝関節での捻れは寛骨の変位により生じる。

以上、死体現象による変位のみをもって出土状態の説明が可能である。頭蓋縫合が外れている状態は、土に被覆された時点で白骨化が完了し、骨の脱脂が進行していた様を示す。ただし左足は、骨が極端に密着した関節状態にあることから、屍蝋化ないしミイラ化していた可能性が考慮される。

第3号人骨

竪穴南壁際で頭位を南にして仰臥する。上腕が南西柱穴の東縁に接し、下肢を第4号人骨の頭～胸部上にのせる。

頭部 頭蓋骨は右側頭部を右上腕骨にのせて頸を捻る形となり、顔面を北に向ける。頭蓋骨—下顎骨は関節をやや逸して上下顎咬合のズレをみる。

体幹 椎骨は緩く弧をなして並び、寛骨との位置関係をみると第3～4腰椎辺りで関節が外れる形にある。肋骨の右骨は粉末化、左骨は概ね前面を上方に向け前端側と後端側の二つに折れる。

上肢 右は体側に伸ばす。橈尺骨の交差により手の甲を上方に向ける様子をみる。左は肘を屈す。上腕骨は体側に沿い後面を上方に向ける。橈尺骨は上腕骨から離脱して胸部上にあり、並列して遠位を右肩方に向ける。

下肢 左右ともに寛骨—大腿骨—脛腓骨は一連関節し、膝を屈して体右方に着地する。寛骨の左骨において腸骨部分が体外方にやや離れる様子をみる。

所見 死に直した姿は、仰臥して右頬を右肩にのせ、右上肢を体側に伸ばし、左上肢を肘で屈して手を顔の前に運び、下肢を屈して体右方へ着地させる形、

であったと仮定する。すなわち葬の姿勢である。これが死体腐朽の進行によって次の変位が生じたと考える。

　右肩上にある頭蓋骨は下顎骨箇所に比べ下で支える骨の高さが低く、やや滑落して上下顎咬合にズレが生じる。肋骨の左骨は胸郭下底を第2号人骨の膝が支える形となり、軟骨結束を失っても体下方への将棋倒しが起こらない。左上腕骨は左手を胸部にのせるため遠位が持ち上がり、肘関節が外れて落下着地する。

　死体現象を原因としない局所発生の変位に、腰椎の関節脱と左寛骨の体外方移動がある。それは腐朽がある程度進行した時点で左腰部に上方から圧力が加わった様にあり、そこには第2号人骨の体幹がのる。つまり第3号が腐朽途上にある中、死後まもない第2号が置かれて生じた変位であることを示す。

　以上、局所変位のほかは死体現象による変位のみをもって出土状態の説明が可能である。局所変位からは第2号人骨との間に死亡時間差を認め、その順序が第3号人骨→第2号人骨であることを確認した。

第4号人骨

　南側の2口の柱穴の中間辺りで頭位を北にして仰臥する。頭〜胸部の上に第2号・第3号人骨、下肢の上に第5号人骨が重なる。唯一の小人である。

　頭部　頭蓋骨は右側頭部で着地して顔面を東に向ける。頭蓋縫合が外れて左右方向に潰れたような形にある。頭蓋骨—下顎骨は関節し咬合する。

　体幹　椎骨はく字形に並び、屈折箇所の胸椎で関節が外れる。肋骨は上縁を上方に向け多くが弓状の彎曲を折ることなく全形を保つ。

　上肢　右は体側に伸ばす。橈尺骨は並列し掌を上方に向ける形となる。左は肘を屈す。上腕骨は粉末化、橈尺骨は遠位が胸部上にあり並列して体軸に概ね直交する。

　下肢　左右膝を屈して体左方で重ねる。左右ともに寛骨—大腿骨—脛腓骨は一連関節するものの、脛腓骨が足関節で外れて間隔を開く。

　所見　全身が着地して安定することにより、肋骨の将棋倒し変位のほかは屈葬人骨一般と変わりない姿にある。胸椎関節脱と足関節脱は後述する第5号人骨の死体現象の影響により発生したものと考える。第2号・第3号人骨との間においては相互に死体現象の影響がまったくみられない。つまり第2号・第3号が腐朽途上の時点には、すでに第5号は白骨化した出土状態の様にあったことを示す。

　以上、第2号・第3号人骨との間に死亡時間差を認め、その順序が第4号人骨→第2号・第3号人骨であることを確認した。

第5号人骨

　竪穴南東隅で伏臥し下肢が南東柱穴を跨ぐ様にある。頭位を西にして体軸が南壁に概ね平行する。頭～胸部を第4号人骨の下肢上にのせる。手を床に突っ張って必死に起き上がろうとしたまま力尽きた姿と叙述されるが、その姿は変位で生じた偶成に過ぎない。

　頭部　頭蓋骨は椎骨から遊離して体右方にあり、頭縦軸が頸～胸椎の列に平行する。第4号人骨の大腿骨上に左側頭部をのせ、顔面を北に向ける。頭蓋骨—下顎骨は関節し咬合する。

　体幹　椎骨は直線に並び後面を上方に向ける。肋骨は概ね後面を上方に向け前端側と後端側の二つに折れる。体幹上半が第4号人骨の脛腓骨上にのる。

　上肢　右は肘を屈す。肩甲骨—上腕骨—橈尺骨が一連関節し、頭蓋骨上に肩甲骨—上腕骨がのる。上腕骨は体側に沿って後面を上方に向け、橈尺骨は並列して体右方に伸ばし体軸と概ね鉛直する。イタボガキ製貝輪の着装をみる。左は橈尺骨が並列して体幹下で体軸に直交、肘を屈した形となる。肩甲骨は体外方にやや離れ、上腕骨は破片となって左寛骨の外方に集められているようである。

　下肢　寛骨は後面を上方に向け左右連結状態で並ぶ。右の大腿骨—脛腓骨—足骨は一連関節して後面を上方に向け、体右方に伸展して体軸と概ね鉛直、寛骨—大腿骨は関節が外れる。右の大腿骨—脛腓骨—足骨は一連関節して内側面を上方に向け、屈して体右方に着地する。大腿骨の骨頭が体左外方に突き出す形となり、寛骨—大腿骨の離脱をみる。大腿骨の近位半分が破片となって左寛骨の外方に集められているようである。

　所見　死に直した姿は、左向きに横臥し、左右上肢を肘で屈して手を体前方へ置き、下肢を屈して体前方で左右重ね、右の脛が南東柱に接する形、であったと仮定する。すなわち葬の姿勢である。これが死体腐朽の進行によって次の変位が生じたと考える。

　骨の各部位が靱帯連結する時点で、体左側線を回転軸とする前方への転倒が発生する。肋骨は左上肢に抱えられる形となり、軟骨結束を失っても将棋倒しが起こらない。左上肢は体幹の下敷きとなって肘関節に圧力がかかり、肩甲骨が体下方へ引っ張られ体幹から遊離する。寛骨は左右連結したまま左大腿骨の上を前方へやや滑走し左大腿骨との関節が外れる。右下肢は寛骨の半回転運動の力と体幅員分前方へ押し出される力が加わるも、力の加わる方向に柱が存在することで脛腓骨—足骨に転轍が生じ、股関節で捻れた伸展する形となる。転倒時点で右大腿骨は左膝辺りに骨幹をのせるが、後に股関節の靱帯連結が解けて体下方へ滑落し寛骨から離れる。

転倒の発生は前方で近接する第4号人骨に影響を及ぼし、体幹上半がその下肢に衝突して足関節脱と椎骨関節脱を生じさせる。第4号が局所変位にとどまるのは骨各部位で未だ靱帯連結する状態にあったことを示し、第4号・第5号の両者には腐朽進行程度が等しい時点を認めるところとなる。ただし大人と小人の腐朽進行速度の割合は1：2を概ねとするから、死後経過時間は第4号＜第5号と表される。

　死体現象が原因でない頭蓋骨の変位をみる。なお報告所見では「右上肢骨及肩甲骨ハ著シク体ノ上方ニ上ガリ頭骨上ニアリ」と記されるが、右上肢は肘位置が胸郭下底位にあって概ね解剖学的位置関係を保っており、頭蓋骨の移動が実際である。頭蓋骨の移動は、頭縦軸が振れることなく体軸に鉛直して右方、体軸に平行して体下方と規則的であり、しかも右上肢の自然位を逸脱させずに起こっている。これは人為とみるほかない。仮に頭蓋骨が自然位をとどめた場合、第3号人骨の頭蓋骨と重なる位置になるが、第3号が置かれる以前に移動させたからこそ両者の頭蓋骨は重ならずに出土する。つまり第5号が腐朽途上にあって頭蓋骨を容易に移動できる時点それ以降に第3号が置かれたことを示す。ほかに人為的な骨の移動として、左寛骨の外方で上腕骨や大腿骨と思しき破片が長軸を揃え束ねられる様をみる。

　以上、一部人為移動のほかは死体現象による変位のみをもって出土状態の説明が可能である。頭蓋骨の人為移動から第3号人骨との間に死亡時間差を認め、その順序が第5号人骨→第3号人骨であることを確認した。また死体腐朽進行において第4号との間に死亡時間差を認め、その順序が第5号人骨→第4号人骨であることを確認した。

（2）所見収束

　5体の人骨は当初屈葬一般の姿勢にあったが、土の被覆なく死後経過を辿った結果、埋葬死体ではみられない著明な変位が生じる。抽出された変位の因由は、①死体現象による骨の下方移動を主とする変位、②近接する死体の下方移動を被る変位、③新旧死体が重ね置かれて生じる変位、④近接する死体間の位置調整による人為移動．に限定される。巷説の"遺棄""放置"であれば生じるはずの風雨や霜による浸食、鳥獣類による毀損は一切みることなく、また流入土によって骨が押し流された形跡も見出せない。すなわち死体は一定期間、寸隙ない管理の下におかれた後、丁寧に土で被覆された状態を示している。

　上下直接する人骨の間には死亡時間差を認め、第3号→第2号、第4号→第2号・第3号、第5号→第3号、第5号→第4号の順を確認した。収束すれば第5号→第4号→第3号→第2号の順である。第1号については、所与とする5体が均しく「褐色ナル硬キ土ヲ被リ」ほぼ同時に土の被覆があったことを考

量し、第2号と比較するならば二者の間に死亡時間差を認めるところとなる。すなわち第1号が軟組織の一部を残存させた時点において、第2号は白骨化が完了し骨の脱脂が進行した状態にあるので第2号→第1号の順を確認する。

　以上の検屍により、各々死体の間に死亡時間差を示す事象が確認され、5人の死亡順序が、第5号人骨→第4号人骨→第3号人骨→第2号人骨→第1号人骨、であるとの結果を得た。

2　竪穴の検分

　接続溝第1号竪穴は、貝塚北東部の貝層分布幅員中央やや内寄りに位置する。そこは住居址分布域の一角にあたる（図8）。死体は竪穴内で土に被覆されずにある間、寸隙ない管理の下にあったのだから、その傍らでは生活が営まれていたことになる。死体の管理はその保存を目的とするほか、集落の衛生を保つうえでも当為であったに違いない。生者と死者の共棲を果たすことになった竪穴を住居転用と考えるには現実との乖離が大きく、人骨出土状態とも合致しない。検分を要することになる。

　形状は、南壁が直線的で北壁が緩く弧をなし南東部がやや狭窄した形を呈する。壁はほぼ垂直で東壁の一部のみ階段状になる（図9）。底面は壁際と柱穴周囲でやや凹凸をみるも概して平坦である。4口ある柱穴は南側2口の間隔が狭い梯形に並び、南東柱穴の壁への接近が著しい。炉は中央南寄りにあって体部下半を欠いた勝坂式の新しい部分の深鉢形土器（図10）を埋設する。形状を一瞥するならば竪穴住居址一般と比して著明な差異はないが、南側の2口の柱穴と炉に囲まれた三角形の空間が極端に狭い特徴を有す。

　規模は、南北径4m×東西径3.5m、面積12.2㎡。壁高は北西部分でやや高く75cm、南東部分で多少低く65〜70cm。柱穴は径50〜60cm、深さが北西90cm・北東80cm・南東110cm・南西90cmを測る。報告所見に記されるとおり「側壁極メテ深キコトヲ著シキ特徴」とする。また竪穴住居址であるならば小型の部類にもかかわらず、柱穴の規模は大型の部類に匹敵もしくは凌駕し、かなりの重量を支えるに耐える構造であることが特徴として挙げられる。

　上部構造を考えるうえで、壁面に「蜂窩状ニ小孔存」するとの留意すべき報告所見がある。実測図ではその表現は省略されているが、写真（図1）をみると壁立ち上がり部分で壁に概ね鉛直する掘り込みがあり、径20cm前後の柱穴の態をなして規則的に並列する様子が見て取れる。形状と並列の態様から小孔を垂木尻固定のための柱穴と見做すならば、その位置と角度では上部構造は竪穴深度を若干上回る程度の高さとなり、壁際の狭隘甚だしく住居としての用をまったく成さない。しかし死体を収容するには理に適った形であり、加重に耐え

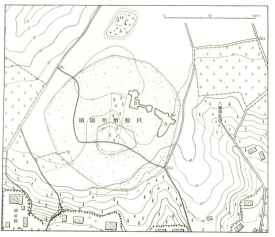

図8　姥山貝塚測量図

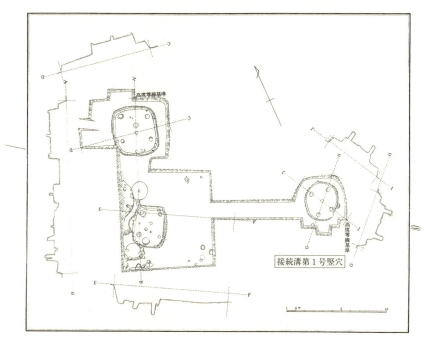

図9　B地点・接続溝検出遺構測量図

図10　炉埋設土器

る構造を勘案して屋根が土で厚く被覆されていたと考えれば、高い気密性が保持できて人骨出土状態に合致する内部環境が得られることになる。

　竪穴が死体収容を専らとする建物であるならば、その内部に生活道具類は必需としない。炉に埋設された土器、第2号人骨頸部上の被覆土に混入した土器小破片のほか「本竪穴ニ付属セリト思ハル、遺物ノ類ヲ認ムル能ハザリキ」はその至当な状況を示す。当然、日常の起居がないから竪穴底面の硬化は起こり得ない。その証拠に底面全域にわたって発掘調査時に地下足袋で歩いた足跡がみられ軟弱である様を示す。

　以上の検分により、接続溝第1号竪穴は住居転用ではなく、死体収容を目途として構築された建物であるとの結果を得る。形而下におく竪穴内部の環境は、空気の流通が不完全で冷暗な死体が腐朽し難い条件にあったと考える。空気の流通が不完全であれば、死体の不飽和脂肪酸が飽和脂肪酸に変化しやすく時に屍鑞化が起こる。また炉において定期的な燻煙がされれば、死体の水分が速やかに蒸発し蛆や細菌の繁殖が抑制されミイラ化が起こる。第2号人骨の極端に密着した関節状態にある左足骨は、そのいずれかを示唆しているとみる。かかる環境下における死体腐朽進行速度は、土中の場合と同等ないし速くてもその1/2の時間を要することになる。

3　死体検案

　死亡の時間は、5人それぞれの間において時間差を認める。その順序は第5号人骨→第4号人骨→第3号人骨→第2号人骨→第1号人骨である。死亡の状況は、いずれも屈葬一般の姿勢にあったが土を被覆させない葬法により死体には変位が生じる。死体発見箇所の竪穴は葬送施設であり、死体は他所から運び込まれたものと判断する。死亡の種類は、5人全員を自然死とみても齟齬がない状況である。検屍ならびに死体発見箇所の検分結果においては、旧説で示されるところの5人を家族とする根拠は見出せない。

5人の関係を明らかにするには解剖手続、すなわち人骨の形態的形質の検査を要する。爾後検査を経た後、年齢判定を用いてその構成に論及する際には、死亡の時間差が考慮されなければならない。土中における死後経過時間は、靱帯や軟骨のみを残存させる状態…4年、白骨化の完了…8年、骨の脱脂…10年以上[3]である。5人の場合はその状態に至るまで最小1／2の時間を要する。したがって各々死体の間の時間差は次のとおりになる。

ⓐ第5号人骨→第4号人骨の時間差…1年／第5号と第4号には等しく靱帯や軟骨のみを残存させる状態の時点を認め、第5号は死後経過2年、第4号は大人と小人の腐朽進行速度の割合が1：2であるから死後経過1年。

ⓑ第4号人骨→第3号人骨の時間差…2.5年以上／第3号の死体収容時点において第4号が骨の脱脂の進行する死後経過2.5年以上の状態を認める。

ⓒ第3号人骨→第2号人骨の時間差…2年／第2号の死体収容時点において第3号が靱帯や軟骨のみを残存させる死後経過2年の状態を認める。

ⓓ第2号人骨→第1号人骨の時間差…3年以上／第2号が骨の脱脂の進行する死後経過5年以上の時点において第1号が靱帯や軟骨のみを残存させる死後経過2年の状態を認める。

　以上の時間差を除去し静止点を求めて各人の年齢を並列するならば、静止点は実在する時間である第5号の死亡時点に定められる。

　第5号人骨＝死亡年齢
　第4号人骨＝死亡年齢－1年　（1年＝時間差ⓐ）
　第3号人骨＝死亡年齢－3.5年　（3.5年＝時間差ⓐ＋ⓑ）
　第2号人骨＝死亡年齢－5.5年　（5.5年＝時間差ⓐ＋ⓑ＋ⓒ）
　第1号人骨＝死亡年齢－8.5年　（8.5年＝時間差ⓐ＋ⓑ＋ⓒ＋ⓓ）

　5人の構成は少なくともこの静止点並列年齢値に照らして論及しなければ、証憑確かとはいえない。

　如上姥山例にみた死後直ちに土で被覆しない措置が、収容人員集結を待機する都合であるのか、それ自体に旨趣があるのかは、単独葬にその有無を捜せば解が得られよう。そこで究竟の事例となるのが姥山例とほぼ同年代の有吉北貝塚SK095人骨とSK774人骨である。ともに貯蔵穴転用墓坑出土の単独葬死体で、骨の変位が著明ながら死体現象のみに限定される出土状態を示す。とくにSK095人骨においては土の被覆なく数年を経た後、土と貝で土坑を埋める際に墓標の類と思われる柱状構造物が設置され、長期にわたる葬送の執行をみることができる[4]。したがって土で被覆しない措置は旨趣ある葬送の一環として理解されよう。

今後さらに東京湾東岸域における中期の人骨については、既報告資料も含めて個々に精察を積み重ねる心算でいるが、少なからず目にすることになった骨の変位が死体現象のみに限定される人骨にはとくに注視してゆきたい。その摘出は墓制の特質を看取するにとどまらず、居住様式の在り方を知る術にもなる。すなわち数年にわたって寸隙ない死体管理を継続する墓制は、頻々移動する居住様式の下では成立し得ないからである。

註

1) 1926（大正15）年、東京帝國大学理学部人類学教室により調査が実施され、貝塚東部A地点と北東部B地点の二箇所あわせて約1,000㎡が発掘対象となる。担当者は宮坂光次・八幡一郎で、初めて竪穴住居址を完全な形で検出するに成功。その群在する様までもが明らかにされたほか、貝塚全景の航空写真撮影、貝塚立地形と検出遺構の測量が行われるなど、前例の無い規模と体制で調査がなされた。調査報告書は1932（昭和7）年に刊行されるが、曲折あってA地点の記録をほとんど欠いた実質B地点報告の形になっている。執筆は前文を松村瞭、人骨鑑定所見を小金井良精、主幹をB地点調査担当の八幡一郎が務める（松村ほか 1932）。「接続溝第1号竪穴（住居址）遺骸」については、竪穴内での人骨群の在り方を考究する記載（p31-32）、人骨個別出土状態の事実記載（p29-31）があり、前者の記載は屢々引用されるも後者の記載は等閑に付されてきた感が否めない。なお本稿では報告書の引用にあたって旧字体を当用漢字体に変更している。

2) 佐々木藤雄（佐々木 1986）は、「四体が折り重なるように横たわっていた」第2号～第5号人骨と「屈葬と呼ばれる葬法一般のあり方に近い姿」にある第1号人骨が、空間的配置においても姿勢においても分割され「死亡時間、原因を異にする」とし、「四人が従来の通説のように何らかの事故がもとで同時に不慮の死をとげ、家屋が放棄されて間もなく、床面が堆土によって埋まりきる以前に」第1号が、「廃屋葬という形式をとりつつ、四体の人骨からやや離れた場所を選んでとり行われることになった」と処断する。しかし、報告所見を退け第1号を「屈葬と呼ばれる葬法一般のあり方に近い姿」にあると佐々木が処断に用いる春成秀爾の作成した図（春成 1981）は、実際の出土状態とは異なった姿に表現されている。人骨個別出土状態の記載と写真図版を対照すればそれは自明であり、用いた図では報告所見を退けることができない。

3) 古人骨の鑑定報告で通用されるデータ（北条ほか 1958）を用いる。死体の腐敗ないし腐朽進行速度は空気の流通が良いほど助長され、法医学一般では地上・水中・土中の速度割合を8：2：1とする。地上では鳥獣類、水中では水

棲生物が干渉することで軟組織消失を促進させる。「接続溝第1号竪穴（住居址）遺骸」の場合、概ね土中の進行速度と判断して大過ないと考えるが、少なからず死体周囲には空隙のあることを鑑み、ややデフレーションに過ぎる1/2の時間を最小値とした。デフレーションの程度の比較として、類似する環境下にある横穴墓人骨の軟組織腐朽完了に要する時間が10年と判断される（田中ほか1985・田中1995）例を挙げる。

4）　千葉市有吉北貝塚の人骨については個体識別可能な12体の人骨の出土状態を再検討し、とくにSK095人骨は重要事例と認め葬送過程復原の考察を加えた（上守・渡辺 2008）。左論文では写真や微細図など既報告資料からでも比較的容易に見出すことが出来る肋骨変位について解説、市原市草刈貝塚202号址（住居址）床面出土のB人骨（千葉県文化財センター編 1986）を土の被覆なく死後経過を辿った死体として例示した。参照いただきたい。

挿図出典

図1　報告書［松村ほか1932］第14圖版。
図2　報告書［松村ほか1932］第12圖Aを基準とし、第5圖版の接続溝第1号竪穴実測図を拡大したものに合成して作図。第12圖Aに一部しか写り込みがない溝第1号人骨については、第14圖版をフォトショップで斜方正面補正し平面上の位置を確認した。溝第1号人骨の右肩辺りは写真に写り込みが無いので、存在しているであろう肩甲骨は図示していない。溝第2号人骨頸部の網掛部分は土器破片である。筆者作図。
図3　筆者作図。
図4　報告書（松村ほか 1932）第14圖版部分拡大。
図5　報告書（松村ほか 1932）第12圖A。
図6　報告書（松村ほか 1932）第12圖B。
図7　報告書（松村ほか 1932）第12圖C。
図8　報告書（松村ほか 1932）第20圖版2。
図9　報告書（松村ほか 1932）第3圖版。
図10　報告書（松村ほか 1932）第5圖版。

引用・参考文献

大塚和義 1975「縄文社会とその "家族"」埼玉新聞（6月11日郷土文化欄）
上守秀明 1986「遺構内堆積貝塚のもつ意味について」『研究連絡誌』15・16、千葉県文化財センター
上守秀明・渡辺　新 2008「千葉市有吉北貝塚における人骨出土状態」『千葉縄文研

究』2

亀尾保郎 1933「かぶりしお ぷれひすとりか」『ドルメン』2－11

佐々木藤雄 1986「縄文時代の家族構成とその性格―姥山遺跡B9住居址内遺棄人骨
　　資料の再評価を中心として―」『異貌』12

杉原荘介 1963『市川市の貝塚』市川市教育委員会（考古學集刊2（2））

杉原荘介・戸沢充則 1971「貝塚文化―縄文時代―」『市川市史』1

関野　克 1938「埼玉懸福岡村縄紋前期住居址と竪穴住居の系統に就いて」人類學
　　雑誌53－8

武井則道 1979「遺跡群研究序説（前）」『調査研究集録』4、港北ニュータウン埋
　　蔵文化財調査団

田中良之・土肥直美・船越公威・永井昌文 1985「上ノ原横穴墓被葬者の親族関係」
　　『上ノ原遺跡群Ⅳ　一般国道10号中津バイパス埋蔵文化財発掘調査概報』大分県
　　教育委員会

田中良之 1995『古墳時代親族構造の研究 ―人骨が語る古代社会―』柏書房

千葉県文化財センター編 1986『千原台ニュータウンⅢ　草刈遺跡（B区）』千葉県
　　文化財センター

千葉県文化財センター編 1998『千葉東南部ニュータウン19 ―千葉市有吉北貝塚1
　　（旧石器・縄文時代）』千葉県文化財センター

塚田　光 1966「縄文時代の共同体」『歴史教育』14－3

津田征郎 1981『新法医学』日本醫事新報社

土井義夫 1985「同人言（ど）」『物質文化』44

春成秀爾 1981「縄文時代の複婚制について」『考古学雑誌』67－2

北條春光・小林宏志・牧角三郎・三上芳雄・太田伸一郎・世良完了・須山弘文・友
永得郎・城　哲男 1958『法医学』金原出版

松村　瞭・八幡一郎・小金井良精 1932『東京帝國大學理學部人類學教室研究報告
　　第五編　下總姥山ニ於ケル石器時代遺跡　貝塚下其ノ貝層下發見ノ住居址』東京
　　帝國大學

宮坂光次・八幡一郎 1927「下總姥山貝塚發掘調査予報」『人類學雑誌』42－1

若杉長英・龍野嘉紹・小嶋　亨 1990『カラーアトラス法医学』金原出版

W.Kahle・H.Leonhardt・W.Platzer 1979 Taschenatlas der Anatomie, Band1,
　　Bewegungsapparat. Georg Thieme Verlag.

2　加曽利貝塚の形成過程と集落構造

―調査記録の再検討と縄文集落研究の課題―

阿 部 芳 郎

はじめに

　東京湾東岸の縄文貝塚を代表する千葉市加曽利貝塚は、加曽利E式や加曽利B式土器の標式遺跡であるだけでなく、南北に連なる眼鏡状の貝塚として戦前よりその形態が注目されてきた（図1）。

　また加曽利貝塚の集落形成については、大山柏らが南貝塚の発掘の成果をふまえて貝塚形成と居住活動との関係を指摘していたが（大山 1937）、同様の状況は1964〜1965年の南貝塚の合同調査によっても確認された。しかしそれはあくまでも加曽利貝塚内部の問題に終始し、後藤和民の史跡整備と連動した縄文集落研究以外に縄文集落論に止揚されることはほとんどなかった。

　また近年、指定区域外に展開する加曽利西貝塚の発掘によって、中期末から後期初頭の集落遺構が濃密に分布することが明らかになった（田中 1996）。

　小論では過去の調査成果を再検討し、加曽利貝塚の形成過程と近年の縄文時代集落研究において注目されている後晩期の集落構造について考える。

1　大山史前学研究所による調査記録の検討

　加曽利貝塚が眼鏡状の特異な形態を呈する事実を、測量図の作成とともに指摘したのは大山柏である。大山は1922（大正11）年ごろに貝塚の測量を実施し、さらに大給尹を労して測量図を作成した（図1）。そして、それに基づいた調査地点を明示した南貝塚の発掘調査を実施した（大山 1937）。

　大給作成の地形図によれば、北貝塚は「其の部分は、森林となって居るが、B地点付近では、一部は畑にはみ出し、近くB点の大部分も畑地に変わる模様である」というように、当時は開墾の途上にあったことがわかる。また、図示された南貝塚の中央部分には窪地の表示（⊙）が記されており、地形状の特徴が指摘されている（大山 1937、Fig 2）。

　大山らが遺跡を訪れた段階で、すでに「森林中においても諸所に貝塚からの

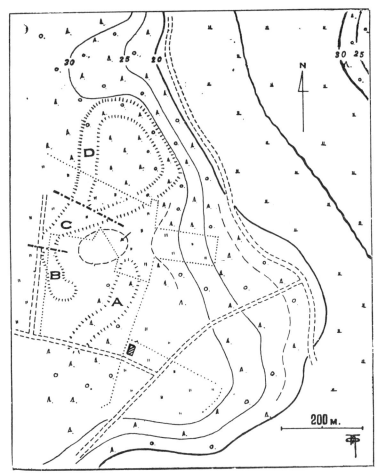

図1　加曽利貝塚の地形測量図（大山 1937）

露出を見、又前述の如く大小幾重の発掘跡」が認められたというから、すでにこの頃、さかんな個人発掘がおこなわれていた模様がわかる。

　大山が加曽利貝塚を訪れたのは1922（大正11）年というから、南貝塚の貝層部分に小規模な発掘を実施したのは、史前学研究所を設立する以前であり、その調査は大山個人によって実施された可能性が高い。

　史前学研究所による組織的な南貝塚の調査は1937（昭和12）年である。堤状の貝層を中心に複数の地点で小規模な発掘をおこなったものであり、加曽利南

貝塚の形成過程と特質を考える際に重要な知見が指摘されている（大山1937）。

（1）住居址の発見

大山はBO点と呼称した地点において、環状を呈した南貝塚の貝層の西側を発掘した（図2‐B）。「B部堆積堤断面上の中央近く其東半部にあり、東に向かって寛傾斜」した部分である。これは中央の窪地の傾斜の一部をなしている地点に相当する。60cmほどの厚い土層の下に75cmあまりの純貝層が堆積している。そして大山が注意したのは、その内部に灰層の堆積が認められ、その下に炉が発見されたことである。

「但しこの炉跡は1個に止まらない。尚この南1mの所で、約10cm低き水平位置にこれも前者と略等しく、中径約60cmの不規円状をなして」発見された。さらに水平な床面には1個の柱穴も発見された。この床面下は「褐色土を交えた混土貝層が40‐50cmもあって、赤土層に達する」のである。

この面からは2点の土偶や土器の大形破片なども出土しており、「若干時貝塚生活を営んだ後に、其貝塚上にAB炉の如き住居を営み、さらにこのAB等の後に何処かに住居して、純貝層をなす貝類を投棄した」と考えたのである。

BO点から出土した土器の大半は加曽利B式土器で、これに安行1式が続く。また2点の山形土偶の特徴などから、この遺構は加曽利B2式の後半からB3式期と考えられる（図2‐B）。

BI点は西南部の貝層の末端部付近に相当するが（図2‐C）、表土の下に混土貝層が20cm、次いで純貝層30cm、その下に黒褐色土が約60cmでローム層に達するという。貝層下に発見された住居はローム層を床面にして炉跡がある。床面には2体の人骨が埋葬されていた。

大山はこれらの成果に基づいて、「堤防様の意義に、故意に集積せらるるものとせば、甚だ面白いのであるが、只今の所では、BO点における炉跡、柱穴等よりして、ここにも住居址等を見るから、一概に最初から環状内部に住居して外圏に貝を投棄したとは申しえない」として貝層形成と居住活動の関係が単純ではないことを指摘した。

（2）住居構造の問題

大山らの調査で発見された住居は、BO点における貝層を床面にした住居とBI点で検出された床面上に人骨を残した住居である。BO点の貝層中の住居は炉を伴い、柱穴が検出されている。2点の土偶も検出されており、土偶の特徴は加曽利B3式期の山形土偶であり、これらを遺構の時期認定資料とすることができよう（図2‐B）。

BI点は加曽利B2式や同3式の出土点数が多いが、層位的な状況は明示されていない。人骨の足元から出土した注口土器をひとまずの手がかりとすると、

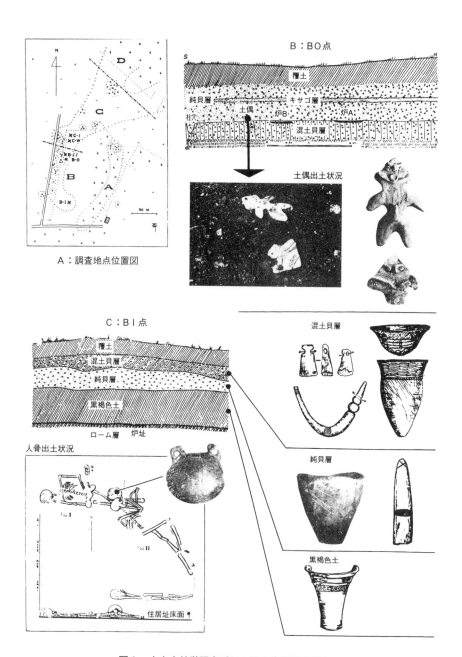

図2　大山史前学研究所における南貝塚の調査

加曽利B1式期か堀之内2式の新しい段階、と判断できる（図2‐C）。

　大山らの調査によってはじめて南貝塚の後期の居住施設のあり方が類推されてくるわけであるが、住居構造の問題としてBO点もBI点も後期中葉でありながら、貝層中とローム層上面を床面とする居住施設の構築方法が存在したことになる。貝層中における焚き火跡として江見水蔭などによって古くに指摘されてきた遺構も、こうした施設に該当する可能性が高い。

（3）貝塚の形成過程

　大山らの南貝塚の調査では、地点ごとの出土土器の数量が明記され、さらに文様に基づいた土器の分類が記述されているが、貝層の下の土層からは少ないながらも「中期縄文式土器」の破片が「BI点の人骨の稍下方」やBO点においても確認できた。「中期縄文式土器が貝層下の黒褐色土から出土すると云う事実は局部的な一現象ではなく、少なくとも、本貝塚B地点およびC地点に於ける一般的事実と称しても過言ではなかろう」と指摘し、南貝塚の形成以前に中期の生活痕跡が存在することを示唆した。そして土器片を写真で紹介しつつ、出土土器がたがいに接合関係をもたず、しかも破片が摩滅していたことなどから、これらを二次的な流入と判断した。

　この時期に山内清男や八幡一郎、甲野勇らは加曽利貝塚や下総上本郷貝塚の発掘成果などから、加曽利E式と加曽利B式、堀之内式が年代的な差をもつことを指摘していたが、大山らはその結論にはなお慎重な対応をとった。加曽利B式と加曽利E式の層位的な違いは「大森式」と「勝坂式」の年代差として認識しつつ、南貝塚の形成過程として貝塚形成以前の活動が存在することを指摘したのである。

　山内らは加曽利貝塚における土器の出土状況を、土器型式の存在を確認する層位的なまとまりとして認識したが、反面で貝塚の形成過程については検討の手を及ぼしていない。今日的には両者の知見は相反することなく整合性を保ち、貝塚の形成過程を考察する際には、重要な認識と評価したい。

　表面的な形態が馬蹄形を呈して類似している北貝塚も堤状の貝層部分の断面の堆積構造を比較してみると、その差異を理解することができる（図3）。北貝塚では貝層下に竪穴住居が構築され、当初は廃絶された住居内に貝塚が形成される。さらに埋没後も同じ地点に貝殻を投棄するために小山状の盛り上がりが形成され、それが増大するのである。したがって、貝層は純貝層を多く形成し、また上部では斜めに堆積している（図3）。ここから出土する土器は中期後葉の加曽利E1式から2式を主体としており、南貝塚に先行する中期の貝塚であることがわかる[1]。

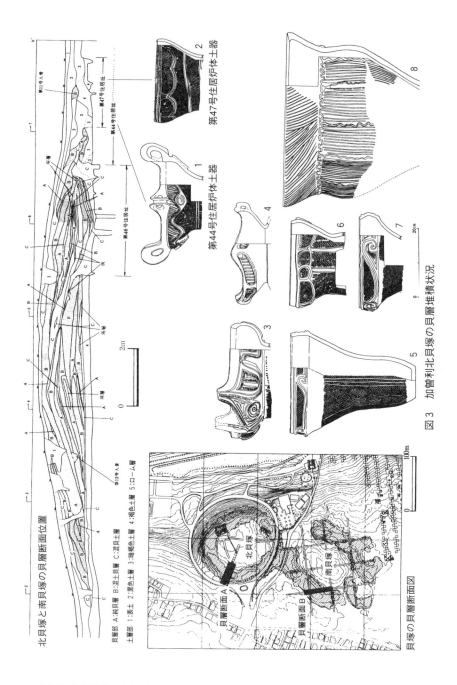

図3 加曽利北貝塚の貝層堆積状況

68 第Ⅱ章 東京湾貝塚の学史と新展開

2　南貝塚における堆積構造

　大山らによって発見され、指摘された南貝塚の形成過程と居住活動の関係は、この後、2回の調査によって、その詳細が明らかにされることになる。大山が命名したＢＯ点に類似した様相は、1964〜1965年にわたって実施された南貝塚の大規模トレンチ調査によってふたたび姿を現すことになる。

　この調査の報告書を総括した清水潤三は「貝層を掘りとった竪穴の断面らしきものが無数に認められ、その側壁の上面が貝層中にあると見るべきものが少なくなかった」点を指摘し、南貝塚の貝層断面において貝層中における居住痕跡が数多く存在したことに触れているが、その詳細は断面図には正確に反映させることができなかったという（清水 1976）。

　しかし、同様の見解と記録はこの調査に実際に参加した庄司克によって、貝層中における炉跡として注意され、後日その一部の内容が紹介された（庄司 1969）。庄司は調査中のトレンチの断面に複数の炉跡が存在し、それらが貝層の内部にあること、炉跡の周辺が硬く平坦に踏み固められている事実を指摘し、「柱穴などを未検出な点をのぞけば住居内における床面と炉跡のような状態」であったという（庄司 1969）。

　そして10基以上が確認された中で報告された3基の炉跡のうち、堀之内式期が1基、加曽利Ｂ3式期から安行1式期が2基であった（図4‐Ｂ）。貝層が水平に堆積している部分にかぎって、こうした遺構が発見されたという所見は、大山らのＢＯ点の断面図とよく一致している。

　その後、ＢＯ点に近接して調査されたトレンチの再発掘調査が千葉市教育委員会によって実施され、庄司はここでもその類例を発見している（後藤ほか 1990）。加曽利Ｂ2式期の「貝層中の生活面」として報告されたのは「昭和38年度発掘調査の未掘平坦部分」であり、「貝層に掘り込んだ直径約30㎝、深さ約30㎝のピットが不規則に点在する面があり、ピットの周辺の貝はわずかだが焼けている。このピットを覆うように、又その周辺に焼土混じりの灰ブロックが大小点在し、粗製土器片がめだつ。2箇所のピットわきから灰まみれの粗製土器が1個体ずつ出土している。この分布状況から、貝層部が単なる投棄場所ではなく生活面として活用されていた事が分かり、又この時期の貝層が混灰貝層である原因を推測することができる」と考察した（後藤ほか 1990）（図4）。

　ＢＯ点で確認された貝層中の住居は、庄司の研究を参考にすれば後期前葉の堀之内式期から存在が予測される。大山らの調査成果からもたらされた住居占地の問題は、局所的なものではなく、南貝塚の全体の形成過程の理解に敷衍して考えるべきであろう。

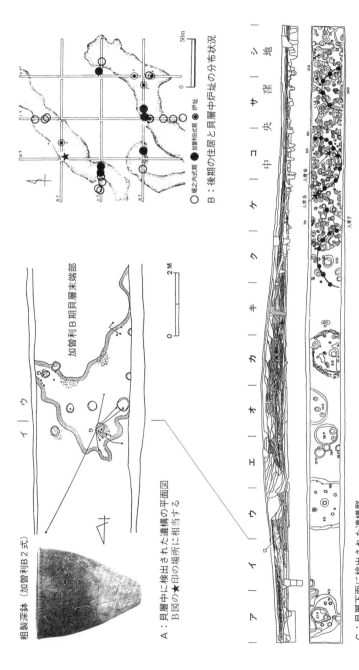

図4 加曽利南貝塚 野外貝層断面施設の貝層断面

70 第Ⅱ章 東京湾貝塚の学史と新展開

また1990年に実施された中央窪地付近の土層中の遺構は、中期後半の加曽利
E3式から堀之内1式期までの住居や土坑であった。中期後半の遺構の発見は
かつての大山らの推測を裏付ける結果となっている点についても注意するべき
であろう。

3　加曽利西貝塚の展開―北貝塚と南貝塚をつなぐ貝塚と集落展開―

　加曽利北貝塚の西方にひろく広がる平坦な台地上には、古くから地点貝塚が
散在する状況が確認されていた。武田宗久はこれを加曽利西貝塚と呼称した
(武田 1987)。大山の描いた地形図によれば、北西側に浅い谷がめぐるように入
り込み、平坦な台地を区分している。加曽利西貝塚はこの谷によって区切られ
た平坦面に展開した立地をとるようだ（図8）。

　近年の調査により、その周辺からは中期終末の加曽利E4式期から後期初頭
の称名寺式期の住居群が検出されている（田中 1996）（図5）。

　中期終末から後期初頭の遺物や遺構はこれまでにも加曽利南貝塚とその周辺
から検出されているが、そのあり方は北貝塚や南貝塚のような環状の形態を呈
さない。中期後半以降の居住形態の変動は、すでにこれまでにも指摘されてき
ていることで、住居の配置がきれいな環状ではないことや、重複するものが少
ないこと、さらに土器型式の系統的な変遷に西日本の土器の影響が指摘され
(今村 1977)、また遺跡の継続が断絶するということなどから、この時期に人口
が減少し、その結果として文化的停滞が考えられてきた。

　しかし、この問題を加曽利貝塚の中での貝塚形成と当該期の居住活動の動向
として考えた場合、違った実態が見えてくる。つまり、中期後半から後期初頭
の集落は、北貝塚から西貝塚への占地の移動として説明されるものであり、こ
の事実は必ずしも集落自体が消滅したわけではないことを示している。

　環状貝塚の形成という点では、南貝塚の形成が開始される堀之内1式期まで
のあいだ、西貝塚を中心にして、その一部は東傾斜面にいたるまでの広範囲に
居住活動が展開していたのである。集落形成の上で注目すべき点は、居住空間
が環状構成をとらない点である。こうした不定形な居住痕跡に注目した場合、
環状構成の解体としてそこに不安定で停滞的な社会状況をみる見方があるが、
筆者は集落形態や居住活動と社会や文化の評価とは別の問題と考える。

　中期終末に気候の寒冷化があったことは古くから指摘され、また一時期的な
海退が貝塚形成の停滞と関係している可能性は高いし、おそらくそれは事実で
あろう。しかし、そうした環境の変化があったにもかかわらず、彼らは新天地
を求めて遠くに移動したりせず、それまでの集落が形成された至近の位置に居
住地を移動、あるいは拡散させたのみで、そこでは小規模ながら貝塚を形成し、

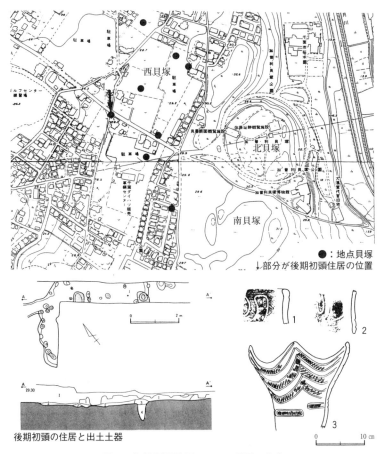

後期初頭の住居と出土土器

図5　加曽利西貝塚における貝層の分布

集落を形成している実態を説明し評価すべきではないか。加曽利北貝塚の形成の後、人々はほかに移動して無人の荒野と化したわけではなかった。
　また、類似した現象は東日本の広い範囲でおこっているので、こうした現象の背景には、やはり気候の寒冷化などの環境の変化を考えるのが自然であろう。環状集落がその構成を大きく変容させるとともに、集落占地を変えるその実情を加曽利西貝塚の形成は示していることは間違いないが、縄文人の人骨の安定同位体による食性分析によるならば、海浜地域に巨大貝塚を残した人々であっても、食料の大半が堅果類などの植物質食料であったことが明らかにされている（南川 1995）。これは海浜地域の狩猟採集民の生業活動の解釈に大きな影響

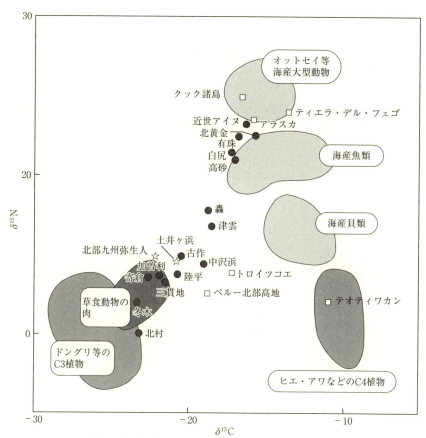

図6　先史人集団の利用食物の同位体組成 (南川 1995)

を与え、加曽利人であってもそれは例外ではなかった（図6）。生業活動の観点から、後半期の縄文生業を見るならば、貝塚形成以外にクリや打製石斧を多用する根茎類の採取を主体とした生業から、次第に低地への進出や水場遺構の利用に代表されるトチなどの利用がさかんになる。

中期終末はちょうどその過渡期に相当し、生産用具である短冊形打製石斧の減少、分銅形打製石斧の増加、磨石、石皿類の安定と相対的な石器出土量の減少など、むしろこの時期を後期前葉から晩期前葉まで継続する長期的な居住活動を可能とした生業活動や、社会構造に変容する、その土台を作り上げる時期として多視点的に評価する必要があろう。

4　加曽利南貝塚の形成と後期集落の展開

　加曽利南貝塚では大山史前学研究所の調査によって、「環堤貝塚」が居住活動と貝層堆積の性格の異なる2つの行為によって出来上がっていることが確認された。

　加曽利南貝塚を大規模に調査した1964〜1965年の発掘において清水は、貝層中に多数の住居の掘り込みが確認できた反面で、平面的で大規模な調査の必要性を指摘したが、今日的な観点からは、筆者は断面の詳細な観察から、これらの複雑な活動痕跡がはじめて判明したと考える。

　つまり、当初から平面的にこれらの複雑な堆積構造の貝層を掘ることは、現在の調査方法でも至難の業なのである。また清水が自ら観察した貝層断面の所見は、残念ながら当時の作図では反映されていないが、1990年におこなわれた第3トレンチの再調査では、詳細な断面観察がおこなわれ、それは清水の指摘を裏付ける部分があった（図4）。

　加曽利南貝塚では、加曽利B式期以降になると住居軒数が極端に減少する。これは貝層の規模や出土遺物の量から見た場合、明らかに異状であり、この事実はほかの遺跡においても共通している現象である[2]。

　また加曽利南貝塚では、局所的には貝層と互層構造を成して堆積した水平の土層が認められた。この土層が関東ローム層ではないことは歴然としており、その事実は「中央窪地」の成因が縄文人によって意図的に掘り窪められたという人工掘削説を否定することになる。

　土層の堆積が貝層と互層構造を示すこと、この土層や混貝土層上に炉跡や柱穴などが検出されていることから、これらの土層は貝層上に居住活動を営むための生活面の更新に用いられたと考えられる（阿部 1996・2005b）。

　こうした貝層堆積と居住活動の空間的な重複は、必ずしも連続的ではない。この事実はこれらの土層の上下関係が比較的明確な新旧関係を示しつつも、そこから出土する土器型式が必ずしも連続性を示さない事実がそのことを裏付けている。

　反面で、この時間的な欠を埋める活動痕跡は、貝層をはずれた別地点には求められそうにはない。これは西貝塚成立の論理とは異なる。おそらく貝層の高まり上の地点をずらして、貝の投棄と居住活動を継続させたと考えるのが合理的な理解であろう。つまり、こうした活動の繰り返しが、全体としてみた場合に馬蹄形の貝層の高まりを形成したのである[3]。後晩期の集落遺構で新たな生活面の更新の結果として、遺物包含層と認識されている土層の一部が形成されたことは、間違いない[4]。

74　第Ⅱ章　東京湾貝塚の学史と新展開

関東ローム層を深く掘りこんで床面とする典型的な竪穴構造の家屋の構築方法とは異なるが、こうした居住活動が加曽利B式期以降の検出数のみかけの減少の要因なのではないか。この推測は加曽利B式期以降の住居が多量に、また環状に配置されて形成された集落が存在しない事実からも肯首されるであろう。

5　大形竪穴建物址と後期の集落構成

　南貝塚の位置する台地を下る古山川に面した斜面地に「大形住居」が発見され注目された（後藤 1982）。緩やかな斜面に長径18mほどの楕円形のプランの建物址が、斜面を削平して構築されていた。床面からは異形台付土器が3点と、石棒2点などが出土したことから、特殊な祭祀施設や集会所としての機能が指摘されたのである（後藤 1982）（図7）。

　興味深い点は、この遺構の至近の位置に斜面をテラス状に削平して構築された類似遺構がもう1基検出されていたことである。ちょうどこれらの場所は、南貝塚の開口部から古山川の谷に下る途中という見方ができる位置である。この施設は加曽利南貝塚における後期から晩期の居住活動を考える場合、切り離して考えることはできない。この位置関係は、逆に古山川の谷から加曽利南貝塚のムラに登ってゆくときに一番視界に入りやすい占地と見ることもできる[5]。

　筆者は加曽利南貝塚の大形住居の構造と遺物の出土状態を検討し、中央の大形の炉（中央炉）の中心性と壁際の小規模な炉跡（周縁炉）から構成される火処によって構成された単位性を想定した。さらに石棒や台付異形土器が壁際の床面に配置される構成を復元し（阿部 2001）（図7）、そして「大形住居」は居住施設ではなく、石棒や台付異形土器をもちいた祭祀を執行する集団が外部と遮断された家屋の内部で合同の祭祀をおこなう施設であると結論づけたのである（阿部 2001）。

　筆者の見解に対して高橋龍三郎は、後期から晩期の住居規模の相対的な大型化を指摘し、これらが合同居住の住居であると主張する（高橋 2003）。しかし、高橋の海外の民族事例と住居面積だけで結びつけた結論は遺構を施設（構造物）として復元し、両者を多面的に検討していない。そもそも大形竪穴建物址は中央炉と周縁炉という構造上の違いが区別でき、施設として住居とは区分される明確な違いが指摘できる。

　また吉野健一は大形竪穴建物址にともなって出土する事例が多いとする台付異形土器や石棒は、住居を廃棄する際の祭祀に利用したと考え、さらに大形住居も居住施設であると結論する（吉野 2007）。吉野の論理の展開と事例分析も高橋と同根の方法上の問題を内在させており、家屋としての住居プランや内部

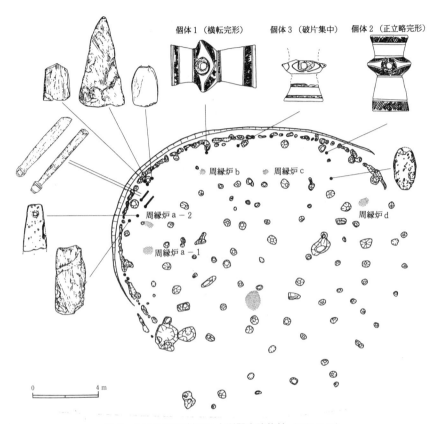

図7　加曽利東傾斜面の大形竪穴建物址（阿部 2001）

施設などの無視しえない重要な属性を取り上げずに、住居面積だけを基準にした理解を展開する。

　しかも、廃絶段階で形成された壁際の焼土帯に台付異形土器や石棒が伴うと結論するが、この問題を考える際に最も重要な加曽利貝塚東傾斜面の大形竪穴建物址の事例検討が抜け落ちている。ほかの遺構との重複がなく、遺存がきわめて良好で床面に問題とすべき台付異形土器と石棒が残された加曽利貝塚東傾斜面の大形竪穴建物址には、廃絶時の焼土帯は形成されていない。

　むしろ台付異形土器や石棒を用いた祭祀は、その分布を観察すれば明らかなように、加曽利B式期に広い地域でおこなわれた祭祀であり、大形竪穴建物址内で限定されて用いられた祭具ではなかったし、加曽利貝塚のような事例が生まれるのは、集落外から集合する祭祀集団の数や規模を示し、そうした祭祀集

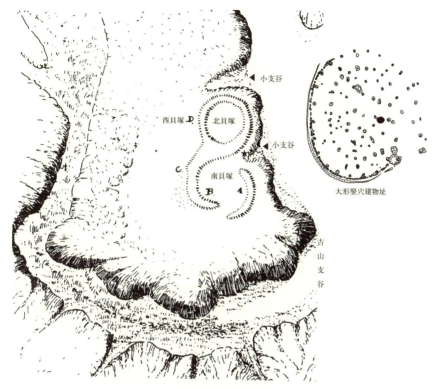

図8　加曽利貝塚の展開概念図（大山 1937に加筆）

団が集合する状況が恒常的に生まれた下総台地における地域社会の特性として注目すべきなのである（阿部 2001）。また加曽利貝塚例や宮内井戸作遺跡などの大形竪穴建物の集落内における占地性（阿部 2001）にも注目すべきである[6]。

　加曽利貝塚は現状では地形の変容が著しいため、大山の地形図にその位置を確認してみよう（図8）。大山の地形図には北貝塚の貝層の北端部と南貝塚の開口部分に浅い小さな谷（図8に小支谷と図示）が表現されている。これをみるかぎり、北貝塚は2つのノッチに侵食された台地上に形成されていたことがわかる。また大形竪穴建物址の位置は、この小さなノッチに面した斜面に構築されていた可能性が高い。おそらくこのノッチには、古山川の低地から南貝塚へとつながる道があったのではないだろうか。

　大形竪穴建物址の立地は、そうした意味において、加曽利南貝塚と切り離して考えるべきではなく、貝層形成と居住・祭祀活動が空間的に一体化した南貝

塚の集落構造として重要であり、大形竪穴建物址の周縁炉に集う祭祀を執行する性質を内在させたムラとしての性質が見えてくるのである。

　北貝塚と南貝塚とのあいだに認められた集落形成の断絶は、西貝塚を介することで連続的な居住活動と貝塚形成の関係を説明できる。また加曽利南貝塚の形成がピークを迎える後期中葉以降は、土の床面のほかに環堤貝層上に住居を構築して集落を形成していた。さらにこれらの居住空間から離れた位置に大形竪穴建物址を擁する集落構成は、周辺遺跡群の中で核的な機能を有していたことを示しているのである。

　加曽利貝塚は、中期から晩期にいたる集落と貝塚形成が一体となって残されている。個々の生活地点の構造と貝塚形成の関係は縄文時代の生業と居住活動の実態を示しており、近年の縄文時代集落研究上でも重要な問題を提起している。東京湾東岸地域には馬蹄形の貝塚が数多く残されている。堀之内貝塚、姥山貝塚、曽谷貝塚などは国の史跡として保存されているものの、それらの集落の形成過程は決して同様ではない。

　しかし、貝層の規模や形態だけに目を奪われて、冠された「環状貝塚」または「馬蹄形貝塚」という名称とその一元的理解から、われわれはそろそろ脱却すべきであろう。少なくとも加曽利貝塚の調査記録のなかには、新たな縄文集落論の可能性が埋もれていることを確認した。

　史跡は守られた空間ではあっても、決して閉じられた空間ではない。近年の史跡の活用計画のなかで抜け落ちているのは、過去の調査記録と出土遺物の今日的な研究の継続である。たとえ過去の調査が限定的で今日的な調査技術からみれば、課題を残すものであったとしても、そこに事実を読み取る術を開拓することは今日の研究者に課せられた重要な課題であろうし、研究の進展によって遺跡の重要性は豊かに変容する。保管・管理された遺物や記録はその資料として重要な意義をもっているのである。

註
　1)　北貝塚の一部には後期前葉の堀之内式期の住居や加曽利B式期の人骨集積の発見があり、すべての居住活動が南貝塚に移動するという単純な状況ではない。とくに堀之内式期の遺構と貝層は南貝塚では低調な部分であり、堀之内式期の貝塚形成については、より詳細な検討が必要である。
　2)　後期中葉以降の貝塚や集落遺跡でも明確な竪穴住居がきわめて限られているという現象は、内陸部の遺跡でも多くの類例があり、「環状盛土遺構」とされる遺跡もその典型例である。

78　第Ⅱ章　東京湾貝塚の学史と新展開

3) 居住活動の痕跡は貝塚に限らず、佐倉市曲輪ノ内貝塚の「谷奥型環状遺丘集落」の高まり部においても確認されている（阿部2005ａ）。

4) ただし遺物包含層の概念と認識（遺物が含まれる土層の総称）からすれば、そこに痕跡化した行為は単純ではないことは容易に理解される。

5) 加曽利南貝塚と同様の位置関係が明確にわかるのは、佐倉市井戸作遺跡の大形住居群である。井戸作遺跡では5棟の大形住居群の集中する位置からややはなれて距離を置いた場所に数時期にわたって構築され、この場所には谷の下から登る溝状の道跡と考えられる遺構が発見されている（小倉2003）。

6) 吉野の見解は筆者の論考が発表された以後におこなわれたものにもかかわらず、筆者が指摘した占地の特性については何も言及されていない。

引用・参考文献

阿部芳郎 1996 「縄文のムラと「環状盛土遺構」」『歴史手帖』24-8

阿部芳郎 2001 「縄文時代後期における大型竪穴建物址の機能と遺跡群」『貝塚博物館紀要』28

阿部芳郎 2004 『失われた史前学』岩波書店

阿部芳郎 2005ａ 「「環状盛土遺構」の形成と遺跡群の成り立ち」『日本考古学協会第71回総会研究発表要旨』

阿部芳郎 2005ｂ 「加曽利南貝塚における貝塚形成過程と集落展開」『貝塚博物館紀要』32

今村啓爾 1977 「称名寺式土器論」（下）『考古学雑誌』63-2

大山　柏 1937 「千葉県千葉郡都村加曽利貝塚調査報告」『史前学雑誌』9-8

小倉和重 2003 「大形住居があるムラ・佐倉市宮内井戸作遺跡」『縄文社会を探る』学生社

加納　実 2000 「集合的居住の崩壊と再編成」『先史考古学論集』第9集

後藤和民 1970 「加曽利北貝塚の貝層堆積」『加曽利貝塚』Ⅲ、千葉市立加曽利貝塚博物館

後藤和民 1976 「加曽利南貝塚出土の住居址」『加曽利南貝塚』中央公論美術出版

後藤和民 1980 「縄文集落と貝塚」『どるめん』24・25

後藤和民 1982 『千葉市史』原始古代編、千葉市

後藤和民ほか 1990 『史跡加曽利貝塚環境整備に伴う事前調査概報』千葉市教育委員会文化課

清水潤三 1976 「加曽利南貝塚の形成」『加曽利南貝塚』中央公論美術出版

庄司　克 1969 「加曽利南貝塚貝層中発見の炉跡について」『貝塚博物館紀要』2

武田宗久 1987 「加曽利貝塚の保存と博物館開館の経緯」『加曽利貝塚博物館開館20

年の歩み』千葉市加曽利貝塚博物館

武田宗久 1990「縄文時代における東京湾東沿岸地域の海進・海退（3）」『貝塚博物館紀要』14

田中英世 1996「加曽利西貝塚の調査」『貝塚博物館紀要』2

高橋龍三郎 2003「縄文後期社会の特質」『縄文社会を探る』学生社

樋泉岳二 1999「加曽利貝塚における貝層の研究」『貝層の研究』千葉市加曽利貝塚博物館

南川雅男 1995「炭素・窒素同位体に基づく古代人の食生態の復元」『新しい研究法は考古学に何をもたらしたか』クバプロ

村田六郎太 1999「加曽利南貝塚出土資料土器（1）」『貝層の研究』千葉市加曽利貝塚博物館

吉野健一 2007「房総半島における縄文時代後・晩期の大形住居」『縄文時代の社会考古学』同成社

3 貝塚解題

―船橋市古作貝塚を例として―

堀越正行

1 発掘と報告

　考古学研究における発掘調査報告書は、文献史学の古文書に相当する。まさに研究の原典というべきものであるから、すべての情報はここから取り出し、活用することになる。しかし、古文書も報告書も、当然のことながらそこに書いてあること以外はわからないという限界がある。ただ、発掘には日誌などの記録、さまざまな実測図や写真を残すのが基本であるから、それさえ残っていれば、考古学の方がはるかに古文書より追求の手立てが残されているといえる。

　千葉県の貝塚では、縄文人により埋葬され、貝殻のカルシウム分によって残った人骨は、ほとんど突然に発見される。予め墓壙としての落ち込みが確認され、掘下げて人骨が発見されるというのは極めて珍しいことであり、人骨が発見されて慌てて墓壙確認を試みるのが常である。それでもなかなか墓壙は確認できないのであるから、いつのまにか人骨が発見された場合、どの地層から掘り込まれたのかはわからないことになる。土器が人骨にかかわって発見されればよいのだが、残念ながらそのような幸運は滅多にない。その結果、人骨の細かな時期比定は困難となり、横たわっていた面の地層の時期と同じか新しいということになる。調査者が人骨の上を覆っていた地層の状態をしっかり記憶していれば、この地層より古いか否かが確定する。しかし、これにはその場所の細心の注意を払った発掘の継続が必要であるから、その辺りは発掘者の意識の高低に大きく左右される。掘る行為自体は誰にもできる。市民参加の発掘や生徒が発掘を手伝うことは、これまで実施されてきたことであり、それ自体は考古学にとって現地説明会以上のプラス効果が期待できる。しかし、意識をもった発掘をするには、事前・最中のトレーニングが必要である。誰でも最初は初心者ではあるが、発掘は二度と元に戻らない破壊である、ということを肝に命じて臨む必要がある。何か変化に気付いたらチーフと相談し、また考えながら調査を続け、一方でそのことを記録することが必要である。そうしなければ、掘った人しかわからない生の情報が報告書に活かされにくいのである。

報告書は、掘った過程の出来事がなかなか再現されていないのが常である。掘ったらこれが出ました式のものが多い。そこを掘ってその遺跡の何がわかったのかという総括がなく、例えば、1985（昭和60）年発掘の市川市権現原貝塚の報告書の場合、発見された土器と遺構をまとめて解説するだけで終わっている。掘った結果、その遺跡がどういう遺跡なのか、どういうことがわかったのかが一言もないのは報告ではない。限り有る頁なのだから、詳しい土器論などは別の研究誌に回し、生活や集落の復原に近づくことに費やして欲しいのである。また周辺遺跡との関係についても、可能なかぎり言及すべきである。掘りました出ました式の考察のない報告書は、調査報告の意味を履き違えた解剖報告に過ぎないであろう。

2　貝塚を戸籍簿で知る

貝塚について調べる際は、まず遺跡の戸籍簿で確認することを薦めたい。全国的には2種の戸籍簿がある。1つは『日本石器時代人民遺物発見地名表』（図1）で、東京帝国大学から1897（明治30）年に刊行されている。これは坪井正五郎の牽引する人類学教室が、当時得られていた遺物発見情報を集大成して編集したものであり、旧道・旧国・郡別に列記されている。これを遺跡としないのは、遺物が落ちているだけで直ちに遺跡の名を付けるのは穏当ではないという坪井の考え方を反映している。地名表は、地名、発見された遺物名、報告者ないし所蔵者名、文献名と号数の順となっている。船橋市古作貝塚を例にすると、東海道・下総国・東葛飾郡の順に探していくと、葛飾村古作貝塚の名がみつかる。古作貝塚は、当時すでに研究者によって知られた貝塚であったこと、

図1　『日本石器時代人民遺物発見地名表』第1版

葛飾村所在であったことがわかる。遺物としては、土器・石斧・石斧砥・石棒・凹石・獣骨角が出ていること、八木奘三郎報84という文献があることもわかる。これは、八木奘三郎の報告が『東京人類学会雑誌』第84号に出ていることを示している。新しい発見に対応すべく、人類学教室は、1898（明治31）年に増訂第2版、1901（明治34）年に増訂第3版、1917（大正6）年に増訂第4版、1928（昭和3）年に増訂第5版、1930（昭和5）年に小増補別冊を刊行している。したがって本誌として最終版となったのが第5版であるが、書名を『日本石器時代遺物発見地名表』（ただし背文字は『日本石器時代地名表』となっている）に、活字の組み

方は縦組みから横組みに、表紙も紙から総革に変更している。革の表紙は携帯の便を図ったものという。その中での古作貝塚をみると、第1版と記載内容に変更はない。

　2つ目は、酒詰仲男著『日本貝塚地名表』で、1959（昭和34）年に第1版、2年後に第2版を土曜会から刊行している。全国津津浦浦の貝塚に通熟していた酒詰ならではの仕事であり、今後個人でこのような偉業を達成することは永遠にできないだろう。『日本貝塚地名表』の配列順については、地方ごとに概要が解説されているが、千葉県分は、まず古鬼怒湾沿岸の奥（通番号649西高野貝塚）から湾口（通番号742粟島台貝塚）まで、次いで九十九里浜（通番号743足洗貝塚）から外房南端（通番号773いわい堂洞窟内貝塚）まで一筆書きのように続けている。この先は東京湾なので、北から南下する原則にしたがい、奥東京湾東岸奥の栃木県野渡貝塚からはじまり、開削された利根川を越えると千葉県旧関宿町に入り（通番号781小姓町貝塚）、下総台地の縁に沿って南下する。この間、江戸川開削によって埼玉県に編入されてしまった、当然に房総に含むべき貝塚と交錯しながら奥東京湾口（通番号843諸貝塚）に至っている。ここから先は東京湾沿岸となるが、なぜか一筆書きとはなっていない。西から国分川流域・大柏川流域・海老川流域……都川流域などと続く本谷の流域では、まず右岸を上流域から下流域まで、次に左岸を再び上流域から下流域まで進んでいるのである。酒詰は「川谷の細部に関しては、その上流位の左岸を先にし、右岸を後に下流へ及ほした」というが、実際はその反対なので、左右記載が違っている。ただし、支流域は谷に沿って一筆書きになっている。例えば、千葉の市街を貫流する都川の支流である仁戸名川（派川都川）谷の貝塚がこれで、本川である都川の左岸扱いとなっている。そしてさらに内房を南下し、南端の東京湾口館山湊・鏡ヶ浦（通番号1005西岬鉈切神社洞窟内貝塚）で千葉県分の東岸は終る。古作貝塚は、大柏川流域左岸に位置づけられ、通番号892として登録されている。文献欄は主要文献となっており、代表する文献として「八幡一郎「最近発見された貝輪入蓋付土器」人誌43－8，P.15，昭3.8」があげられている。備考欄は「発掘・ヒト」とあるから、酒詰が発掘したことのある貝塚であること、人骨が発見されているという情報が得られる。

3　主要文献にあたる

　古作貝塚は、酒詰仲男が主要文献で取り上げた報告にあるように、貝輪入り土器が2個も発見されたことで一躍有名になった貝塚で、いろいろな書物に引用されている。先の人誌43－8とは、『人類学雑誌』第43巻第8号の省略形である。この八幡報告（八幡1928）は、実は表紙の目次では「下総古作貝塚発見

の貝輪入蓋付土器」となっているが、本文のタイトルは「最近発見された貝輪入蓋付土器」となっている。どちらを論文名として採用すべきか迷うところであるが、後者を採用するものが多い。滅多にないことであるが、2種の論文があるわけではないことを知っていれば済むことではある。

　八幡報告は、表は八幡一人の名となっているが、「はしがき」の末尾に（松村）とあるように松村も書いており、全体としては連名とすべき構成となっている。この松村とは松村瞭のことで、1924（大正13）年6月に鳥居龍蔵助教授が辞職して空席となっていた人類学講座担任の後任として、1925年に東京帝国大学理学部助教授に任命され、以後、1936（昭和11）年に急逝するまで人類学教室を主宰していた。松村は、1926年5月9日に市川市姥山貝塚で実施した第8回東京人類学会遠足会で人骨と炉跡が発見されたため、これを直ちに人類学教室の事業として継続して調査することを敢行した人物である。

　その松村の「はしがき」によると、1928（昭和3）年2月29日、上羽貞幸が人類学教室を訪れ、古作貝塚が競馬場用地となり、工事中に貝環（貝輪）が無数に入った完全な蓋付きの壺が2個も出て工事者の手許に保管されている、ついては案内するから一緒に行かないか、ということで、松村と大島昭義・木川半之丞の3名が一緒に出かけている。不在であった八幡は、伝言にしたがって遅れて古作に到着している。工事関係者から発見の経緯を聞き、貝環がそのまま入った状態の土器2点は、ともに人類学教室に寄贈された。まだ競馬場は完成したわけではなく、場所によっては発掘も可能なので、発掘調査を八幡に委嘱した。その結果、新知見を得られたところもあり、漸次その報告もあろうが、まず最初に問題の土器に関する報告を勧めたのが本編であるという。そして波状の罫線を隔てて、八幡による土器の紹介がはじまるのである。

　この報告には、「下総古作貝塚遺物雑感の一」という副題がある。ということは、松村の構想をうけた後編が予定されていたことは間違いない。そこで岡本勇・麻生優編の『日本石器時代綜合文献目録』（山岡書店発行1958年、1955年までを収録）と杉山博久編の『縄文期貝塚関係文献目録』（刀水書房発行1996年、1994年までを収録）を紐解くと、残念ながら、八幡による続報はついに公表されずに終わっている。これらの文献目録で八幡の研究活動のようすを調べると、しばらくの間、八幡は姥山貝塚の報告書作成、南佐久・北佐久郡の考古学的調査など、多忙な調査・研究・執筆活動を続けていることがわかる。おそらく発掘によって特記すべき成果を得たわけではなかったので、後回しにしてしまい、それで終わってしまったのであろう。

　貝輪入蓋付土器が発見された1928年時点の古作貝塚の所在地は、千葉県東葛飾郡葛飾村古作であることは、八幡報告にも書いてあるとおりである。この葛

飾村は、1931（昭和6）年6月1日に葛飾町になり、さらに周辺2町3村が合併し、1937（昭和12）年4月1日に船橋市となっている。ところが、1951年発行の酒詰仲男・篠遠喜彦・平井尚志編『考古学辞典』（改造社）、1959年初版発行の水野清一・小林行雄編『図解考古学辞典』（東京創元社）、1962年発行の日本考古学協会編『日本考古学辞典』（東京堂）という先行3種の辞典では、なぜか古作貝塚の所在地はことごとく千葉県市川市となっている。もちろんこれは間違いである。古作貝塚の項目担当は、2番目は小林行雄なのでやむを得ないのかもしれないが、1番目はおそらく酒詰仲男、3番目は平野元三郎という土地感のある執筆者なのであるから、この誤りはまったく理解に苦しむ。引用にあたっては、よくよく注意しないといけない事例といえよう。

　さて、八幡に託された発掘の報告は見当たらないが、人骨が発見されていれば東京大学の人骨型録（遠藤・遠藤 1979）に収録されているはずである。その73頁に古作貝塚の人骨が登録番号131117 − 131120として4件登録され、うち登録番号131117は上羽貞幸発見・松村瞭報告の人骨、登録番号131118に八幡による発掘という記載をみる。後者は頭骨片とあるから、1体として発見されたのではないらしいことがわかる。そしてこれを01とし、以下の3体はこの順に03まで枝番が付けられ、「01、02、03はそれぞれ別年の発掘と思われる」と追記されている。別年の発掘とする根拠は、本当にあるのであろうか。

　幸い、東大収蔵の詳しい人骨の報告がはじまり、古作貝塚の人骨は『縄文時代人骨データベース3）千葉県の遺跡（堀之内、加曽利、曽谷など）』（水嶋・佐宗・久保・諏訪編 2006）に収録されている。収蔵状態の平箱の写真と残存部位を黒塗りした人骨の骨格図に備考の記載付きなので、私ども素人でも随分わかりやすくなっている。全体として、長年収蔵されている間、おそらく岐阜の人類学教室高山分室（鈴木 1990）への標本の疎開や、室内調査による標本の戻しの不完全などが原因してか、かなりの人骨片が原個体を離れて混在してしまっている状況が見て取れる。例えば、古作に限っても、登録番号131118は「後頭骨の重複から少なくとも2個体あり」、登録番号131119は「左腓骨の重複から少なくとも2個体あり」、登録番号131120は「軸椎の重複から少なくとも3個体あり」と、不自然な重複が多い。これらを保管時の部分骨の混在として差し引くとして、登録番号131118 − 131120が果たして同一個体か否かが気になるところである。というのも、これら3体は、図による限りでは、わずかに右頭頂骨と頚椎の一部が重複するだけで、ほかの大部分は重複のない部位からなっていて、1個体 + a の可能性もあると思えるからである。新たに追加された骨片を含め、同一個体としての識別をお願いしたいところである。

　この水嶋らによる新たな標本資料報告には各貝塚の解説があり、その中に

「本館には「古作貝塚　八幡氏　昭和3年3月20日」と記された写真資料（人類学教室古写真アルバムNo. 84）が保管されており」という記載があり、貝輪入り土器の寄贈から1ヵ月を経ないうちに発掘を実施していたことがわかったのである。また人骨を撮影した写真は無いということからすると、良好な埋葬状態での発見ではなかった可能性が高くなる。あるいは小分けにして保管されていたのも、攪拌された後の近いまとまりで収集した結果なのかもしれない。

　遠藤らは枝番01、02、03の人骨、つまり登録番号131118－131120の3体を別年の発掘とみているが、人類学教室の発掘にこの後の古作貝塚の発掘記録は無いと思われる。また別に人骨が寄贈されたものなら、その旨の記載があるはずである。古作貝塚が競馬場敷地という一般人の立ち入り制限の多い特異な環境の中にある以上、後日の発掘の機会は無かったとみるのが穏当であろう。

4　酒詰仲男と古作貝塚

　しかしながら、酒詰仲男の『日本貝塚地名表』の古作貝塚の備考欄は「発掘・ヒト」であったから、一体いつ酒詰が発掘し、人骨を発見したのかが問題として残される。酒詰が東大人類に嘱託の職を得たのが1939（昭和14）年4月であり、八幡が古作貝塚を発掘したときは、同志社大学文学部英文科を卒業し、母校東京開成中学校で英語の教師として奉職して1年目が終わろうとしていたときで、まだ考古学研究に目覚める以前であったから、この発掘に参加したとは考えられない。さりとて東大嘱託になってからでもない。この間に古作を掘るチャンスがあったと考えられる。酒詰は「昭和8年の6.15研究グループ検挙で、K中学の教壇から検束されるハメにおちいった。いくら母校でも、復職は不可能だった」（酒詰 1967）とある。この酒詰の自伝『貝塚に学ぶ』によると、その後、考古学研究を志し、図書館で文献を跋渉しているうちに「大山史前学研究所」の存在を知り、その門をたたいている。幸いにも大山柏の許しを得て「大山史前学研究所」に無報酬で通い、勉強することになったという。1933年のことである。その年の暮、酒詰は、大山の推薦により服部報公会から研究費をもらうことになった。それは、関東地方の貝塚を実際に探し歩いてその位置を地図に落し、表にするという内容で、期間は3年間予定で1934（昭和9）年春から着手している。ところが、一人でたくさんの貝塚を次々と発見した成果が災いし、1936年3月、ついに「大山史前学研究所」への出入りを禁止されてしまっている。したがって、もし古作貝塚が「大山史前学研究所」と関係をもっていたのならば、1933年末からの2年数ヶ月の間ということになる。

　「大山史前学研究所」内には、「史前学会」という研究団体の事務所が置かれ、会誌「史前学雑誌」を年6回隔月発行していた。これを探すと、酒詰は第6巻

第4号（1934年7月23日発行）で、未だ旧姓の時代なので土岐仲男の名で入会を許されている。同時にその号は、酒詰の考古学の処女論文が掲載された記念すべき号でもあった。もちろん、土岐仲男が酒詰仲男と同一人物であることを知らないと、ここは素通りとなるわけである。そしてその次の号に、池上啓介による「最近発見の古作貝塚の人骨」という短報（池上 1934）を見るのである。それによると、9月28日、土岐が通り合わせた中山競馬場入口左側の下水工事現場で人骨が発見されたので、（おそらく土岐からの電話で連絡を受けた）研究所の池上と竹下次作がかけつけている。黒山の見物人の見守る中、役人の手で2～3分で発掘が終了し、取り上げられた人骨は読経のあと懇ろに葬られたはずという。「私達は変死体発見立会人と云つた容子で茫然とするより他はなかつた」とあるから、直接に自ら発掘したわけではないが、『日本貝塚地名表』の古作貝塚の備考欄の「発掘・ヒト」は、この件を記載したに間違いあるまい。人骨は「工事の為貝殻が取り去られ、僅に貝層下部の黒土混りの残部があり現在の地表から二十糎にして、ロームに達してゐるが、このロームの中に発見したのであつた。人骨は伸葬の姿勢であり、各骨骼の保存状態は甚だ良好」であったという。つまり、ローム層を掘り込んだ墓壙から伸展葬人骨が発見されたことが記録されているのである。酒詰がこの日、中山競馬場を通過した理由は詳らかではない。古作貝塚は、市川市姥山貝塚（市川市になったのは1934年11月3日であるから、発掘時は大柏村であった）と総武本線下総中山駅の経路にあたる（図2）ため、研究者の間では馴染み深い貝塚として知られていたから、姥山貝塚への行きか帰りであったのであろう。

酒詰仲男は本名である

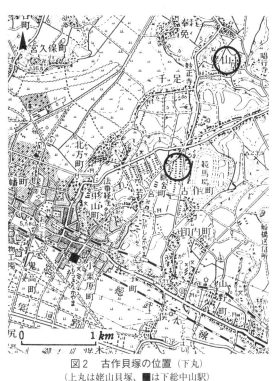

図2　古作貝塚の位置（下丸）
（上丸は姥山貝塚、■は下総中山駅）

が、1938（昭和13）年ごろまでは母親の旧姓の土岐を筆名としていた。これは両親の離婚後、母親に随って生活していたことから、清和源氏流の名族である美濃の土岐一族に連なる母親の旧姓である土岐を筆名として用いていたということになる。本名の使用は、東京帝国大学理学部人類学教室の嘱託になったころからはじまる。

5　上羽貞幸の発掘

　厄介な案件がとりあえず一段落したところで、問題が無いのでそのままにしていた登録番号131117の人骨に話を進めたい。この人骨については松村瞭による報告がある（松村 1927）。それによると、1926（大正15）年6月10日というから、とき恰も5月13日から東京帝国大学人類学教室が進めていた市川市姥山貝塚A地点の発掘調査期間中である。東京人類学会の遠足会の名幹事として知られた上羽貞幸が古作貝塚を発掘し、人骨1体を発見したのである。そこへかの我国初の完掘された竪穴住居跡を建築の専門家である関野貞らにみてもらうために駅に出迎えた帰りの、姥山貝塚を目指して歩いていた松村ら一行が通りかかり、急遽居合せた東京帝国大学理学部人類学選科在籍の中谷治宇二郎を助っ人として発掘を進めることになった。ところが状況は急転し、急いで人骨を掘り上げることになってしまったため、姥山貝塚からの応援部隊が到着する前に写真撮影と骨の取り上げを済ませている。そのため埋葬状態の細部は不明というが、横臥で屈葬、下顎骨附近で2点の骨製と鹿角製の装飾品が発見されたとある。そしてこの骨は人類学教室に寄贈され、古作貝塚の標本第1号となったのである。東大の「標本資料報告第3号」（遠藤・遠藤 1979）によると熟年男性となっている。

　余談ながら姥山貝塚の発掘では各種専門学者の実査を煩わし、また写真や実測図としても調査を記録している。我国初の完掘された竪穴住居跡の発見が、建築学の伊東忠太・塚本靖・関野貞ら諸教授の6月10日のような踏査によってお墨付きを貰ったことにより、満を持して新聞・ラジオなど報道機関に連絡して記者発表をし、6月17日夜のラジオニュース、翌6月18日の新聞報道（図3）として「大々的ニ同ジク報道サレタノデ、以来専門家ハ言フニ及バズ一般同好者ノ見学スル者日々ニ多キヲ加ヘ、姥山貝塚ノ名ハ俄カニ世上ニ宣伝サレルニ至ツタ」（松村 1932）のである。下総中山駅から姥山貝塚までは4km近い道のりであるが、ここを人々は列をなして歩いていたという話を聞いたことがある。おそらく姥山貝塚は、日本考古学史上、国民多数が見学した最初の遺跡としての栄誉が与えられよう。

図3　姥山貝塚の発掘を伝える東京日日新聞

6　八木奘三郎の調査

　この姥山貝塚の光の影に古作貝塚があったのである。1897（明治30）年刊行の『日本石器時代人民遺物発見地名表』第1版では、古作貝塚の文献として八木奘三郎報84があげられ、これは八木奘三郎の『東京人類学会雑誌』第84号に出ている報告であることは先に触れたところである。この報告は、帝国大学傭人であった八木奘三郎が、1893（明治26）年の正月休暇を利用して、学生の山崎直方・佐藤伝蔵とともに千葉の貝塚を踏査した記録で、84号は八木による古作貝塚の概要説明と、山崎による曽谷貝塚と千葉貝塚（今日でいう貝塚町貝塚群）の概要説明、85号は山崎による曽谷貝塚と千葉貝塚の遺物紹介、88号は八木による古作貝塚と柏井（姥山）貝塚の遺物紹介と前貝塚・後貝塚・中沢貝塚の概要説明と分けて報告されている（図4）。

　八木によると、古作貝塚はすでに知ら

図4　八木らが探究した貝塚のスケッチ
　　（八木 1893b）

れたものとしている。そこで関係しそうな文献を遡らせて探索すると、1892
（明治25）年の若林勝邦「下総武蔵相模ニ於ケル貝塚ノ分布」（若林1892）では、
全国で84ヵ所、これら旧3国で55ヵ所（ただし下総国北部6ヵ所は除かれている）
の貝塚が知られ、その中に古作村とある。これは古作貝塚のことである。そこ
には若林勝邦実践とあり、発見とはなっていないから、古作貝塚は若林以前に
発見され、情報を得て訪れたということになる。さらに進めると、1888（明治
21）年の坪井正五郎「貝塚とは何で有るか」（坪井 1888）にも小作村として出
て来る。その箇所は、「下総葛飾郡ノ小作村ニテハ貝ヲ掘リ取リテ道普請地形
等ノ用ニ供ス」とあり、古作貝塚の貝殻が道普請や地形用に掘り取られていた
ことを説明している。そして1886（明治19）年10月10日の第23会で講演された
坪井正五郎の「第二年会演説」（坪井 1886）に行き着く。これは坪井による東
京人類学会2年目の事業報告であり、「諸氏の報告された貝塚は（略）下総に
ては堀の内、曽谷、貝塚、小作（略）」とある。これに該当する報告は、1886
年4月11日の第19会で加藤知道が「千葉近傍貝塚」と題して発表したものであ
ろう。古作貝塚は、1886年4月以前に研究者によって知られていたことになる
が、これ以上の文献探索はお手上げである。それほど古くから知られた貝塚と
いうことになる。

　以上により、『日本石器時代人民遺物発見地名表』第1版の編者である田中
正太郎・林若吉が、古作貝塚の文献として八木奘三郎の報告する『東京人類学
会雑誌』第84号を取上げたのは、これがもっとも詳しく古作貝塚のことを紹介
した文献である、ということを調べた結果であるといえる。

　八木（1893a）によると、1893（明治26）年1月3日、八木・山崎・佐藤の3
名は両国駅を発し、市川駅で下車して国府台の貝塚を目指している。馬子に聞
いて貝塚に辿り着くが、辺りに人家が無いため名もわからず、有望とも思えな
かったので直ちに曽谷に向かっている。この「村名字等を諮ふこと能はず」と
した貝塚とは市川市堀之内貝塚であろう。これを有望とせずに通過したのは、
1904（明治37）年10月16日に開催された東京人類学会満20年記念の第1回遠足
会が堀之内貝塚で開催された際の記録に、「其上に叢樹が繁茂して居るから介
層の露出は十分明かではない」（山崎 1904）とあるように、雑木林が邪魔をし
ていたからであろう。この報告者こそ11年前に堀之内貝塚を訪れた山崎直方本
人であり、山崎は地理学、佐藤は地質学の道を歩んでいたのである。

　一行3名は国分谷を曽谷村へと横断するが、泥道に難渋し、到着したのは午
後3時近く、ここからさらに大柏谷を横断して古作貝塚へと向かったが、黄昏
時となったので、途中で八幡に引き返し、宿屋中村屋で1泊する。

　翌4日、予定通り八木が古作貝塚、山崎・佐藤が曽谷貝塚に分かれて発掘を

している。八木の古作貝塚発掘は、正しく「其学事上の目的にて之が調査に従事せるは実に予を以て嚆矢となすが如し」ということになる。そして古作貝塚については次のように述べている。「貝殻散布の有様は東西に長く南北に短し即ち縦二丁余にして横二十間内外に過ず聞が如くんば明治十五六年の頃即ち今より十年以前銚子街道々普請の為め一度此貝殻を砂利の代用に供せしより以後連年採集絶えざるを以て今日完全に遺存せる箇所一も無之姿なりし而も予が調査せる貝塚五ヶ所中に於て貝殻散布の廣きは此地を以て第一とす今日すら已に然り当時の有様を推測せば実に吾人を驚殺せしむる程なりしならん」。つまり、古作貝塚の貝殻は、明治15・16年ころの銚子（木下）街道の道普請のため砂利の代用として抜かれ、その後も貝抜きがおこなわれたため、完全に残っている貝塚は一つもないというのである。1886（明治19）年の人類学会第19会で、加藤知道が「千葉近傍貝塚」と題して発表したのは、この木下街道道普請による貝塚発見が情報源であった可能性が高い。

　それでも、八木は大久保政吉所有の畑10坪余を発掘し、後期堀之内式や加曽利B式土器など多数の土器・石器・土偶の足・骨器を収集している。全体で米俵3俵、石油箱2個ほどという。当初の発掘区では貝層を発見できなかったため、八木は別に数ヵ所を発掘し、貝層の厚さは45〜60cmほどであると確認していて、地主の1.2m位の貝層もあったという証言を信じがたいと一蹴している。完全に残っている貝塚は一つもないのであれば、八木の憶測の方こそ当てにならない。さて、ここでは古作貝塚の規模が東西約220m、南北約36mと記録されているのであるが、憶測ながら貝塚全体を網羅しているとは思えない。

　翌5日、八木は古作貝塚で発掘した大量の遺物を運ぶため荷車を調達して古作貝塚に向かっている（八木 1893b）。その途中で市川市柏井（姥山）貝塚の存在を知り、翌日これを発掘し、さらに鎌ヶ谷市中沢貝塚の存在を知って足を伸ばし、これも発掘している。かくして八木は、姥山貝塚と中沢貝塚の発見という栄に浴したのである。この中沢貝塚も「彼の古作貝塚同様銚子街道々普請のため悉皆其塚殻を取り尽して今は唯だ枯草の荒冷たる中に点々貝殻の一二を認め得るのみ」と、少し言い過ぎかと思えるが、木下街道の道普請のために貝殻が搬出された事実を報告している。姥山貝塚の説明では「古作と異り依然旧態を存せし」とするから、姥山貝塚は古作貝塚・中沢貝塚のような木下街道の道普請用の貝殻の搬出は無かったものと考えられる。つまり、姥山貝塚は、至近の古作貝塚の犠牲の上に延命し、終には脚光を浴びることになったということができる。木下街道が、印西の木下から市川の行徳に向かって陸路拓かれたことが、古作貝塚の傍を通るコースをとらせ、その明暗を分けたのであった。

7　1980年代の調査

　木下街道の道普請と中山競馬場の建設工事の二重苦で、古作貝塚は破壊され尽したものと誰しもがそう思っていた。ところが、施設の老朽化はその建替えを求め、整備計画に対応した調査の機会が訪れたのである。1981・82（昭和56・57）年の第1次調査（岡崎ほか 1982）、1983（昭和58）年の第2次調査（岡崎ほか 1983）、1984・85（昭和59・60）年の第3次調査（樋泉ほか 1985）、1987（昭和62）年の第4次調査（鈴木ほか 1988）がそれである（図5）。

　第1次調査で「予想に反して撹乱を受けずに残存していたこと」（岡崎ほか 1982）が明らかになったことにより、以後の継続した調査となったのであるが、第1次調査でいう残存というのは、貝層が抜き去られた後の貝層下土層と遺構（土坑や竪穴住居跡）の一部が残存していたという意味であったが、第2次調査では「混貝土層もわずかにプライマリーな状態で発見され、その結果第1号～29号埋葬人骨を発見したわけである。表面の観察でかなりの破壊をうけていると見られても、意外に下層は残存していることがこれらの資料から判断できる」（岡崎ほか 1983）という。貝抜きは、第1次調査の第1号住居跡のような遺構内貝層にも及んでいるのであるが、貝層が尽きるところで終えてはいるけれども、1片も残さずという徹底したものではなく、撹拌されているとはいえ、薄皮のように残されていたのである。

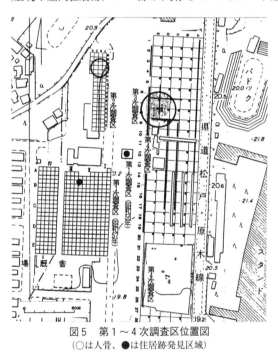

図5　第1～4次調査区位置図
（○は人骨、●は住居跡発見区域）

8　古作の埋葬－堀越説

　古作貝塚の1980年代の調査では、第2・3次調査で人骨が発見されている。第2次調査で発見された人骨は「成人38体・小児6体・計44個体分である。こ

のうち土壙から発見されたものは成人25体（男13・女12）、小児4体（乳児2・幼児2）、計29個体分で、残りは散乱人骨である」（岡崎ほか 1983）。つまり、3分の1近くの埋葬人骨が撹乱を受けて元の位置から遊離し、散乱人骨となってしまったのである。その及ぼす影響は計り知れないが、中にはNo.の振られた人骨のうちの不完全な個体に帰属するものも含まれているのかもしれない。

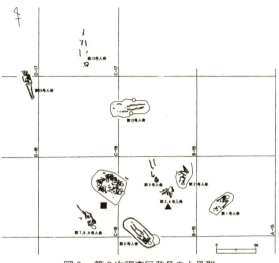

図6　第2次調査区発見の人骨群
（■西側の改葬墓、▲東側の改葬墓）

　第2次の報告書第7図遺構全測図は、第10図人骨位置図より広めの範囲をカバーしている。珍しくも古作貝塚では墓壙を伴う人骨が多いので、両図を比較すると、1、2、7〜9号人骨の墓壙は全測図に無く、6、10・11・17〜29、12号人骨の墓壙は表現されている。このうち、11・17〜29号の合葬人骨の墓壙は、位置がずれていて重ならない。そこで写真図版4の遺構全体写真で位置関係を検証すると、第7図の方が正しいものと判断でき、第10図ではなぜか南東に約1ｍずれて図示されていることに注意が必要である（図6）。

　第2次調査区の人骨は、解剖学的自然位で発見された人骨（A類）と、集積された状態で発見された人骨（B類）に分類されている（岡崎ほか 1983）。B類は、3・4号人骨と11・17〜29号人骨と命名されたものであるが、人類学者による所見では、前者は3・4・4'号人骨という男1・女2の3体分の成人骨からなり、後者は10・11・17〜24・26〜29号人骨という成人12体（男9・女3）、小児2体の計14体と、号数と人数の変更がおきている。ともかく改葬による合葬であることは明らかであるが、呼称が煩わしいので、前者を東側の改葬墓、後者を西側の改葬墓と呼ぶことにしたい。A類は、1、2、5、6、7、8、9号人骨の7体（男2・女3・幼児1・乳児1）であるが、このうち7〜9号は、先に7号女性、8号小児の2体の第1次葬における母子合葬と紹介された（岡崎1983）ものであるが、最終的には壮年期女性・2、3歳の幼児・乳児（頭蓋片のみ）の3体分と鑑定されている（岡崎ほか 1983）。

人骨の時期は、北西端で発見された15号人骨の「頭部にやや大型の加曽利B式土器片がかぶせてあった」のを例外として、土器を伴う人骨は無かったという。しかし、「わずかにプライマリーな状態で発見され」た「埋葬人骨上にのる貝層の時期は加曽利B式期であるから、それより古期であることは断言できる」（岡崎ほか 1983）という記載は再検討の手懸りとなる。幸い、報告書に第5図として貝層平面分布図があり、土器も区別・層別に掲載されているため、人骨を覆う層の土器を知ることができる。とりわけ手懸りのない南側人骨群のB-15区周辺が問題であるが、掲載されたB-14・15混貝土層のわずかな土器片は、発掘区全体に加曽利B式後半から安行式が多い中にあって、新旧時期の土器を含むものの、少量ではあるがここの地区のみ堀之内2式が目立っていることは注目される。ただ「B区表土及び混貝土層には、A区削平の際に移動したと思われる遺物の混入が見られた。それはとくにB-14区、B-15区に多く見られた」という絶望的記述をみるのであるが、そこで指示しているのは「Bブロック混貝土層」の一群であろうから、これとは別としたい。

　B-15区周辺の南側人骨群が、堀之内2式かそれ以前の時期に絞られたとして、これら異質の埋葬が一斉におこなわれたとは考えられないから、この検討をしてみたい。2つの改葬墓は一方の存在を承知しているかのように近接し、かつ人数的な多少の差が大きい。1つにしなかったのは、時間差のある証拠である。最初に合葬した方が多く、後からは追加なので少ないとみるのが自然である。時間差があることにより別の墓壙にしたのであろう。一方、2つの改葬墓の周囲で発見された解剖学的自然位の一次葬人骨は、改葬されなかったのであるから、より新しい埋葬と考えられる。以上から、南側人骨群は、西側の改葬墓→東側の改葬墓→単葬墓という順序が想定されるのである。

　これに対して北側人骨群の3体は、加曽利B式後半から安行式の層に覆われ、かつ15号人骨の頭部にやや大型の加曽利B式土器片が被せてあったというから、まとまりがあるものとすれば、おそらく加曽利B（2？）期の人骨群とされよう。3体とも成人女性の仰臥伸展葬で、相互に2〜3mほどの距離をもって散在しているが、頭の向く方向はおおむね南・西・北というように90度の角度で振られている。女性に限る埋葬群であること、頭位を90度ずつ振る直交差頭位であることに特色をみいだせる。

　第3次調査の人骨は一覧表にまとめられ、幅の広狭はあるが時期も記入されている。No.は16号までであるが、1号は2体分、15号は3体分なので全体としては19体であり、9号は散乱人骨であった。埋葬の時期はバラバラではなく、全体として堀之内期と加曽利B期に不連続に大きく2分されるようであるが、細別された人骨は多くない。まず加曽利B2期とされた6・14号、加曽利B期

とされた1・2・3・11号をみることにしたい。トレンチ調査であるため面で捉えられない点に問題を残している。1・2号は約4m離れているが、頭位は東と北の直交差頭位、両者ともに成人男性という点で、先の第2次調査区北側人骨群の3体と同じ意識を読み取ることができる。その目でみると、後期前～中葉とされた7・8号も、北西と北東の直交差頭位で両者ともに成人男性という点で7mほど離れているが同じグループの可能性が高く、加曽利B2期とされた頭位不明ながら7mほど離れた6・14号も同じグループの可能性もある。この組み合わせがすべて正しいかは心許ないけれども、古作貝塚の加曽利B（2?）期では、男女の性別で分け、かつ場所を違えて埋葬していたという葬制があったことを想定していいであろう。残る3・11号の組み合わさる人骨は未見である。

　後期前葉の堀之内期は、単葬の13号と不詳の土器棺葬の10号の2体である。その土器は、本文では称名寺式？といい、表では堀之内期とあって評価が分かれている上、図・写真の提示は無いためお手上げである。埋葬は数体まとまるのが普通であるから、13号に近くて時期の明確でない人骨がグループをなす蓋然性がある。そうすると、12・15・16号が該当することになる。その16号人骨の墓壙内からは堀之内1式土器片が発見され、また15号として一括された女性2体・胎児1体の部分骨も同じ覆土から発見されているから、それらの帰属は堀之内期である可能性が高くなる。これらだけでは断片的に過ぎるけれども、少なくとも第3次調査区でみるかぎり、堀之内期の墓地は、加曽利B（2?）期のような視覚にも明瞭な企画性には乏しいといえよう。

9　古作の埋葬−設楽説

　以上は、筆者の復原案（堀越 1994）の大筋であるが、別の解釈もある。設楽博己（設楽 2001）は、第2次調査区南側人骨群の中心をなすB−15区周辺で堀之内2式土器が目立つということは認められないと指摘して、調査区全体の大きな時間差を解消させ、全体として成人男女の数が男12女11でほぼ釣合いのとれた構成になり、中心埋葬と周辺埋葬の性の比率が補完関係となることに注目し、全体の埋葬が同時進行で形成されたという構想で論を展開する。しかし、さすがに多人数集骨の成人男性を中心とするグループが先に死に、その後に成人女性を中心に死亡して周辺に埋葬されていったということは一寸考えがたいので、多人数集骨墓がオープン状態で追葬できるような状態にあり、多人数集骨とその周りの埋葬は同時に進行していったと考えざるを得なくなると解釈した。かくして、成人男性を中心とする多人数集骨を、成人女性が多い少人数集骨や単葬の成人女性が取り巻くという形態が復元できるというのである。

この設楽の多人数集骨墓がオープン状態で追葬できるような状態であったという論の前提それ自体が、まったく自然位を保たずに乱雑・複雑に重なった状態で発見されたという報告者の事実記載と、報告者自身が調査した船橋市宮本台貝塚の合葬墓とは様相の異なるものであり、再葬の可能性が充分考えられるという指摘（岡崎ほか 1983）をまったく無視したものであり、到底承服されるものではない。男女同数にこだわったストーリーに合わせた論であるように思われる。

　古作貝塚における埋葬の実際については、未だ解決したわけではない。今後とも大いに議論してその完成度を高めていくこと、場合によっては人骨それ自体の年代測定の実施など、あらゆる角度から検討を進めていく必要がある。

10　着葬品

　古作貝塚では、これまでに着葬品を伴う人骨は3体発見されている。第2次調査1号人骨は、右腕の下端に1個嵌めた状態で、腰の左横あたりから1個遊離した状態でベンケイガイ製の貝輪が発見されている。後例を調査者は撹乱による遊離と想定している（岡崎ほか 1983）。例の貝輪入り蓋付土器の多くはベンケイガイであった（八幡 1928、堀越・田多井 1996）のだから、わずか1体ながら、ようやくにしてそれを嵌めた人骨が発見されたわけである。鑑定では壮年期女性というから、まずは貝製腕輪は女性用という通説の通りであるが、この女性は上顎左の側切歯の歯槽閉鎖に抜歯が指摘されている。「他集団からの婚入者は左の側切歯（または犬歯）を抜いた」（春成 2004）という説をとれば、1号は婚入者となるが、他方、「装身具は基本的にその集団出身者が着けるという縄文晩期の原則を、それ以前にまでさかのぼらせて適用されることが許されるならば」（春成 1982）、1号は出身者となる。その結論は後記に譲りたい。

　第3次調査8号人骨は熟年男性で、左鎖骨附近より鹿角を利用した有孔垂飾が2点出土している（樋泉ほか 1985）。これに近い例は、先に紹介した上羽貞幸発見の熟年男性人骨（登録番号131117）で、「恰も胸部の上位に当る部分に、挿図（1）に示すやうな骨製曲玉形装飾品があり、また一見頭骨にさゝりたるかが如き状態、然し尖端部を外方に向けて、横になれる下顎骨左右顎枝の間で、右方に近寄つた方に挿図（2）の如き鹿角製装飾品があつた」（松村 1927）もので、松村は頸飾とする。この装身具を身に着けた2例は、ともに熟年男性で、抜歯も認められないから、古作出身者は抜歯を施術しないルールの集落であったことを物語る可能性が高い。筆者はこれらを加曽利B（2?）期とみている。

11 葬制からの復原

　筆者は、第2次調査区南側人骨群を、西側の改葬墓（男9・女3・幼児2、計14)→東側の改葬墓（男1・女2、計3）→単葬墓（男2・女3・幼児1・乳児1、計7）という順で想定している。改葬墓は、ひとまとまりの集団のうち古作に最後まで残って死亡した人々、単葬墓の人々はその後裔であろう。ここでは、東側の改葬墓を中央にして、北側に男性（2・5号）、南側に女性（1・6・7号）を配し、東側に抜歯者（1・2号）、西側に無抜歯者（5・6号、7号は例外）と、2つの二項対立を組み合わせた4分割として明確に区分していることは見逃せない。この中に出身者と婚入者の2者がいれば、抜歯者は婚入者、無抜歯者は出身者ということになる。その性別をみると、抜歯者・無抜歯者ともに男女が含まれ、一方の性に限られていない。これは男も女も婚入する選択居住婚を反映したものと解される。そして単葬墓の5号と1号、6号と2号の組み合わせの夫婦が想定される。全体として埋葬姿勢は仰臥伸展葬、頭位は南南東～南東方向が主流であるが、これに違える非主流は、1号の北北東頭位、2号の側臥屈葬人骨、7号の側臥伸展葬人骨の3体で、奇しくもすべて抜歯者である。1・2号は婚入者の、身内・女性側の外れにある7号は婚出出戻り者の死後の区別のための変則と思われる。婚入者の生前の区別が抜歯にあったのだが、出戻り者にはその時点でさらに側切歯の横の犬歯を抜いて違いを区別をしていたのであろうか。

　以上の筆者の想定が正しければ、これら第2次調査区南側人骨群は堀之内2期、北側人骨群は加曽利B（2?）期である。その間には、男女共葬から男女別葬への転換が推定される。また加曽利B期とみられる骨角製頸飾を身に着けた熟年男性が、集落歴代のリーダーたちとすれば、選択居住婚から夫方居住婚への傾斜も想定されることになる。例数は少ないが、堀之内期には女性と埋葬されていた子供が、加曽利B期になると男性の方に埋葬されるように変化していることもこれを傍証している。それらの当否も今後の調査の進展に委ねたい。

12 報告書に望むこと

　第2次調査区の人骨群の年代が貝層の土器で決め難いのならば、その下の土層ではどうかと思い、頁をめくったが、第2次調査報告書での土器掲載は混貝土層・混土貝層のみで、なぜか貝層下の褐色土層の土器掲載は皆無であった。果たして当時の表土に土器片が散っていなかった、ということの方が不思議である。そこで第1次調査報告書をみると、層序では黒色土層と命名されているが、拓影図にはこの層名は絶えて無く、替わって層序に名の無い褐色土層の遺

物がある。不統一は迷惑な話であるが、これが同じ層を指すとすれば、貝層下土層の遺物は、第1次調査区には有って第2次調査区には無かったことになる。これは実に不可解であるが、第2次調査報告書で褐色土層の遺物の有無に一言も無いのを遺憾とする。また、第1次調査区で竪穴住居跡が2軒発掘されているが、竪穴住居跡内発見のどの土器がどの層から出土したのかという肝心の記載が漏れている。その竪穴住居の時期を求める決定権は、報告者に握られたままとなっていることになる。どの遺物がどこから出たのか、その結果、遺構や層などの時期の決め手になる遺物（群）はどれかが指示されねばならない。松戸市貝の花貝塚の報告書にみる竪穴住居跡の層別の出土遺物紹介はお手本になろう。貝の花貝塚のような定住集落では、生活行為によって古い時期の遺物が当時の地表に露出し、当代の遺物に混入して再堆積するのは普通のことであることを教えてくれる。先行型式の土器片などの遺物を含まずに、時間を追って整然と遺物が堆積しているという、絵に描いたような現象はまず無いと考えたほうがいい。時期決定権は報告者の手中にあるのだが、報告にあたっては、ありのままの資料・情報開示と、くれぐれも分類を優先し過ぎる余り、層位の記載を忘れることのないよう願いたいものである。

　報告書がすべてである。報告に先立つ発掘箇所は、すでに発掘により破壊されているのだから、もはや追試は不可能である。報告書には、発掘した当人しか知り得ない情報を多く出すよう努めること、調査の過程、あるいは逆に堆積の過程が再現されるような報告のしかたが望ましい。

引用・参考文献

坪井正五郎　1886「第二年会演説」『東京人類学会報告』9

坪井正五郎　1888「貝塚とは何で有るか」『東京人類学会雑誌』29

若林勝邦　1892「下総武蔵相模ニ於ケル貝塚ノ分布」『東京人類学会雑誌』73

八木奘三郎　1893a「千葉地方貝塚探求報告、古作の部」『東京人類学会雑誌』84

八木奘三郎　1893b「千葉地方貝塚探求報告（第84号の続）」『東京人類学会雑誌』88

山崎直方　1904「堀の内貝塚の位置と形状」『東京人類学会雑誌』224

松村　瞭　1927「下総古作貝塚発見の人骨と骨角製装飾品」『人類学雑誌』42－1

八幡一郎　1928「最近発見された貝輪入蓋付土器」『人類学雑誌』43－8

松村　瞭　1932「総説」『下総姥山ニ於ケル石器時代遺跡　貝塚ト其ノ貝層下発見ノ住居址』東京帝国大学理学部人類学教室研究報告5

池上啓介　1934「最近発見の古作貝塚の人骨」『史前学雑誌』6－5

酒詰仲男　1967『貝塚に学ぶ』学生社

遠藤美子・遠藤満里編　1979『東京大学総合研究資料館収蔵日本縄文時代人骨型録』

同標本資料報告3

春成秀爾 1982「縄文社会論」『縄文文化の研究』 8、雄山閣

岡崎文喜ほか 1982『古作貝塚』船橋市遺跡調査会古作貝塚調査団

岡崎文喜 1983「古作貝塚における縄文時代後期特殊埋葬人骨」『考古学ジャーナル』222

岡崎文喜ほか 1983『古作貝塚Ⅱ』船橋市遺跡調査会古作貝塚調査団

樋泉岳二ほか 1985『古作貝塚―遺跡確認調査報告―』船橋市遺跡調査会

鈴木仁子ほか 1988『古作貝塚―第4次調査報告―』船橋市遺跡調査会

鈴木　尚 1990「人類学科創設前後の思い出」『東京大学理学部人類学科創立五十周年記念出版物』

堀越正行 1994「船橋市古作貝塚の埋葬」『史館』25

堀越正行・田多井用章 1996「東京大学蔵の船橋市古作貝塚出土遺物」『千葉県史研究』 4

設楽博己 2001「多人数集骨葬の検討」『シンポジウム縄文人と貝塚・関東による埴輪の生産と供給』学生社

春成秀爾 2004「抜歯」『千葉県の歴史　資料編　考古4（遺跡・遺構・遺物）』千葉県

水嶋崇一郎・佐宗亜依子・久保大輔・諏訪　元編 2006『縄文時代人骨データベース3）　千葉県の遺跡（堀之内、加曽利、曽谷など）』東京大学総合研究博物館標本資料報告61

4　園生貝塚の研究史と後晩期の大型貝塚

須 賀 博 子

　近年、栃木県寺野東遺跡の調査により指摘された後晩期の「環状盛土遺構」
の研究において、遺跡の表面上の形態とその形成の過程や背景が問題とされて
いる。また、研究の過程で、形態上、同様に環状の高まりを有する東京湾東岸
の環状貝塚も比較検討の必要が指摘され、園生貝塚もその一例として分析の俎
上にあがってきた（江原 1999、堀越 1995ほか）。
　園生貝塚は、比較的古く明治の時代から調査研究の対象とされてきた遺跡で
ある。その長い研究史の中で、やはり環状貝塚全体の形成過程を明らかにしよ
うとした研究に、1951～1960年にかけて行われた神尾明正氏による千葉大学の
一連の調査がある。
　地理学を専門とし「沖積地質学的編年」という氏の方法論に基づいたその見
解には独自な点があり、また遺物などの具体的な資料の提示が少なかった点で、
これまであまり議論の対象とはされてこなかった経緯がある。しかし見解に異
なる点はありながらも、遺跡形成過程の解明を意識した氏の調査の方法や記録
の中には、今日的な研究課題に答えうる内容がみいだせる。
　また近年では、環状貝塚の外側における遺跡の広がりという新たな視点から
も、いくつかの調査や報告がなされている。
　著名な遺跡であるせいか、ほかにも比較的小規模な調査が多数行われている
が、それらの成果も丹念に重ね合わせることによって、環状貝塚遺跡の形成過
程という課題に改めてせまってみよう。

1　園生貝塚の研究史と今日的課題

　園生貝塚の研究史に関しては、文献の収集を初めとする園生貝塚研究会によ
る労作がある（日暮 1996ほか）。遺跡のおかれている現状に対する危機意識か
ら立ち上げられた同研究会は、過去の文献の研究に加え、神尾明正氏（神尾・
宍倉ほか 1996）を初めとする遺跡を調査された方々に聞き取り調査を行ってお
り、非常に重要な記録を残されている。

ここでは、それらの研究を参考に、さらに筆者が関連する資料を実見した中で認められた課題などについて、いくつか取り上げてみよう。

(1) 東京人類学会による遠足会の前後

園生貝塚が文献に取り上げられたのは、千葉の貝塚を紹介した1887（明治20）年の上田英吉氏の論文が初出とされている（上田 1887）。学史上著名なのは、1906（明治39）年11月11日に坪井正五郎氏や江見水蔭氏ほか、総勢60名以上が参加して行われた東京人類学会による遠足会であろう（坪井 1906・江見 1907ほか）。一方でその前後にも、文献上にはあまり現われないにしろ、遺跡の踏査や発掘が行われていたと推測される。一例として、大阪市歴史博物館所蔵の下郷コレクションに収められている遺物がある（図1）。

コレクションに含まれる園生貝塚の資料群の由来は明らかではないが、その一部には遺跡名と共に日付を表すと思われる墨描きの注記やシールがみられる。一つは「三八、三、三一」（図1-3、恐らく1も）、もう一つは「三九、二、二五」である[1]。それぞれ「明治38年3月31日」、「明治39年2月25日」を示していると推測される。これが何の日付を表すのか、いつ誰により書かれたものなのかは現時点では不明であるが、いずれも東京人類学会の遠足会より前の日付であり、それとは別の機会に採集されたものと考えられる。当時の研究環境を立体的に理解するために、文献には断片的にしか現われない研究史の部分をいかに復元していくかも、今後の課題であろう。

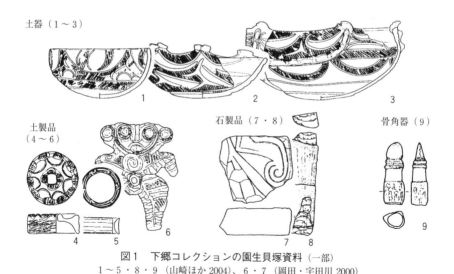

図1　下郷コレクションの園生貝塚資料（一部）
1～5・8・9（山崎ほか 2004）、6・7（岡田・宇田川 2000）

（2）活況を呈した戦後の調査

　これまでの学史研究でも指摘されているように、戦後の1947～1951年にかけて、多くの中学高校や大学、千葉市史編纂などによる発掘調査が集中的に行われている。それらの調査報告には必ずしも十分で無い部分もあるが、層位的な出土状況の記載など、それらを繋ぎあわせることによって遺跡の形成過程を考えていくことはできよう。そのうちの調査の一つを見て、環状貝塚の形成過程を復元できると考えたのが神尾明正氏である。

　氏は1950年に千葉二校生（現千葉女子高）の調査を見学し、初めて貝塚の成因を構造的につかんだと回顧している（神尾 1979）。そして1951～1960年と長期間にわたる園生貝塚の研究に取り組まれたのであった（神尾 1963）。

　小学生の頃から自然とともに考古学にも興味を持たれ、発掘もされていたようである。その後、旧制高校の時に会津八一氏に地理を進められたことなどから（神尾・宍倉ほか 1996）、1933年に京都帝国大学文学部史学科に入学し、地理学専攻を卒業されている（神尾明正先生退官記念事業実行委員会 1978）。考古学と地理学という幅広い関心が、氏の学問を特徴付けていたといえよう。

　先史原始時代の編年に沖積地質学の知識を使うことを構想し始めたのは、1933年頃とされている（神尾ほか 1972）。ほぼ大学に入学した頃から育まれた生涯を通じた研究テーマの中に、園生貝塚の一連の研究が位置づけられるのである。氏は沖積地質学的編年の準備を園生貝塚研究の主目的として掲げつつ、当時の考古学界ではほとんど考えられていなかったとして、貝塚の微地形的位置、形成過程、住民の住居のあり方などを研究の課題としている。

　氏の研究方法は、貝層の高まり部分や中央の窪地部分を縦断するように長いトレンチを設定してまず一気に掘りぬいてしまい、土層の断面の観察やそこからの土器や貝や土壌などのサンプリングとその分析を主体とするものであった。今日的な考古学的な調査手法からみれば、トレンチ内の平面的な観察や断面との対応の検討を行っていない点などには問題も指摘されようが、貝塚遺跡の形成過程という目的とそれに対する方法が明確である点は評価されるべきであろう。

（3）貝層周縁部の調査

　神尾氏の調査は、環状貝塚とそれが取り囲む中央の窪地部分の調査が主体であった。一方、環状貝塚の外側にも遺跡が広がることが、その後1970～1972年にかけて行われた千葉市加曽利貝塚の調査から指摘された（後藤 1974ほか）。園生貝塚の形成過程を理解する上でも、貝層周辺の遺構や遺物の広がりを明らかにすることが新たな課題として浮上してきたのである。

　そのような課題に関する調査研究に、大村裕氏（大村 1995）や園生貝塚研究

4　園生貝塚の研究史と後晩期の大型貝塚（須賀博子）103

会（日暮 1998ほか）の遺跡踏査、千葉市教育委員会による地形測量や一連の調査（寺門ほか 1990、田中 1997ほか）がある。このように園生貝塚の形成過程を考える上で必要な資料が揃いつつある状況にあるといえよう。

（4）今日的な研究課題と園生貝塚

ところで「環状盛土遺構」研究の提起した重要な成果の一つは、遺構や遺物の平面的な分布の変遷だけではなく、立体的な遺跡形成論的視点の重要性を改めて促したことにあると考える。そのような今日的な研究視点から問い直すことができる研究が蓄積されている点に、園生貝塚の今日的な存在意義の一つが指摘できよう。

ここでは筆者がここ数年分析を行ってきた神尾明正氏のトレンチ調査の成果の一部と[2]、最近の貝層周縁部の調査成果を併せ見ることから、貝塚の変遷と集落形成という問題を中心に検討を加えることにする。

2　貝塚の形態と形成過程

まずは、園生貝塚遺跡の貝塚部分の形態とその形成過程をみてみよう。

（1）遺跡の立地と形態

園生貝塚は、東京湾東岸に開析する汐田川流域に位置する（図2－1）。汐田川の谷は中流で北方の宮野木支谷と東方の園生支谷に分岐しているが、遺跡は後者の谷奥の南岸台地上に立地する。北側に面した谷からは、川崎逸郎氏が先導谷と呼称した浅い杓子状の谷が入っており（神尾・川崎ほか 1954）、貝塚はそれを取り巻くように形成されている。貝層の広がりは南北約135m、東西約110mである（寺門ほか 1990）。

貝層の分布範囲には、高まりが形成されている。その高まりは高さが周回的に連続するものではなく、大別すると4つ程の単位が捉えられる。このように高まりが独立的に分布する点は寺野東遺跡と共通しており興味深い。北側の小規模で独立性の高い高まりは、やはり独立的な貝層の分布と対応しており、高まりと貝層の形成の関係と単位性を考える上で注意される。このような単位性は、神尾氏の調査の初期段階ですでに捉えられている（図2－2）。

中央は窪地状を呈しており、貝層高まり部との比高差は約3m、貝層と外側の比高差は約1mほどとの所見がある（神尾 1956）。

（2）高まりと中央窪地の形成過程

「環状盛土遺構」研究の中で問題となった点に、高まりと中央窪地の形成要因がある。「環状盛土遺構」は祭祀を目的とした構築物であるという説が当初示されたが、その後の高まり部の形成過程の研究や、遺物組成などの観点から、まずは集落遺跡として捉える点ではほぼ共通の理解に至っている（阿部 1996、

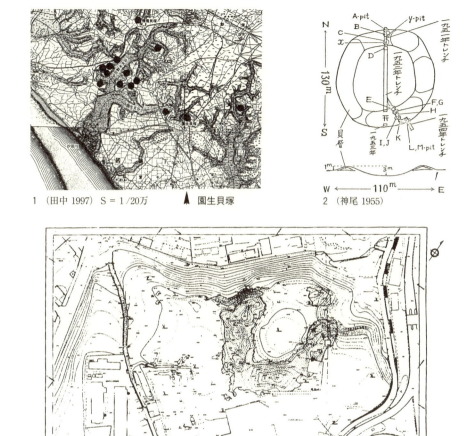

図2 園生貝塚の位置と形態

江原・初山 2007、鈴木 2007ほか）。

　一方、中央窪地の成因に関しては、人為の掘削説（江原・初山 2007）、自然による形成説（堀越 2007）など多様な例が想定されている。

　ここでは筆者が分析に携わった神尾氏の1951・52年トレンチ、1960年第2トレンチの調査成果などを元に、園生貝塚の場合を検討してみよう。

（3）中央窪地の形成要因

　1951・52年トレンチは高まり部分と中央の窪地部分を通して調査された唯一のトレンチである（図3）。

　神尾氏はローム層を1952年の段階で初めて柔らかい層と硬い層に分層し、それぞれ「ヤロ」「カロ」と略称した。今日用いられているソフトロームとハードローム層にほぼ対応すると推測される。貝層形成当時の地表面をカロ面と考えていた神尾氏は、貝層堆積以前にすでに先導谷の地形を呈し、環状の地形的な高まりが形成されていたと考えた。

　土層断面図をみると、中央窪地部分にもヤロとカロが安定して広域的に堆積していたようである。ヤロの下底面自体が窪地状をなしている。1952年トレンチ南端の後期の貝層はヤロ層よりも上位に形成されていることから、中央窪地部と環状貝層下のヤロ層が同一時期に形成されたものであるならば、貝層が形成される以前には、窪地が存在していたことになろう。千葉市教育委員会の調査でも中央窪地に、局所的だが試掘坑が設定された。そこでも断面図によればソフトロームの堆積が確認されている（寺門ほか 1990）。

　以上の点からは、中央窪地の形成に少なくともローム層への人為的な掘削の痕跡を読み取ることはできない。一方、1952年トレンチでは中央窪地部分で、わずかながらローム層のほぼ直上から中期末葉（図3－2）や後期の土器が出土している。当時の地表面の層位を考える上で示唆的かもしれない。

　園生貝塚の中央窪地の形成に関しては、理化学的手法も駆使したそれ自体を目的とする新たな調査が望まれるところである。

（4）高まりの形成過程

　では高まり部分の形成過程をみてみよう。

　高まり部分の堆積の特徴を理解するため、中央窪地部分の堆積と比較してみると次の点が指摘できる。中央窪地部分では各層は広域的に広がる一方で、層の数は少ない。一方、高まり部分を構成する層には、広がりが局所的なものがあり、またその数が多い。そして改めていうまでもないが、中央部に貝層の堆積はみられない。遺物の数量を比べると、中央窪地には少なく、高まり部分に多い（図3下）。このような特徴をもつ高まり部の堆積は、どの位の時間幅でどのような順序で形成されたのであろうか。ここでは1960年第2トレンチを層

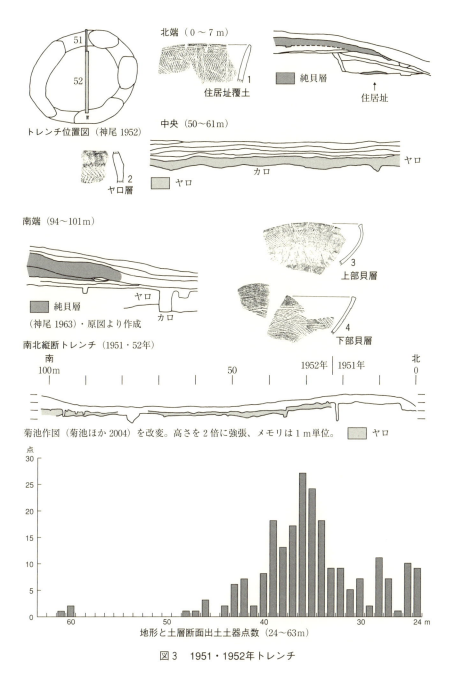

図3　1951・1952年トレンチ

群の分類と土層断面出土土器の分析から探ってみよう。

　ほぼ漸移層に相当すると思われる、神尾氏が汚れたローム層としたヨロ層より上位には、分層された多数の層位がみられる。それらを堆積の方向や広がりから表土層を除いて群別すると、大別3群に分けられる。ここではそれらを上位から層群1～3と呼称する（図4）。

　層群1は、高まりの外側部にほぼ単方向の斜位に堆積する層群である。層群2は落込み状に累積する層群と比較的小規模に水平的に堆積する層群から構成される。高まりの下部に水平的に堆積し、層群1・2より広域的に広がる層を層群3とした。

　層群3は小片ながら堀之内式を主体とする一方、上部では加曽利B1式の大形片が出土している（図4－1）。層群2は加曽利B式期を中心に形成された層群であるが、最下部は堀之内式がまとまり、また上部では少量だが後期安行式土器が出土する。やや時間幅が存在する可能性がある。層群1では安行3a式の1個体の破片が出土し（図4－2）、この時期の形成は確実である。全体的に安行式が多く、ほぼ後期安行式期以降に形成された層群と推測される。

　このように高まり部分は一時期に形成されたものではなく、複数型式期にわたる長期的な形成期間を有する。貝層や遺物の多量性からは生活痕跡の累積であることが推測される。またその中で、高まりが視覚的に明瞭になる局所的な層位が形成されてくるのは、層群2の段階、つまり加曽利B式期以降と考えられる。層群1は、層群2で形成された高まり外側の斜面地形を利用する形で形成された層群である。常に垂直方向にのみ堆積が形成されていくだけではない。比較的小規模な高まりや堆積が地点をずらしながら形成されていった結果、現在みられるような高まりの単位が作出されたのである。

　ところで土層断面図には各層の層相に関する記載がなされているが、ヨロ層より上位に堆積している層に対して、ローム層が主体となるような記載はみられない。高まり部形成の主体要因が、中央窪地のローム層の掘削とその盛り上げ行為には求められないことを示していよう。

3　遺跡の広がりと貝層・集落形成の関係

　「環状盛土遺構」研究で問題とされたことの一つに、遺物が大量に出土するにもかかわらず、その時期の住居址が見つからないことがあった。同様の問題は環状貝塚の研究においても指摘されており、古くて新しい問題の一つである。ここでは神尾氏の貝層部の調査に加え、千葉市（寺門ほか 1990、田中 1997）ほかによる貝層周縁部の調査を比較検討する中で、貝塚形成と集落形成の関係の問題について考えてみたい。

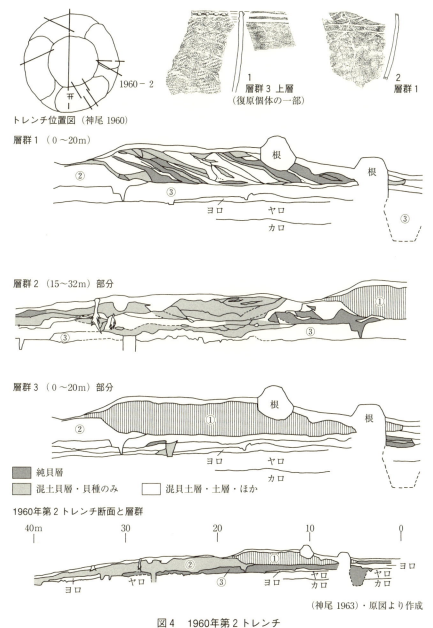

図4　1960年第2トレンチ

（1）遺跡の広がりの変遷と貝塚形成

　遺跡の形成された時期を、これまでに資料化された土器型式からみると、最も古いのは前期後葉である。この時期の土器は千葉市の調査で確認されたもので、環状の貝層部からはやや離れた台地西縁部にまとまっている。前期末〜中期後葉にかけては土器が確認されておらず、遺跡の形成に空白の期間がみられる。その後確認できるのは中期後葉の加曽利EⅢ式土器であり、以後晩期中葉の安行3ｃ式期までほぼ継続的に土器が出土している[3]。

　このように、遺跡の継続性という点では、前期後葉と中期末葉〜晩期中葉との2時期に大別できる。前期後葉の貝層は現在のところ検出されておらず、貝層の形成にかかわったのは後者の期間である。

　では後者の土器分布の変遷からみてみよう。

（2）土器の分布の変遷

　加曽利EⅢ式土器は非常に少なく、一定の量がみられるのは加曽利EⅣ式土器からである。土器は台地上の広範囲に分布している。高まり部に多いという傾向は捉えられない。先述のように、遺物の少ない中央窪地部分でも皆無ではないことが指摘できる（図3−2）。

　堀之内式土器も高まりの外側で広域的に分布している。東側部分では若干分布が拡大するようである。

　加曽利B式から曽谷式期には、外側において東と南側で分布範囲が狭まるようである。ただし加曽利B式土器は台地の南西端部で数個体のまとまりが確認されており（大村1995）、局所的な活動地点が存在したのかもしれない。

　以後、晩期安行式期まで、貝層の外縁部寄りに分布範囲が狭まる傾向が窺える。現在確認できる土器は姥山Ⅱ式期までは一定量が認められるが、安行3ｃ式、前浦式土器は非常に少ない。

　以上のように、土器の分布は加曽利EⅣ式から堀之内式期は分布の傾向を変えながらも貝層の外側にも広域に分布するが、加曽利B式期以降、高まり部に向かってその分布を縮小させる傾向にあるようである。このような分布傾向の変化は、寺野東遺跡や馬場小室山遺跡、加曽利南貝塚など「環状盛土遺構」および環状貝塚の両者との共通性が窺える。

　神尾氏の調査では、高まりより外側になると遺物の量が減少するとの指摘がある。一方千葉市の調査では、南側の貝層に接した地点で後期〜晩期前半の安行式土器が、15m余りの範囲に密集して出土した状況も捉えられている。高まり部とその外側の遺物分布の検討は、今後の課題である。

（3）貝層の形成期間と変遷

　次に貝層の形成時期と分布をみてみよう。

加曽利EIV式～称名寺式期には、環状貝層部における貝層の形成は現在のところ明らかではない。しかし高まりの外側では遺構内貝層が形成されていたことが明らかにされている（大村 1995・日暮 1998）。

　大村氏は1973年に、台地西南端部で周囲に加曽利EIV式土器が散乱するフラスコ状の小竪穴を発見し、ハマグリを主体とする貝層を確認した。日暮氏も貝層を含む同時期の落込みを、環状貝層の外側で発見している[4]。中期末葉に新たに遺跡形成が開始されたほぼ当初から、貝層が形成されていたことが理解される。しかしそれは土坑内の形成が主体であり、貝層の規模も分布も次期以降に形成される貝層とは内容を異にしていたと推測される。

　堀之内1式～安行3a式期の貝層は、筆者が分析した高まり部分での形成が確認されている。1951・52年トレンチでは、北側の高まり部分で確実な堀之内1式期の住居址内貝層が存在し、南側の高まり部分で加曽利B2式の貝層と同B3式の貝層が累積している（図3）。1960年第2トレンチでは前述した層群3で堀之内1式期の遺構内貝層、同時期から加曽利B1式期の広域的に広がる破砕貝が混じる土層、層群2で加曽利B式期を中心とする貝層、層群1で安行3a式期までは確実な貝層が堆積している。

　戦後1947～1950年にかけて数多く行われた調査でも堀之内式から安行式期の貝層が報告されているが、その地点は高まり部が主体であろう。一例として明治大学付属中学・高校による1947年の調査をみてみよう（図5上）。環状貝層南側の中央よりの位置で、ほぼ加曽利B式から安行式期の貝層が、やはり累重している状況が捉えられている[5]。

　では、園生貝塚における貝塚形成の終焉はいつであろうか。

　明治大学の調査で出土した姥山II式のまとまった資料が報告されているが（早川 1965）、それらは混土貝層から出土したとの記載がある（図5下）。土器に型式学的まとまりが認められることからその貝層が撹乱されたものではないと考えるならば、姥山II式期の貝層が存在したことになろう[6]。ただし残念ながら貝種組成などの記載はない。

　現在のところ、推測できる最も新しい貝層はこの姥山II式期のものであり、遺跡形成の最終期である安行3c式期の貝層は、遺跡上部層の遺存程度の問題も残るが、現状では確認できない。このように中期末葉に遺跡形成が始まった後、水産資源の利用は遺跡形成の終末近くまでほぼ継続的に行われてきたと考えられる。一方、その分布や貝層単位の規模、概してイボキサゴ主体からオキアサリ主体へと変化する貝種組成[7]などからみた利用形態には、時期により差異があることが指摘できる。高まり部を構成するような貝の集積、累積はやはり従来の指摘どおり、堀之内1式～晩期安行式期であろう。

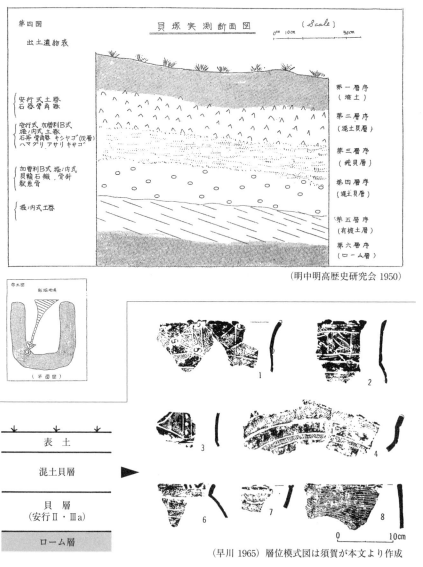

図5　園生貝塚の貝層堆積の諸例

112　第Ⅱ章　東京湾貝塚の学史と新展開

ところで、高まりの外側の調査では、南側部分を中心に、いくつかのトレンチで貝層の分布が確認されている。これらの貝層の時期や内容の解明は、高まり部との関係を考える上でも重要であり、今後の課題となる。

（4）貝層外側における遺構の分布と変遷

　貝層外側における千葉市の調査は、遺構上面の確認が基本であるので、具体的な遺構の内容には踏み込めないが、ある程度の傾向は捉えられよう。

　加曽利EⅣ～称名寺式期は、貝層外側の西部から南部にかけて比較的広域に遺構が分布するようである。先述のように台地西南端部においても土坑の存在が確認されている。

　堀之内式期も外側に広く分布する。とくに東側では、貝層隣接地や北側の斜面を除くと、確認できた遺構の大部分は後期前半であるとの所見が示されている。神尾氏の1951年トレンチの北端は、北側の斜面にかかる部分であるが、そこから堀之内1式期の竪穴住居址が検出されている（図3上）。この時期には下総台地の多くの遺跡で台地斜面部に住居が構築される様相がみられるが、園生貝塚も同様の傾向にあった可能性が指摘できる。

　しかし、加曽利B式期になると、高まりに隣接する外縁部で遺構が確認されているものの、この時期になると遺構の存在は概して不明瞭であることが指摘されている（寺門ほか 1990）。その後、後期後半から晩期の安行式期には、貝層外縁部の西から南側にかけて遺構が確認されている。西側では高まりに比較的近い位置にあるが、南側ではやや離れた位置にも分布するようである。また、中央窪地部分で1基と少ないながらも晩期の遺構が検出された。なお、北側斜面では、安行3a式期の谷に通じる道状遺構が確認されている。

　このように、高まり外側においては、遺構の存在が不明瞭になる点で、加曽利B式期に大きな変化があったと考えられる。

（5）貝塚と集落の形成

　加曽利EⅢ式から安行3c式期の遺跡形成期間の中で、堀之内1式～安行3a式の期間は、環状の高まり部を構成する貝層を形成していたことは確実である。にもかかわらず、住居址の検出は、環状貝塚の外側部分において加曽利B式期に急減し、不明瞭化している。遺物をみてもこの時期の土器は決して少なくはなく、また土偶や異形台付土器など、遺物組成にはバラエティもみられる（図6上）。

　このように、加曽利B式期において、貝層や遺物の量に対し、住居址の存在が不均衡である現象は、松戸市貝の花貝塚（関根 1982）や鎌ヶ谷市中沢貝塚（犬塚 2000）などいくつかの大規模な貝塚遺跡でもこれまでに指摘されてきた問題である。また、後晩期に住居址が少なくなるという問題は、神尾氏が小林

行雄氏の文献（小林 1951）を引きながら園生貝塚の調査当時にすでに問題にしていた点である（神尾 1963）。

　神尾氏は、貝層の断面中に多数の住居址の存在を認めたことからその問題を説明しようとした。神尾氏が断面で指摘したものが、すべて住居址であったのかどうかは、根拠が不十分と思われるものもあり検討の余地が残るところではあるが、「貝層中」に住居が構築されたために住居址が検出できなかったという認識は、今日まで続く問題に対する先駆的な指摘であろう。

　遺構や遺物の分布をみると、堀之内式期には高まりの外側にも広く分布し、居住域の構成は中央窪地を取り巻く環状の構成とはまだ、強い関係にはなかったと推測される。ただし、貝層の分布も同様に広範囲に広がるのか、中央窪地周辺部にのみ主体的に分布するのかは現状では不明である。後述のように加曽利B式期以降は、居住域と貝などの廃棄域は隣接すると考えられるが、堀之内式期の関係については、今後の課題である。

　加曽利B式期になると、環状の高まりの部分に遺物の分布が集約していく傾向が窺えた。また、今回分析した高まり部の断面図では、地表面に局所的な高まりが明瞭に形成され始めるのは、ほぼ加曽利B式期以降である。このようにそれまでの台地縁辺にまで広く集落が展開する状況から、加曽利B式期になると、中央窪地寄りに遺跡の広がりが集約するようになる中で、中央窪地周縁に

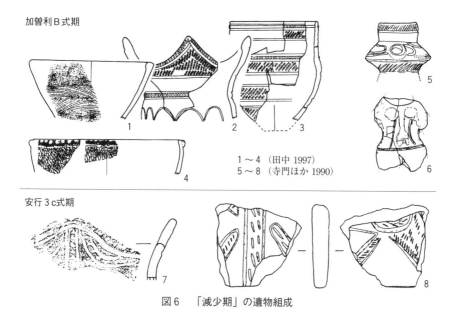

図6　「減少期」の遺物組成

生活痕跡の累積による高まりが形成されるようになる。その一部としてそこに住居も設営されていくようになったのが、高まり外側で遺構が減少する現象の実態ではないだろうか。つまりこの時期の貝層や遺物は、やはり一定規模の集落に付随して残されたものと考えられる。

　加曽利B式期以降、環状の構成を継続し、そこに建物の構築や廃棄などの行為の集約性を高めていった結果、そしてまた安行式期にかけて同一的な地点に形成を続けていった結果、最終的に環状構成の高まり群が形成されるに至ったのであろう[8]。

　後期安行式期以降の遺構は、貝層の外縁部でも加曽利B式期に比べるとやや多く確認されている。後晩期の遺跡では時期が新しくなるにつれ、遺構の分布が中央窪地によっていく傾向が多くの遺跡で指摘されている。園生貝塚でも中央窪地で晩期の遺構が確認されている点では同様の傾向もあろうが、必ずしもすべてがその一方向的な傾向の中にあるわけではないようである。加曽利B式期以降、明瞭になってきた高まりが安行式期に成長を続けていく中で、微地形との関係や建物の性格などの諸要因との関係から、高まり部やその周縁など建物を構築する場所を選地していったのであろう。

　神尾氏の1960年第2トレンチにおける層群1とした安行式期の貝層は、高まり部でも外側部分に形成されたものである。各層はほぼ単方向の斜位に連続して堆積しており、その層群中には水平面を確保した遺構や柱穴状のピットの存在は認められない。高まりのどの地点でも建物を構築するというわけではなかったと推測される。

　ところで、安行3c式期には、遺存状況の問題もあるが、それまでに比べると確認されている土器の量が非常に少ない。この時期はどのような性格の場であったのだろうか。少ないながらも出土している遺物を丁寧にみてみると、土器以外にも土版が出土している点が興味を引かれる（図6-8）[9]。土器を用いた行為だけではない、複合的な活動が行われていたことが推測される。また、周辺遺跡では、同時期の遺物が検出されていないことから考えても、当遺跡が居住の場であった可能性は少なくないのではないだろうか。周辺の同時期の遺跡と比較しながら、今後検討を深めていく必要があろう。

4　おわりに

　園生貝塚の形成過程を中心に再検討を加えてきたが、今後検討すべき課題が残されている。環状貝塚遺跡は遺跡の継続性の長さに一つの特徴が指摘できる部分もあるが、各時期の内容や構成には時期差がみられるのも事実である。今後は、より細かい変遷を明らかにするためにも、できるだけ細別型式単位で分

析を進めていくことが必要になろう。

　今回は貝層と集落形成の関係に概観を加えたが、貝層形成にみる集落構成と生業活動の関係と変化が課題となる。また、とくに加曽利B式期以降の集団構成を考えていく上で、高まりの単位性との関係を検討する必要があるだろう。また近年、東京湾東岸の後晩期の大型貝塚の調査や報告が蓄積されてきている。そこには園生貝塚との共通点とともに差異も見られる。今後遺跡群単位の小地域間の比較研究も求められる。

　園生貝塚は多くの調査が行われてきたとはいえ、遺跡は現状でもその内容を十分に残している。これまでみてきたように大型貝塚の研究史の重要な一面を内包し、さらに従来の調査成果を整理研究することで、新たな問いに十分答えうる内容を保持している遺跡であることを改めて指摘しておこう。

　本論は「明治大学大久保忠和考古学振興基金2006年度奨励研究」による、東京湾東岸における縄文時代後晩期集落遺跡の形成過程、の研究成果の一部である。

註

1) 下郷コレクションにおける園生貝塚の資料にはこれから明らかになるであろう部分があり、日付に関する情報もその一部である可能性が高い。資料の実見には大阪市歴史博物館の加藤俊吾氏のお手を煩わせ、下郷コレクションの内容に関してご教示を頂いた。また、コレクション採集の主体者である高島多米治氏の園生貝塚への探訪について、1906（明治39）年までには訪れ始めていたと推測されている（加藤・鈴木 2008）なお、図1－7は（岡田・宇田川 2000）のキャプションで「土版」となっているが、資料の実見において岩版であることを確認した。

2) 神尾明正氏の調査資料の基礎的な整理やその保存に関しては、ここ十数年来、千葉大学の地理学専攻の学生や関係諸氏、諸先生方により大きな努力が傾けられてきた。筆者の研究はその上に成り立つものであり、そのご努力には大きな敬意を表する。とくに下記の各氏には直接お世話になった。古谷尊彦・岡本東三・柳沢精一・菊地　真・加納哲也

3) 常松（1996）では早期の茅山式、中期の加曽利E2式の型式名の記載もある。なお、千葉市調査資料の実見などでは、財団法人千葉市教育振興財団埋蔵文化財センターにお世話になった。

4) 大村氏と日暮氏には2008年1月に園生貝塚をご案内頂いた。

5) 当時の明治中学高校歴史研究会の状況や参加者の方々などについては、現歴史研究会の顧問であられる粟野哲也先生にいろいろとご教示頂いた。また、今回

はその所在は確認できなかったが、調査資料の探索にもお手を煩わせた。

6) 鈴木加津子氏により、すでに同様の指摘が示されている（鈴木 1988）。

7) ヤマトシジミに関しては、武田（1974）による晩期にあるらしいとの記載が唯一あるが、詳細は不明である。

8) 園生貝塚の加曽利B式期を画期とした貝層の形成と遺構分布の関係における同様の分析と的確な指摘は、堀越氏によりすでになされている（堀越 2007）。

9) 阿部氏は、これまでの調査で住居址が検出されていない遺跡の性格を検討するためにも、出土遺物の組成に注目する視点を提示した（阿部 2007）。

引用・参考文献

阿部芳郎 1996「縄文時代のムラと〔盛土遺構〕」『歴史手帳』24 - 8

阿部芳郎 2007「縄文後晩期の集落構造」『「環状盛土遺構」研究の現段階』「馬場小室山遺跡に学ぶ市民フォーラム」実行委員会

犬塚俊雄 2000「196中沢貝塚」『千葉県の歴史　資料編　考古1』千葉県

上田英吉 1887「下総国千葉郡介墟記」『東京人類学会雑誌』2 - 19

江原　英 1999「寺野東遺跡環状盛土遺構の類例」『研究紀要』7、財団法人栃木県文化振興事業団埋蔵文化財センター

江原　英・初山孝行 2007『寺野東遺跡』同成社

江見水陰 1907『地底探検記』博文館（2001復刻、雄山閣出版）

大村　裕 1995「千葉市園生貝塚遺跡の西南限界を確定する一資料」『下総考古学』14

岡田茂弘・宇田川浩一 2000「205園生貝塚」『千葉県の歴史 資料編 考古1』千葉県

加藤俊吾・鈴木正博 2008「黎明期の考古コレクションと貝塚研究」『季刊考古学』105、雄山閣

神尾明正 1952『千葉市園生貝塚千葉大学1952年トレンチ発掘略報』（プリント）千葉大学文理学部人文地理学教室

神尾明正 1955「園生貝塚1954年トレンチについて」『千葉大学文理学部紀要』1 - 4

神尾明正 1956『園生貝塚1955年トレンチ発掘略報』（プリント）千葉大学文理学部地理学教室

神尾明正 1960『園生貝塚1960年トレンチ発掘略報』（プリント）千葉大学文理学部地理学教室

神尾明正 1963「園生（そんのう）貝塚の発掘による地形面とその考察」『千葉大学文理学部紀要（自然科学）』4 - 1

神尾明正 1979「貝塚の構造について」『第四紀研究』17 - 4

神尾明正・川崎逸郎ほか 1954『園生貝塚』（プリント）千葉大学文理学部地質学教室・人文地理学教室

神尾明正・宍倉昭一郎ほか 1996「学位論文としての園生貝塚研究から今日まで」『貝塚研究』1、園生貝塚研究会

神尾明正・森谷ひろみ 1972「沖積地質学的仮編年表の修正」『千葉大学教養部研究報告』B－5

神尾明正先生退官記念事業実行委員会 1978『自然と文化』

菊地　真ほか 2004『千葉大学・地理学資料標本室と園生貝塚および祭祀遺蹟の紹介』（プリント）千葉大学（古谷尊彦研究室）

後藤和民 1974「第一節第二項3　三縄文中期の遺跡　Ⅴ加曽利貝塚」『千葉市史』1、千葉市

小林行雄 1951『日本考古学概説』東京創元社

鈴木加津子 1988「千葉市園生貝塚の晩期安行式土器」『利根川』9

鈴木正博 2007「「環堤土塚」と馬場小室山遺蹟、そして「見沼文化」への眼差し」『「環状盛土遺構」研究の現段階』「馬場小室山遺跡に学ぶ市民フォーラム」実行委員会

関根孝夫 1982「貝の花遺跡」『縄文文化の研究』8、雄山閣出版株式会社

武田宗久 1974「第一節第一項　2縄文時代」『千葉市史』1、千葉市

田中英世 1997『千葉市園生貝塚—平成5年度・平成6年度調査報告書—』千葉市教育委員会・財団法人千葉市文化財調査協会

常松成人 1996「園生貝塚の概要」『貝塚研究』1、園生貝塚研究会

坪井正五郎 1906「園生行の効果」『東京人類学雑誌』22－249

寺門義範・山下亮介 1990『埋蔵文化財調査（園生貝塚）報告書—昭和63・平成元年度』千葉市教育委員会

早川智明 1965「所謂安行式土器について」『台地研究』16

日暮晃一 1996「園生貝塚研究史抄」『貝塚研究』1、園生貝塚研究会

日暮晃一 1998「園生貝塚に関する文献〔Ⅲ〕」『貝塚研究』3、園生貝塚研究会

明中明高歴史研究会 1950『歴史研究会研究報告第一集　園生貝塚調査報告第一報』（プリント）明中明高歴史研究会

堀越正行 1995「中央窪地型馬蹄形貝塚の窪地と高まり覚書」『史館』26

堀越正行 2007「「環状盛土遺構」以前の集落の立地と構成」『「環状盛土遺構」研究の現段階』「馬場小室山遺跡に学ぶ市民フォーラム」実行委員会

山崎真治ほか 2004「付章　第1節」『千葉県の歴史　資料編　考古4』千葉県

5 千葉貝塚（貝塚町貝塚群）と縄紋式社会研究

鈴木正博

1 序―千葉貝塚（貝塚町貝塚群）は「FRS集落」の複合―

　千葉市の海岸は、中川低地を開析する綾瀬川や中川（元荒川・古利根川）、そして江戸川（江戸時代以前の旧利根川）などの堆積作用によって形成された、市川市から続く遠浅の砂浜がもっとも特徴的である。この特徴は品川区以南の泥が主体的に混じる海岸や磯浜とも違い、典型的な内湾奥部の大規模河口域砂浜環境であり、豊富な海産資源に恵まれている。

　縄紋式まで遡る東京湾奥部の遠浅の砂浜では、潮汐を利用したハマグリ・アサリ・オキアサリ・シオフキ・オキシジミ・イボキサゴ・マテガイなどの「潮干狩り」や、クロダイ・スズキ・アジ・イワシ・フグ・サバ・ボラ・コチ・ハゼなど多種多様な魚類を捕獲可能な「簀立漁」などが機会あるごとに行われ、食糧残滓となった動物遺体が漁労具や調理具などと貝塚を構成している。

　とくに千葉市には、内湾遠浅砂浜に加えて短い河川によって形成される小さい湾が多く、そこでは潮の干満の差を利用した「潮干狩り」と「簀立漁」が労働様式として発達し、一方で最適な住環境は河川を遡った谷奥の台地上が選定される。それらの労働は複数の集団によって湾口を共有しながら季節的に同時に行われ、その結果、直径150m以上の大型環状貝塚がほかに類を見ないほど密集して形成される。さらに湾内・河口の魚介類にとどまらず、上流の奥まった谷津や水辺に集まるシカ・イノシシ・小動物・鳥類なども季節的な捕獲の対象となり、主食の根菜や木の実など植物質食料を季節ごとに多彩に補っている。

　このように谷奥の大型環状貝塚から出土する動物遺体や漁労具の構成から縄紋人の活動域を推定すると、顕著な生産の場を集落の中核視点に置くことで、きわめて単純なモデルが構築できる。それは河口において共有される湾口（S：Sea）から河川（R：River）を遡り、上流の支谷で分岐し、その谷奥の水辺と森林（F：Forest）から台地上の居住域までを活動領域とした社会システムの単位が措定され、それらの生活環境を包括した「FRS集落」という概念が彷彿とする。

この「FRS集落」にはいくつかの年代的地形的特徴が認められる。たとえば谷奥に発達した園生貝塚は後晩期の典型的な「単独大型環状貝塚」であるが、後述するように「堀之内1式」から東ノ上（西）貝塚を谷口貝塚として擁し、通時的な関係として「谷口—谷奥連係集落」という分散機能に注目が集まる。同じく詳細は今後に待つ部分が大きいものの、通時的な関係としては月の木貝塚とへたの台貝塚のように、幅50m以上の谷を挟んで相対して中後期に環状の発達程度を異にして形成された「同期隣接大型環状貝塚」もある。これに対して加曽利北貝塚と加曽利南貝塚のように、中期から後晩期への年代的変遷とともに地点を変え隣接して形成される「遷移隣接大型環状貝塚」も注目すべきで、経時的な土地利用関係も環境変動や社会変動との関わりで課題となっている。

　では、千葉貝塚（貝塚町貝塚群）はどのように考えるべきであろうか。本稿では千葉貝塚（貝塚町貝塚群）の研究について問題の所在と解明への展望を中心に述べたいが、視点は生活を営んでいる集落をどのように考えるべきか、という一点に尽きる。とくに今回の接近法は、地域的な特徴でもある生産の場と長期にわたる定住性の高い居住システムとの統合化視点にある。

　すなわち、「潮干狩り」のような個別労働を「磯どり労働様式」、「簀立漁」や各種網漁など仕掛けを用い、その中の大形魚の捕獲には特別に刺突具などの道具を用いる協業を「簀立漁労働様式」に代表させ、さらに海産資源にとって重要な要因である環境（気候）変動と黒潮による接岸流の影響も相関させつつ釣針や銛頭を考慮するならば、この二者の労働様式に集約されるきわめて定住性の高い集落の構成や長期にわたる動態に注目すると、土地利用において複雑化した社会が彷彿とする。

　畢竟、千葉貝塚（貝塚町貝塚群）は二つの「FRS集落」（「単独大型環状貝塚」と「遷移隣接大型環状貝塚」の複合）から構成される複雑化を内包するが、それらの構成を一つの単位（先史地理的単元）として認識するならば、実際には高品支谷と荒屋敷支谷についても水上交通路と生産空間を共有することから、その両岸までの遺蹟を貝塚台地と同じ集落と考察する。つまり、千葉貝塚（貝塚町貝塚群）の集落範囲は貝塚台地のみにとどまらず、高品台地の高品支谷側と都町台地の荒屋敷支谷側の諸遺蹟に跨って展開するものと措定する。

2　千葉貝塚(貝塚町貝塚群)研究の原点—環状貝塚から環状集落論へ—

　千葉貝塚（貝塚町貝塚群）はどのような経緯により注目され、いかなる研究目的が形成されたのであろうか。今日の破壊状況からは想定できない景観の初期状況を垣間見た先学の感動を認識・共有することは、現在と過去の研究を結びつけるために必要であるばかりでなく、再発見の機会としても重要である。

モースが大森貝塚を発掘した10年後の1887（明治20）年には、早くも上田英吉によって「下総国千葉郡貝墟」の中の一つとして「貝塚村」の「字」ごとに貝塚が把握され、加曽利貝塚や月の木貝塚・へたの台貝塚とともに「千葉郡」における最大の貝塚と紹介された（上田 1887）。しかもその「字」ごとに記載された貝塚は地形によって分断されるにも拘らず、貝殻は点々として続いていた。そのような状況も含め、大型貝塚が6ヶ所あったものが、1872（明治5）年から石灰製造のために貝殻採掘が行われ変形した状況を想像して、「字あらひき、台門、貝殻べた等即チ其ノ遺址ナリト云フ」との紹介を導いたようである。さらに広く「千葉郡貝墟」から検出された遺物についても、貝類や脊椎動物、骨器、土器、赤色顔料を入れたシオフキ、石器の詳細、人種（明治20年にコロボックル論争開始）、年代（ミルンの推定）、食人の風習（モース）の有無など、自らの採集品を吟味し、モースの大森貝塚などに照らしつつ議論している点に当時の意欲的な探究心をみる。

　次に記述の詳細が登場するのは、「貝塚町都村大字貝塚」の地番となってからの1893（明治26）年で、この6年間における本格的な貝塚調査は、前年の坪井正五郎による西ヶ原貝塚の発掘（1892年）程度ではあるが、それが契機となり椎塚貝塚（1893年）における貝塚の立地と形状・層位情報の見取図記載、阿玉台貝塚（1894年）・福田貝塚（1894年）と活発化していく。

　東京大学理学部地理学科の創設者となる山崎直方によれば（以下、ゴシック体は引用者）、人類学考古学の進歩は、「**表面の観察**」（遺物採集による比較）から「**内部の状態**」を求める「**探究の方法**」（「**石器時代の生活の真相を観る**」ために「**発掘して綿密の穿鑿を下す**」）へと大きく前進し、その考察は学史上特記すべき内容である（山崎 1893ab）。

　第1は「表面の観察」における比較の厳密化である。山崎直方は佐藤伝蔵・八木将三郎とともに下総地方の貝塚を探った上で、若林勝邦にならって「**千葉貝塚**」と呼び、「**貝塚の面積宏大なる**」程度を「**従来実見せるものの尤も富るものなり**」と最大級の大型貝塚の位相を与えたが、一方この「千葉貝塚」は田中正太郎・林若吉編の『日本石器時代人民遺物発見地名表』第一版（1897年）においては、個別の貝塚名として草刈場貝塚などと同列に扱われている。

　第2は「内部の状態」の観察の精緻化である。詳細は省くが、具体的に貝類や鹿角骨などの動物遺体、それらの**層状とその意義**、層中の**貝殻砕末・灰炭の意味**、石器、土器、骨器牙器に「**生活の真相を観る**」方針を貫き、図1に示した「千葉貝塚」のスケッチや貝殻の層状に注目した見取図（山崎 1893b）は、遺物中心の大森貝塚や陸平貝塚の報告には見られない視点である。

　第3は立地する貝塚の地域性である。そこではほかの貝塚と比較する視点も

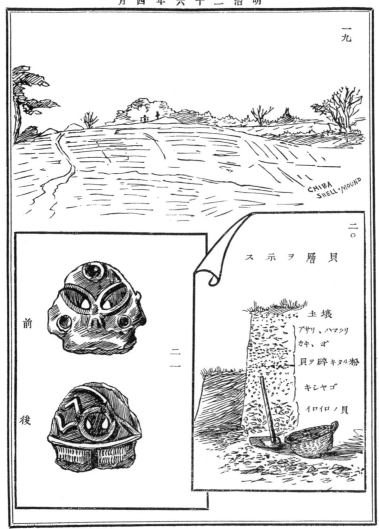

図1　山崎直方による千葉貝塚の「内部の状態」

導入し、曽谷貝塚の発掘と併せて「先づ驚けるものは斯く壮大なる貝塚の此局部地方に存在するの一事なり」と、大型貝塚の密集に注目した。そしてこの特殊性こそが地域性であり、現生データから「食用の貝類に富む」遠浅の海岸に恵まれていることを裏づけ、「生活の資本に富みたる地方」と評価した。

第4は原産地を検討した外部との関係である。持てるものあれば持たざるものありで、「内部の状態」から「注意すべきは石器の甚僅少なること」を導出した上で、下総地方が石材に乏しいことを考慮し、具体的な検討を踏まえて「其既製品を他の地方より輸せられしや或は其原料の岩石を他の地方より得たるものなり」と物流関係を考察した。

　このように山崎直方が「千葉貝塚」において展開した「石器時代の生活の真相を観る」接近法は、「内部の状態」と「外部との関係」までを研究射程に入れた優れた考案であったが、その後の趨勢は人種論争や編年学の確立にとってかわり、長い間省みられることはなかった。

　その一方で新たなる研究が開始された。大山柏による加曽利貝塚の地形測量（1923（大正12）年）を嚆矢とし、東大人類学教室による姥山貝塚の竪穴住居址調査（1926（大正15）年）や、東木龍七による海岸線復元とその立地類型（1926（大正15）年）、そして田沢金吾による馬蹄形貝塚や環状貝塚などの分類（1935（昭和10）年）など、と続いてきた新たな貝塚研究により、貝塚と集落の関係が着実に射程に入った。

　以降、戦前までには大山史前学研究所による一連の貝塚発掘調査方法と報告様式の確立、酒詰仲男による貝塚と貝類研究の展開、直良信夫による動物遺体の研究など、貝塚研究は個別貝塚における層位と遺物による文化層追求とその文化史的総合化において進展し、一定の蓄積と展開が図られたが、この流れを方法の展開としてとらえれば、山崎直方の接近法が理念あるいは問題提起に近い大枠であったことを受け、さらに方法の確立・深耕を目指して精緻化を求めた具体的な研究の実践と理解される。

　そのような中で戦時中といっても緒戦の間に、とてつもない試みが東大人類学教室によって実施された。昭和18年との報告がある（酒詰 1951）一方、昭和17年との記載も見られる。「千葉貝塚」は再び上田英吉に戻り、「ｄ型」（ゴシック体は引用者）の貝塚として草刈場貝塚・荒屋敷貝塚・台門貝塚、加えて新たに前期の荒屋敷（西）貝塚が発見・命名され、図2に掲げた歩測図（酒詰 1951）が作成された。それに加えて酒詰仲男・和島誠一・中島寿雄によるとてつもない試みとは、「環状貝塚に一直線に試掘濠を入れて、その貝殻の散布も見られない中央の凹みを調査してみようということにあった。まず奥の東から蒲鉾状の貝殻の土手を掘り、中央の凹みを掘り、また反対側の貝殻の土手を掘った。人骨と、解釈のつかない多数の不整形の穴が、最後の発掘区からたくさんでてきた。中央の凹みは竪穴もなく、遺物もなく、上層から基盤まで、何の変哲もない壌土層を掘ったに過ぎない。環状貝塚の中央の凹みは、まだこれくらいしか調査例がない。（中略）発掘の終わり近く、貝塚の隣地に、中期加曽

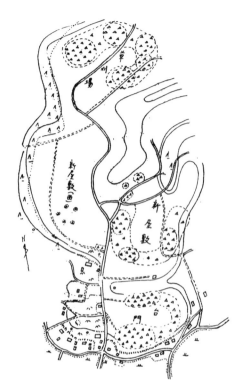

図2　酒詰仲男による歩測図

利E式の包含地があることを知り、これも掘った。大きな、厚い、赤い土器の破片だけが、重なってでてきた。(中略)武蔵野台地でも、下総丘陵においても、**加曽利Eの時代には、すでに貝塚を作ることができないほど海が後退していた**のである。そのほか、胎児あるいは嬰児の骨が入った葬甕を三つばかりみつけた。これは石器時代の葬制についての有益な知見となった。」(酒詰 1967、ゴシック体は引用者)というように、「内部の状態」の対象範囲を貝層に限らず、一連の繋がりとなる「貝塚の隣地」まで平面的に拡張し、年代的変遷も考慮しつつ「場の機能」を解明する画期的な試みであった。

　さて、このように展開した戦前・戦中までの貝塚研究は、戦後すぐに酒詰仲男 (1948 (昭和23) 年) や直良信夫 (1949年) によって自身の成果が単行本として纏められるとともに、草刈場貝塚の発掘成果を受けた新たな集落研究も、和島誠一が「例えば千葉市の草刈場貝塚・荒屋敷貝塚・大門貝塚は、狭い鞍部によって連絡する台地の三つの面を覆って存在し、夫々長径二百米程度の環状をなし、貝の散布せぬ台地の中央部はここでも若干低くなっている。殊に草刈場貝塚は人類学教室によって発掘が行われ、後期に属する貝塚であることが確かめられたのであるが、竪穴は台地の辺縁に近い貝層の下から現れ、径百米に及ぶ中央凹地の一部は、貝層も絶え竪穴もなく、ただ試掘壕中に個立して完形の土器が発見されたのみであった。これらの貝塚にこうした中心部を生ずるのは何を意味するものであろうか。(中略)この中間地区が竪穴聚落の集団生活の結集点であったことを推測することが出来る。」(和島 1948) と考察するなど、

貝塚の研究が活発になり、ついに「集落の構成」にまで議論が展開した。

　続いて酒詰仲男は貝塚の局部的地形を検討するために貝塚を年代別平面形態別に分類した（酒詰 1951）。とくに前述した「ｄ型」は「**円形を呈し且つその部分が土手状に高くなっているもの。**」（ゴシック体は引用者）と定義する貝塚の形態で、集落の構成や集落の継続を研究する上で重視された。

　その第一は集落の構成で、「**最も不思議なのはｄ型のものである。これは主として千葉県下にのみあるもので、環の外径は300米乃至500米位あって、この土手状に築かれた部分は、人工的に構築されたものではないかとも疑われる。千葉市草刈場貝塚で、われわれが実見したところによると、中凹部には、貝層は勿論、土器片すらなかった。住居址も、人骨も、悉くこの土手の内外及頂上部から発見された。こうした貝塚上には、或時代に五、六戸乃至七、八戸の家が、略環状に並列していたものではなかろうか。**」（ゴシック体は引用者）との考察によって、「ｄ型」環状貝塚をあたかも「貝塚上環状集落」のごとく指摘した。

　その第二は長期継続型集落の立地とその意義について、「**5、ｄ型（中略）この種の貝塚は、貝塚として発達し切ったもので、厳重に言うと馬蹄形を呈し、この部分には必ず低い谷があって、それが例の接海面となり、又水汲みに行く場所となっている。この種の貝塚が、縄文中期、後期の各式を出土する点から見ると、同一地点に長く居住していたことと、又貝類も少なからず産し、海岸の状態も長く不変であったと言ういろいろのことが示唆される。**」（ゴシック体は引用者）と考察したが、その後に環境（気候）変動に関する海退の年代に見解の変更があったことは前述の通りで、「後期小海進」という新たな問題提起として今日まで継承されている。

　以上の酒詰仲男による集落の構成要素を検討する姿勢は、当時の地域研究にあっては突出した魅力として映り、早速『千葉市誌』に反映された。

　『千葉市誌』の記述は、「第二章　都市と村落の発達過程」という構成に「第一節　原始社会」を位置づけ、貝塚から引き出せる研究課題を「第二項　縄文式時代の自然」、「第三項　住居と集落」、「第四項　社会と宗教」の項目立てによって貝塚研究の集大成とした点に特徴があり、加えて武田宗久自身の貝塚調査・研究の最新知見も余すところなく活用した独自の地域研究を確立した点に尽きる（武田 1953）。

　武田宗久の貝塚研究が酒詰仲男を典拠とした点は文章のあらゆるところに見られるが、それにも拘らず重要なのはそれを独自に一歩進めた検証努力にある。千葉貝塚（貝塚町貝塚群）は歩測図を基にしながらも新たに図示し、馬蹄形貝塚としての台門貝塚・荒屋敷貝塚・草刈場貝塚を環状集落と理解した上で、和

島誠一の視点も組み込み、「集落相互の状況」に思いを馳せるとともに、その解釈を進めるためにとくに支谷の役割に注目し、湧水点や船着場と環状集落との関係を追求すべく工夫した。

環状貝塚から環状集落論へ、という新たな研究枠組みの登場であるが、「内部の状態」を予察するために武田宗久が新たに行った検証姿勢も注目に値する。それは月ノ木貝塚で行った検証であるが、「住居址の所在箇所が環とどのような関係にあるか」を「三畝」の発掘によって確かめた上で、「**本貝塚の全地帯に亘りボーリングを試みその深度を調査して**」（ゴシック体は引用者）環状集落と考察した。しかし、ここでいう「本貝塚の全地帯」とは貝層と中凹部と開口部のみを指しており、貝塚外であるにも拘らず酒詰仲男によって調査された「貝塚の隣地」を調査対象から外していた点が惜しまれてならない。

ここまでが千葉貝塚（貝塚町貝塚群）研究における戦前の到達点というべき戦後の早い時期に提出された研究成果で、「千葉貝塚」という概念から「集落の構成」に関心が移るとともに、環状貝塚を環状集落として理解する姿勢が確立する一方で、「千葉貝塚」を考察する立場からは、「貝塚の隣地」という視点が研究課題として残されたことを肝に銘じなければならない。

3　千葉貝塚（貝塚町貝塚群）研究の土台
—「貝塚の隣地」から「集落相互の状況」を経、ついには「貝塚町貝塚群」へ—

市制施行30周年記念事業の『千葉市誌』以後は、酒詰仲男の『日本貝塚地名表』による異称「千葉貝塚」併記や金子浩昌・伊藤和夫による『千葉県石器時代遺跡地名表』（含む先史漁労活動）を除くならば、千葉貝塚（貝塚町貝塚群）への関心が発掘調査や論文には至らず、高度経済成長期に突入して開始された加曽利貝塚の保存運動を経験しながらも、千葉市都市計画事業と軌を一にした台門貝塚の破壊（1966（昭和41）年）が大きな契機となり、明治大学による草刈場貝塚の測量調査（1967年）や加曽利貝塚博物館による荒屋敷貝塚の測量調査（1968年）へ連なり、全国的な市史ブームと相俟った動向の中で新たな研究気運が生じたようである（宍倉1976）。

地域研究は、千葉市立高等学校社研クラブ歴史班の日暮晃一による葭川流域における徹底的な分布調査から開始した（日暮1971）。分布調査の目的は、遺跡を破壊から護るための予防対策と急速な遺跡破壊の勢いに対処するための記録保存で、地域研究推進上の緊急課題との認識を示し、それによって得られた遺跡の情報を通時的経時的に比較し総合化することによりこれまでの地域研究を抜本的に見直し、併せて将来に向けて実りのある発展の基礎と主張した。この目的を達成するために畑を一畝ごとに表面採集し、遺物の整理・分析を行い、

126　第Ⅱ章　東京湾貝塚の学史と新展開

『千葉市誌』(1953年)・『千葉県石器時代遺跡地名表』(1959年)・『全国遺跡地図千葉県版』(1967年)と遺跡を照合し、「千葉貝塚」と関わる荒屋敷北遺跡・草刈場西遺跡など多くの新発見の遺跡を報告するとともに、年代別や遺跡種類別の遺跡統計を纏め、地域の特性をあぶりだした（なお、表面採集で確認した遺跡、発掘調査で検証した遺蹟、との用語の使い分けに注意願いたい）。

　この成果は早速堀越正行によって、集落研究の基礎資料として「土器型式」単位の分析において活用されたこと（堀越 1972）は以後の展開にとって明るい兆しとなった。より詳細な遺跡分布は日暮晃一を指導した宍倉昭一郎が『千葉市史　原始古代中世編』で岡本勇と同じ方向性のもとに「貝塚町貝塚群」と改め、「千葉貝塚」の意図するところが甦ったのである。そこでは「貝塚町貝塚群は、葭川の支流である高品支谷と荒屋敷支谷とにはさまれて、幅（東西）約五百メートル、長さ（南北）約千五百メートルの北から南へ伸びる台地（貝塚台地）が、更に東西から入り込む小支谷によって、小部分に分割された一つ一つの台地上に、それぞれ縄文時代の遺跡が立地しているというほど、遺跡が密集している所である。古くから、台門貝塚、荒屋敷貝塚、荒屋敷西貝塚、草刈場貝塚の四大貝塚が近接して立地していることが注目されていたが、新たに、荒屋敷北遺跡、草刈場南遺跡、新堀込西遺跡、新堀込東遺跡などが発見され、それらを加えて、貝塚町貝塚群と呼称している。（中略）以上、略述したように貝塚町貝塚群を中心とした地域が遺跡の一大密集地域となっている。」（宍倉 1974）ことが明らかにされ、白眉は「貝塚町周辺地域における遺跡分布の変遷」を時期別に呈示した点に尽きる。堀越正行が示したように「土器型式」を単位とした分析にまで資料の整備を行うことが、当時の課題であった。

　畢竟、宍倉昭一郎と日暮晃一の研究は、一つの台地に環状貝塚を含めて遺跡が密集する現象から「貝塚町貝塚群」を一つの単位（先史地理的単元）としてとらえ、その単位（先史地理的単元）における年代的な変遷と同時期の展開から「縦横の構造」を明らかにすることによって、土地活用の動態を基盤として歴史的かつ環境的な要因と交差させて人類活動の解明に赴く視点を呈示するとともに、「貝塚町貝塚群」を地域資源として保存・活用する理念の確立でもある。

　一方、後藤和民は集落研究の理念を整理したうえで中期以降の貝塚に接近する準備を行い（後藤 1970）、加曽利貝塚の調査を進め、同じ『千葉市史　原始古代中世編』でその力を遺憾なく発揮したが、方法論的視点は研究史の上に立った所の「貝塚の隣地」と「集落相互の状況」の共通認識に尽きる。

　具体的には「貝塚を伴う集落」を「貝塚集落」と呼び、「貝塚の隣地」という視点から環状貝塚の実態は環状集落ではなく、「集落内貝塚」であることを

考察する（後藤 1974、ゴシック体は引用者）。

　次に「貝塚集落」を「A　点在（又は点列）貝塚を伴う集落」と「B　馬蹄形（又は環状）貝塚を伴う集落」に類型化し、貝塚各論においては両類型における「集落相互の状況」という視点から月ノ木貝塚とへたの台貝塚の関係、あるいは草刈場貝塚と草刈場南貝塚の関係に注目し、「草刈場貝塚と草刈場南貝塚とは同一の集落」であるとした上で、後者には荒屋敷貝塚も考慮して「これらの貝塚群の存在は、当時の集落形態や社会構造を解明するための重要な鍵を握っている。これらの遺跡を有機的に研究し得るような、台地全域の保存こそ切に望まれている。」（後藤 1974、ゴシック体は引用者）と課題を明確に打ち出した。

　恐らく、日暮晃一の分布調査をもっとも活用した成果が『千葉市史　原始古代中世編』ではなかったか、ここで「貝塚町貝塚群」研究との違いがどこか、という点が読者に困惑を招くであろうから、簡単に解説する。

　「貝塚町貝塚群」では遺跡概念による呪縛を解き放ち、「同一の集落」という判断基準を貝塚に置くのではなく、徹底した「貝塚の隣地」の追及に置く。その結果、「それらの遺跡のほとんどは、後期（中略）へとひきつがれて、ほぼ全面にわたって遺跡の形成が発達してゆき、ことに貝塚台地では、まさに「余すところなく」という状態になっている。」（宍倉 1974）との現象まで「同一の集落」概念を拡張した点が、後藤集落論と宍倉・日暮「貝塚町貝塚群」の違いである。

　「台地全体の保存」という共通項によって両者の研究は深まり、前者は集落研究の理念に沿った着実な一歩を示し、後者は地域研究のあるべき姿を実践した。しかし、1970年代後半以降は全国各地で大規模な行政調査による発掘工事が行われ、「貝塚町貝塚群」研究に代表される遺跡保存のための地道な研究は、あたかもブルドーザによって蹴散らされていくように片隅に追われた。

　しかもそのような地道な研究は1971（昭和46）年で完了した訳ではなく、研究の目的並びに現代社会における危機感に対応すべく1973年以降も分布調査の精度を上げる努力が継続され、課題であった「土器型式」を単位として俯瞰できるまでに整備を図るとともに、図3に示したようにこれまで以上に遺跡の稠密性を明らかにし、京葉道路による「貝塚インターチェンジ」計画に対する貝塚保存のための基礎資料となった（宍倉 1976）ことは記憶に新しい。

　「貝塚町貝塚群」は、空間的な人類活動の痕跡範囲と「土器型式」による年代的な変遷によって概念化が与えられた一つの単位（先史地理的な単元）であるが、その意義を考察するまでには、なお幾許かの準備期間が必要とされた。

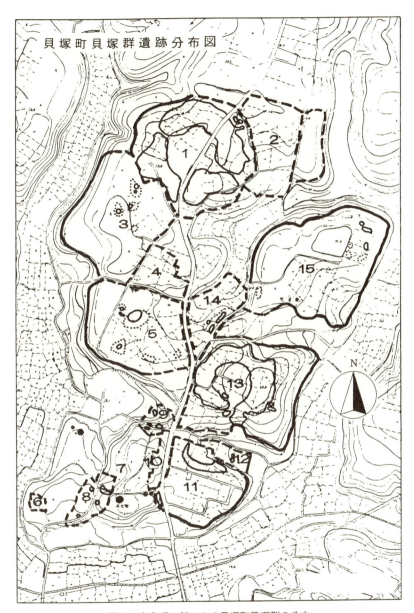

図3　宍倉昭一郎による貝塚町貝塚群の分布

4　千葉貝塚（貝塚町貝塚群）研究の展開
―複雑化した社会と地域社会の単位からみた新たな集落論の射程―

　さて、ここまで千葉貝塚（貝塚町貝塚群）研究の経緯、並びにその重要性に鑑みた研究理念の構築と方法の精錬、さらには保存を牽引してきた研究の到達点を確認してきたが、1980年代になると研究は日暮晃一に引き継がれ、初心の貫徹が宣言される（日暮 1983）とともに、保存すべき新たな問題の浮上により「園生貝塚研究会」を結成し、貝塚研究に新しい潮流を生み出すべく挑戦し続けている。「園生貝塚研究会」では貝塚保存の理念を徹底し、それゆえに発掘に至る研究目的の高度化と地域開発における遺跡の活用を重要視する方針が貫かれ、日本人類学会の1995年千葉大学シンポジウムでは、考古学の社会参加とその持続可能性をマネジメントする立場を「社会考古学」として紹介した。

　また、一部に過ぎないが千葉貝塚（貝塚町貝塚群）には、「内部の状態」を垣間見るための発掘調査データが蓄積されつつある。部分的な材料ではあるが、分布調査の精度を高める役割は充分に期待でき、目的を明確にしてデータを活用するならば、さらなる研究の進展に寄与するであろう。

　こうした動向は、まさに千葉貝塚（貝塚町貝塚群）研究における理論的枠組み構築の進展と検証の連環であり、『千葉市史　原始古代中世編』を契機とした地域研究が本格的に展開した結果と言える。

（1）通時的に全体を考察するための「遺蹟群変遷系統論」

　貝塚台地の集落は先学の指摘通りに支谷が要となっているが、当時の湾口までは1km程度の比較的近距離と推定されるため、荒屋敷支谷と高品支谷の関係を議論する視点が形成されなかった。そこで谷奥貝塚の典型である園生貝塚に注目すると、当時の湾口までが3km前後と推定され、園生支谷から小中台川に合流する地点に立地している東ノ上（西）貝塚の存在意義が問題となった（日暮 1995）。貝層は「堀之内1式」に発達しており、園生貝塚が「環堤貝塚」（酒詰仲男）と呼ばれる土手状の貝層を形成する時期と一致していたものの、「安行式」の貝層は表面採集を含めて検出できなかった。この問題は縄紋式後晩期の園生支谷においては土地利用が分散から集中へと移行していることを示しており、それこそが求めていた集落の構成そのものではないか、と思われた。

　つまり、「後期小海進」（酒詰仲男）と呼ばれるように、環状貝塚の中期後葉における解体が進み、再び環状貝塚が数多く形成される環境の好転によって土地利用は分散密接な状況を示す一方、寒冷化の影響で貝塚形成が小規模となる「安行式」に至ると土地利用は集中化する傾向が顕著となるが、その最後の姿として園生貝塚に収斂していく流域変遷現象を社会システムの単位と措定し

た。
　その結果、社会システムの内なる構成を人類活動の痕跡から「場」として分析し総合する方法を導出し（宍倉・日暮・鈴木ほか 1994）、図4に示した「場の理論（FST：フィールド・システム・セオリ）」が生まれた。
　FSTの適用によって、谷奥貝塚の園生貝塚は冒頭で述べたように「FRS集落」と定義できる。「FRS集落」は千葉市の環状貝塚の典型でもあるが、矢作貝塚は河川を中間に組み込まない「FS集落」となる（鈴木・中妻貝塚研究会 1996）。「FRS集落」を決定する特徴は集落が継続した最後の姿から、親探しのように歴史を逆に辿るバックワード法を適用した点にあり、一言で「遺蹟群変遷系統

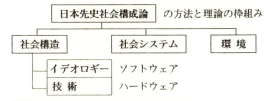

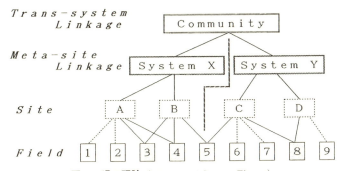

図4　場の理論（FST：Field System Theory）

論」といえばわかりやすいであろうか、『日本先史社会図譜』（鈴木 1994）を実現するために必要な、ジャストモーメントではなく、「土器型式」単位に人類活動の動態を把握する方法として構築した経緯がある（鈴木 2004）。

「遺蹟群変遷系統論」の根幹は、拠点遺蹟の居住システムに観られる現象を土地利用空間における生産の場と河川交通の共有を前提とした拡張にある。具体的には、発掘調査で居住システムが考察可能な大宮台地の高井東遺蹟や馬場小室山遺蹟などで居住空間の動態則を導出した上で、遺蹟内にとどまらずに地域としての連関分析を行い、他方で生産の場を共有する視点を導入し、細部と全体性に秩序を検討する地域研究法に拠っている（鈴木 2005）。

（2）経時的に全体を考察する「土地利用変遷試論」の深耕

園生貝塚から導出した「場の理論」は、あくまで現象の体系化に過ぎない。そこに欠けているのは現象の品質保証であり、それをカバーするために網羅性による検証が必要である。

1970年代までの千葉貝塚（貝塚町貝塚群）研究では高品台地や都町台地との関係を問題視しつつも、荒屋敷支谷と高品支谷における低地利用の検討を課題とした。しかし、1990年代の「園生貝塚研究会」は「場の理論」の徹底を図るべく、低地における分布調査を強化し、荒屋敷支谷の谷頭利用を「堀之内1式」、高品支谷の谷頭利用を「堀之内2式、加曽利B1式」に絞り込むとともに、土地利用の空間連携を検討するために分布調査資料の分析をより精緻化し、「土器型式」の同定と活用を積極的に進め、図5の分布図を公表するとともに詳細な「土地利用変遷試論」を開陳した（日暮 2005）。

日暮晃一の「土地利用変遷試論」は、低地の土地利用が中期に遡らない点と「堀之内1式」に見られる「台地全体が貝塚の様相となる」（ゴシック体は引用者）状況を経て、「安行式」以降の貝塚衰退期に草刈場貝塚と台門貝塚に二極化する変遷状況に鑑み、従来の集落論的な観点から離れ、複雑な展開を内包する「村落」という概念の使用を徹底するが、その射程は「高品台地、殿山台地まで含めて村落の展開を検討する必要がある。」との方針によって明らかである。

こうして千葉貝塚（貝塚町貝塚群）研究は、分布調査の本来の目的に沿った最新の到達点が日暮晃一により提示され、細部を穿つほどに全体への目配りが重要となることを明確に示し、埋蔵文化財の保存管理概念における記念物保存志向から地域資源活用志向への転換に向けて大きな意識改革を迫っている。

（3）FSTに必要な「内部の状況」と細部における検証

千葉貝塚（貝塚町貝塚群）は、京葉道路による「貝塚インターチェンジ」計画を皮切りとして急速に都市化が進み、近年は環境保全と文化遺産の保護・活

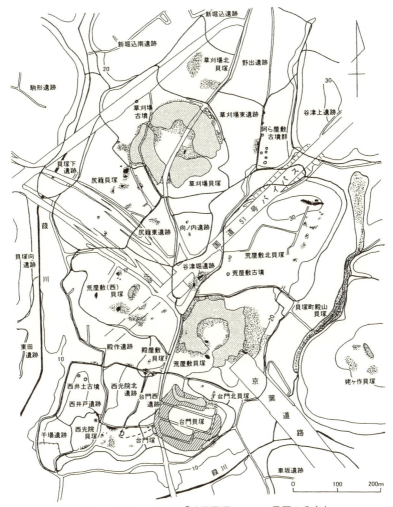

図5　日暮晃一による「千葉貝塚における貝層の分布」

用を目指して「千葉市の遺跡を歩く会」がパトロール活動を続けているように、小規模の開発も日常的に続けられ、これまでも大小の事業内容により担当部局によって記録保存として処理されてきた。その概要と文献はすでに田中英世が紹介しており、すべての引用はそれに譲る（田中 2008）が、紙幅の許す範囲でFSTとして個別に問題点を絞り込み纏めておく。

荒屋敷貝塚　図3の通り、荒屋敷支谷を東に、北側と南側には小支谷の開析

があり、台門貝塚とともに台地縁辺（含む斜面）を貝層で取り巻く形態の典型的な環状貝塚で、加曽利北・南貝塚とは土地利用形態に異なる形成過程を経る。貝塚形成の中心は中期中葉以降後葉までで、中期末で中断する様相を呈し「堀之内1式」に再び形成されるが、「堀之内式」の土地利用は分散的かつ広域である。貝層の外側には住居址が検出されず、貝層部とその内側に遺構が集中し、中心部の径約17mは遺構の空白部となる。貝層内側の住居址には貝層が形成されず、密集する土坑に貝層形成もわずかである。しかも特記すべきは、土坑群の大半から土器片錘が各1点から17点まで合計200点以上出土し、調査区出土点数の半分を占めたことである。軽石製品もいくつかの土坑で検出されることも含め、漁労活動では網漁が中心と思われる。実際に小宮猛が「A－30区小穴内」（「加曽利E2・3式」）から検出した魚類を考察し、目につきやすいタイ類以外にアジ類、イワシ類が大量に捕獲された可能性を指摘したが、釣針や銛・ヤスではなく、土器片錘との相関がきわめて強い現象に注目すべきである。

　後期の地点は中期に比べて集約され、「堀之内式」は貝層内側に多く、「加曽利B式」は貝層の外側東側斜面に見られる。環状貝塚の外側西側には地点貝塚や土坑内貝層が検出されており、遺構の検出に粗密はあるが、覆面貝層が存在する点では環状貝塚内側と類似した土地利用である。環状貝塚の形成は北側の崖面の精査によって「阿玉台Ⅳ式」まで遡ることが判明しているが、その直下で「阿玉台Ⅲ式」の包含層が検出されており、貝層の形成はどうか。環状に形成される厚い貝塚と分散して検出される地点貝塚が混在する事実に注目するならば、貝塚の形態分類と集落の構成は切り離して考察するのが賢明である。地点別年代別の精査が必須であろう（鈴木 1989）。

　荒屋敷北貝塚　後期へ移行する要となる「加曽利E4式」前後の地点貝塚で、荒屋敷貝塚では貝層内側に該期の活動の痕跡が認められるものの、貝層形成は未明であることから、該期の居住地点として注目された。FSTから問題提起すべき点は2点。1点目は漁労活動の不振であり、貝層のサンプル中からはほとんど魚類遺体が検出されなかった。2点目は貝類組成にスガイが目立つことであり、個体数比はイボキサゴ（77.4％）／ハマグリ（12.4％）／マガキ（3.5％）／スガイ（2.4％）／シオフキ（1.4％）／アサリ（0.9％）／アラムシロ（0.8％）／ウミニナ（0.4％）などとなっている。荒屋敷貝塚の「A－30区小穴内貝層」（「加曽利E2・3式」）を分析した小池裕子によれば、スガイはほとんど検出されず、貝類組成に占める比率はイボキサゴ／ハマグリ／アサリ／ヤマトシジミ／シオフキ／ウミニナの順、同じく荒屋敷貝塚の1998（平成10）年ハッコー食品駐車場建設の確認調査で行われた「加曽利E1式」前後ではイボキサゴ／ハマグリ／アラムシロ／マガキ／アサリ／ウミニナ類／シオフキ・ヤマト

シジミなどの順にスガイがわずかに見られ、生産の場である海岸の環境に年代的違いが反映した可能性が高い。

　荒屋敷西貝塚　公共下水道整備事業に伴う確認調査が2002（平成14）年9月、そのうち45㎡に対し本調査が2003年3月から4月にかけて実施され、貝塚の一定範囲の概要が判明し、また貝塚形成の年代がこれまでの「黒浜式」から「関山式」に溯上する可能性が高まったこと、さらには初めての発掘調査であることから多くの知見がもたらされた。FSTにとって千葉貝塚（貝塚町貝塚群）における本地点の意義は高品支谷の重要性と連動している。すなわち、荒屋敷支谷に縄紋式海進に関わる貝塚形成が希薄なことから、高品支谷は荒屋敷支谷より深い谷である可能性が高く、草刈場貝塚は高品支谷側にこそ水上交通路や生産の場などを依存する谷奥貝塚、と措定するための先駆け現象として理解している。本地点の概要は「関山式」・「黒浜式」・「諸磯式」から安定的に貝層が形成され、「加曽利E1式」前後の貝層、「堀之内1式」の貝層が断続を有して地点的に確認され、「最終形態が環状を呈するように分布している」と長原亘によって考察され、加えて「安行2式」までの資料も出土する。そこで後期の荒屋敷西貝塚―草刈場貝塚関係を「場の理論」で考察するならば、東ノ上西貝塚―園生貝塚の「谷口―谷奥連係集落」、すなわち「単独大型環状貝塚」に対比できる。

　草刈場貝塚　以前とかなり景観が変わった。貝塚とは一面真白な畑をイメージするのが普通で、盛土により活用意識を消沈させる行為と住民意識が考古学の現代社会における限界を教えてくれた。過去を消す努力とは誰にも伝わらないことを願う行為であるが、過去を理解する努力と意義は後世に間違いなく伝わるであろう。2004（平成16）年の排水溝取替工事に伴う立会い調査が行われ、「堀之内1式」に発達する様相、並びに酒詰仲男による観察の正しさを証明できたとの短報がある。FSTを展開するための後晩期「安行式」の詳細が知りたいが、荒屋敷北貝塚の様相から判断して荒屋敷支谷の谷奥とは断絶が措定される。

　台門貝塚　1966（昭和41）年に千葉市東千葉土地区画整理組合による土取り作業でほとんどが破壊され、貝塚の詳細が不明であったが、県道貝塚町宮崎町線道路拡幅工事に伴い、2004年11月に確認調査、そのうち358㎡に対し2005年1月～3月、2006年2月～3月に本調査が実施され、西端の斜面にわずかに残存していた斜面貝層が報告されるとともに、最新の状況が紹介された（田中2008）。滝口宏経由で早稲田大学が貝層破壊後に緊急対応した南側は貝層部分ではなく、「前浦式」が中心の包含層であった。これに対して西端斜面は「堀之内1式」から「加曽利B2式」にかけての斜面貝塚で、花輪貝塚や木戸作貝

塚同様に斜面貝塚の形成から開始される現象には、より谷口に近い地点を選択する意図を持った風習を考えざるを得ない。貝層斜面部と貝層外台地部も少量の中期から始まり、後期以降は晩期中葉まで多量の活動痕跡が認められるが、注目すべき資料としてわずか1点が弥生式として報告されている。早稲田大学による緊急対応資料中には弥生式前期「荒海4式」が検出されており、報告拓本から判断する限り、前期末から中期初頭にも見える。貝塚台地における晩期後葉の断絶現象が各地点でより確実化したが、貝塚の凋落と併せて、環境（気候）変動による寒冷化の影響後の環境好転として考えると理解しやすい。

　貝類組成の順はイボキサゴ／ハマグリ／アサリ／アラムシロ・ウミニナ類／ヤマトシジミ・シオフキ・オキシジミ・オキアサリ・マガキ／ツメタガイ・イボニシなどであり、荒屋敷貝塚と概ね共通しているが、ややオキアサリが多い。荒屋敷北貝塚で着目したスガイは検出されない。中期末の海岸は謎である。樋泉岳二によるコラムサンプル検出の同定標本数による魚類組成の順には大型魚や特定魚類への顕著な集中はなく、ニシン科／ウナギ・キス・ハゼ・カタクチイワシ・コイ・マイワシ・アジなど小形魚類の多様性に特徴があり、荒屋敷貝塚の中期に見られたアジ類・イワシ類よりも魚場の拡大を見てとれる。貝塚が中断していた中期後葉から後期初頭における汽水や淡水を魚場とした伝統であろうか。

　以上、近年の調査資料を要するに、千葉貝塚（貝塚町貝塚群）の労働様式は「磯どり労働様式」と「簀立漁労働様式」を両立させる点に大きな特徴があり、しかも長期にわたり時々の環境（気候）変動に適応しながらもそれらの労働様式を維持したために、最終の姿として相当複雑化した土地利用形態となっており、本格的な実態解明を目指す接近法（鈴木 2004・2005）が改めて問題となる。

5　今後の課題と展望―研究なくして活用なし！―

　千葉貝塚（貝塚町貝塚群）の集落モデルをどのように構築するか、それが明治時代の東京人類学会以来の問題であり、そのまま現在の課題でもあることを回顧してきた。長きにわたる縄紋式を一括りで説明できないように、千葉貝塚（貝塚町貝塚群）も突出した部分の見掛けだけで簡単に済ます訳にはいかない。古い年代の資料は貝層や土層の下にあるため、全面発掘が終わるまでは決定できない。それに比べて最後の姿は貝層や土層の上にあるため、比較的明確にとらえやすい。

　そこで、千葉貝塚（貝塚町貝塚群）の終焉である晩期中葉に現象的な単位を決定し、バックワード法によって「遺蹟群変遷系統論」を適用するならば、拠点的な後晩期遺蹟においては晩期中葉に一地点に集約するかの如く、一つの単

位に集約することはなく、貝塚台地の北端の草刈場貝塚と南端の台門貝塚に二極化することが確実となった。この離れ離れになったように見える二つの晩期地点から問題の解明に当たることは、貝塚の終焉から何が見えるか、という問いと同義である。それは千葉貝塚（貝塚町貝塚群）の貝塚形成を制御していた集団構成が、最終的に二極化して集落を維持している事実を明確に示したことになり、まさにこの二極化を制御しているFSTとは、高品支谷と荒屋敷支谷の二つの場への強力な依存と水場への求心力と考察される。

　こうして最新の「土地利用変遷試論」を活用し、近年の発掘調査成果をFSTに組み込むことで、貝塚台地に展開する社会システムの再構成を図るならば、

　高品支谷流域遷移FRS集落　草刈場貝塚（支谷奥）―荒屋敷西貝塚（支谷口）を中核として前期以降の環境（気候）変動に適応した「単独大型環状貝塚」

　荒屋敷支谷流域遷移FRS集落　荒屋敷貝塚（支谷口）―台門貝塚（支谷口）の隣接関係を中核として荒屋敷北貝塚（支谷奥）に至るまでの中期以降の環境（気候）変動に適応した「遷移隣接大型環状貝塚」

　という二種の「FRS集落」が複合した姿と考察する。前者が園生貝塚モデル、後者が加曽利貝塚モデルに代表される「FRS集落」であることは冒頭で触れたが、とくに低地遺蹟の存在が台地間を繋ぐ重要な役割を果たしている。そこにおける「FRS集落」間の関係や広域における「外部との関係」については今後の調査を俟ちたいが、点と点を結ぶつまみ食いではなく、地域研究の進展によって導出される『日本先史社会図譜』を目指す中で自ずと関係づけられる性質であろう。

　再び、なぜ明治時代の東京人類学会の活動以来、今日に至るまで集落研究を目指して千葉貝塚（貝塚町貝塚群）が脚光を浴びてきたのであろうか。そこには「環堤貝塚」として長期にわたる人類活動の累積が可視的にわかりやすい形態で遺されてきたこともあるが、決してそれだけではない。縄紋式研究の進展と同期しつつ千葉貝塚（貝塚町貝塚群）研究の見直しが図られてきた、という望ましい螺旋上昇循環を地域研究が牽引したからである。

　貝塚には環境資源と人類の活動様式研究の素材が豊富に遺されており、しかも地域資源として貝塚の活用を考えることが20世紀における社会の持続可能性と位置づけ、「社会考古学」を標榜し、考古学の社会参加を促した。21世紀に至り、「千葉市の遺跡を歩く会」が推進している現代社会との共生という視点に学び、市民の地域参加を促すパブリック・アーケオロジーに到達したが、いずれの立場でも千葉貝塚（貝塚町貝塚群）は将来に向けて市民が研究し、活用する保全施策が望ましく、それを可能とするのは生活者である市民の自立である。

本研究に当たり、宍倉昭一郎・日暮晃一両氏からは地域研究における長年の
ご指導、杉田秀一氏からは貝塚台地における住民意識や保存動向などのご教示、
田中英世・長原亘・古谷渉三氏からは千葉市関連文献でご援助を賜わった。文
末ではあるが明記し、深甚なる謝意を表したいと思う。

引用文献

上田英吉 1887「下総国千葉群貝墟記」『東京人類学会雑誌』2－19、東京人類学会

後藤和民 1970「原始集落研究の方法論序説—とくに縄文時代早・前・中期を中心
　　として—」『駿台史学』27、駿台史学会

後藤和民 1974「第二章　第一節　第二項　3　三　縄文中期の遺跡〜五　縄文晩
　　期の遺跡」「第二章　第一節　第四項　社会と集落」『千葉市史　原始古代中世
　　編』千葉市

酒詰仲男 1951「地形状より見たる貝塚—殊に関東地方の貝塚について—」『考古学
　　雑誌』37—1、日本考古学会

酒詰仲男 1967「八　戦争と貝塚」『貝塚に学ぶ』学生社

宍倉昭一郎 1974「第二章　第一節　第二項　2　縄文時代の遺跡の分布」『千葉市
　　史　原始古代中世編』千葉市

宍倉昭一郎 1976「貝塚町貝塚群の現状とその歴史的意義」『公開講演とシンポジウ
　　ム資料　貝塚町貝塚群と原始集落』日本考古学協会埋蔵文化財保護対策委員会

宍倉昭一郎・日暮晃一・鈴木正博ほか 1994「園生貝塚の研究—「石器時代におけ
　　る海岸集落の社会構成」序論—」『日本考古学協会第60回総会　研究発表要旨』
　　日本考古学協会

鈴木正博 1994「我が中年の夢、『日本先史社会図譜』」『利根川』15、利根川同人

鈴木正博 1989「縦横貝塚論（貝塚実態論）への接近のための千葉県松戸市中峠貝
　　塚遺蹟第10次調査地点第2貝ブロックの調査覚書—先史学と考古学の共闘を目
　　指して—」『下総考古学』11、下総考古学会

鈴木正博 2004「「加曽利B式」から観た集落と労働様式の「複雑性」」『「考古学か
　　らみた社会の複雑化」研究報告集』早稲田大学シルクロード調査研究所・比較
　　考古学研究所・先史考古学研究所

鈴木正博 2005「古鬼怒湾における「加曽利B式」貝塚から観た集落と労働様式の
　　「複雑化」」『社会考古学の試み』同成社

鈴木正博・中妻貝塚研究会 1996「古鬼怒湾の先史漁労文化と「貝塚鎖複帯」の社
　　会構成—「考古情報学」から観た先史集落としての「中妻貝塚モデル」—」
　　『日本考古学協会第62回総会　研究発表要旨』、日本考古学協会

武田宗久 1953「第二章　第一節　原始社会」『千葉市誌』千葉市

田中英世 2008『千葉市台門貝塚―平成17・18年度発掘調査報告―』千葉市教育委員会・(財)千葉市教育振興財団

日暮晃一 1971『葭川流域遺跡分布調査概報』千葉市立高等学校社研クラブ歴史班

日暮晃一 1983「千葉市貝塚町貝塚群の研究」『房総の郷土史』10、千葉県郷土史研究連絡協議会

日暮晃一 1995『縄文人の海と貝塚』筑波書房

日暮晃一 2005「千葉貝塚における古土地利用の変遷」『貝塚研究』10、園生貝塚研究会

堀越正行 1972「縄文時代の集落と共同組織―東京湾沿岸地域を例として―」『駿台史学』31、駿台史学会

山崎直方 1893a「下総曽谷、千葉の二貝塚に就て」『東京人類学会雑誌』8-84、東京人類学会

山崎直方 1893b「下総貝塚遺物図解（図入）」『東京人類学会雑誌』8-85、東京人類学会

和島誠一 1948「原始聚落の構成」『日本歴史学講座』学生書房

第Ⅲ章　最先端の貝塚研究と縄文社会論

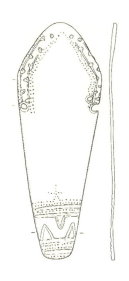

千葉県千葉市有吉南貝塚出土
クジラ類下顎骨製装身具

1　大型貝塚形成の背景をさぐる

西 野 雅 人

　縄文時代中期の中ごろ、東京湾の東岸、現在の千葉県の湾岸エリアに大型貝塚が相次いで現れる。40数か所が一定の範囲にまとまって存在し、成立した時期、消滅した時期ともおおむね一致している。これら中期大型貝塚は、大規模な貝層をもつとともに、中央の広場を囲むように多数の住居跡と貯蔵穴が環状に分布するいわゆる「環状集落」であり、比較的多くの人々が長期にわたって定住的な生活を送った拠点集落であった。同時に存在した住居の数、集落の構成人数を具体的に知ることは難しいが、東京湾東岸に、採集狩猟民としてはきわめて多くの人口が集中していたことは疑いのないところである。

　縄文人の生活は、比較的小さな集団で季節や年ごとに変化する食材の分布状態にあわせて住まいを移す「遊動・分散居住」型から、大きな集団で長期間定住する「定住・集中居住」型まで、地域や時期によって実にさまざまであることが大きな特徴といえる。定住化の問題は、縄文時代研究上きわめて重要なテーマのひとつである。研究者によって見方が大きく異なっており、まだまだ議論を積み重ねていく段階にある。しかし、東京湾東岸の中期大型貝塚に限って言えば、出土資料やその分析成果のどれをみても、定住的な要素ばかりであり、否定的な要素が見当たらない。したがって、筆者は典型的な「定住・集中居住」型の集落とみてよいと考えている。

　それでは、定住生活と多くの人口を長期間支えた生産基盤はどのようなものだったのか。ここでは、大型貝塚がとくに集中する地域のひとつである村田川河口付近の発掘調査と近年の研究成果をもとにして、大型貝塚を形成した中期中葉の集落構造と、それを支えた背景について、食材や資源利用のあり方などからさぐってみたい[1]。

1　大型貝塚の形成年代

　大型貝塚がもっとも集中する千葉県内でも、貝層の形成が活発な時期は、長い縄文時代のなかでいうと一部の時期に限られる（表1、詳細は西野2004）。

表1　千葉県内の発掘成果をもとにした縄文時代の様相の変化

年代	時期区分		土器形式	大きな変化・画期		遺構の特徴	貝塚形成の特徴	主な集落
13,000年前 / 9,500年前	草創期			＋ ／ −	住居なし	溝型陥し穴盛行？	なし	
	早期	前葉	a撚糸文		I期　住居ごく少	分水嶺に包含層多い	貝塚の出現もごく少なく魚貝類利用低調	西之城貝塚
		中葉	b沈線文			大須賀川流域に中心		城ノ台貝塚
6,000年前		後葉	条痕文		II期　炉穴群多数、住居少数	台地上炉穴群多、住居少。神門に貝層	小規模集落に貝層多数形成。拠点の集落で獣骨・魚骨伴う	飛ノ台貝塚
	前期	初頭	a花積下層		III期　竪穴住居一般化、広場集落出現。包含層のみの遺跡多数	特定の集落に集中	ごく一部で形成	新田貝塚
		前葉	b関山			奥東京湾沿岸に中心	小規模集落に貝層形成。奥東京湾沿岸で活発	幸田貝塚
		中葉	c黒浜					庚塚貝塚
5,000年前		後葉	d諸磯・浮島			古鬼怒川沿岸にも多い		宝導寺台貝塚
	中期	初頭	五領ヶ台			集落減少		新田野貝塚
		前葉	e阿玉台I・II			古鬼怒湾沿岸で集落	古鬼怒湾に大規模貝層	白井大宮台
	中期 中葉	a阿玉台III・中峠			IV期　通年定住型・集中居住型集落が長期継続	広場集落に多数の住居と貯蔵穴	大規模貝層+小貝層多	加曽利貝塚
			b加曽利EI・II					有吉北貝塚
	後葉		加曽利EIII ／ a加曽利EIV		V期　広場集落消滅。分散居住が一般化	住居分散。古鬼怒湾沿岸は非貝塚集落形成 ／ 小集落点在、一部後期の広場集落開始	小規模な集落に貝層形成	新山遺跡群
4,000年前		初頭	b称名寺					宮本台貝塚
	後期 中葉	前葉	a堀之内		VI期　通年定住型・集中居住型集落が長期継続	広場集落に馬蹄型貝層、多数の住居	大規模貝層+小貝層多	加曽利貝塚 西広貝塚
		中葉	b加曽利B1					
			a加曽利B2・3		VII期　広場集落減るが一部が拠点化	土盛りや中央窪みなどの土木工事例。住居は検出しにくい？	大規模貝塚の一部のみ継続。魚貝類利用低調に。獣骨増える	
3,000年前	後葉		b後期安行					
	前半		c晩期安行					
	晩期	後半	千網・荒海		VIII期　ごく一部で集落群。ほかは包含層のみ	遺構検出例ごく少ない	古鬼怒湾にヤマトシジミの大規模貝層形成	荒海貝塚

中期中葉（Ⅳ期：阿玉台式後半ないし中峠式期～加曽利E式前半期）と、後期前葉～晩期前半（Ⅵ期～Ⅶ期：堀之内式～晩期安行式期）である。なかでも、貝層の形成が活発なのはⅣ期とⅥ期の２つの時期である。

　集中居住の痕跡や比較的活発な貝層の形成は、早期後葉～前期にも認められるが、ごく一部の拠点的な集落に限られている。中期初頭～前葉には、古鬼怒湾湾口部（現在の利根川下流域）周辺に大型貝塚が形成される。これは東京湾東岸の大型貝塚形成に先立つものである。しかし、集中居住・通年定住型の集落も先んじて存在したのかどうかは不明であり、筆者は否定的に考えている。明確な答えを得られない原因は、台地上の調査例が少ないことにあるが、少なくとも確認調査を実施した香取市（旧小見川町）白井大宮台貝塚では遺構は少なく、数少ない遺構は加曽利E式期のものだった。中央広場や環状の遺構分布が確認されている佐原市磯花遺跡西側集落や、成田市（旧大栄町）稲荷山遺跡・久井崎Ⅱ遺跡、神崎町原山遺跡でも、集落の形成が阿玉台前半期に遡るこ

とはなく、貝層の形成は低調である。現状では、これらの集落の形成は、東京湾沿岸の大型貝塚の成立の影響を受けているとみるべきであろう。

2　大型貝塚を含む集落群の構造

図1は、千葉市緑区に位置する有吉北貝塚の遺構分布図である。中期中葉に現れた中期大型貝塚のひとつである。東京湾東岸の中期大型貝塚のなかで、この遺跡を取り上げる理由は、発掘調査の成果（小笠原ほか 1998）から全体的な内容を知り得る[2]からである。いまのところ、こうした例は一遺跡のみであろう。中央広場の周囲に木の実などを貯蔵した小竪穴（貯蔵穴）が帯状に分布した「群集貯蔵穴」があり、その一部から周囲にかけて竪穴住居跡がある。中央の広場を囲むように住居をつくり、広場と住居の間に貯蔵穴を掘るという伝統が長い間守られた結果、図のような「環状集落」と呼ばれる規格性のつよい遺構分布が形成されたと考えられる。

出土した遺物は膨大である。主要な遺物を挙げてみると、土器約1,200箱、伊豆諸島・神津島産黒曜石製を中心とした石鏃1,088点、打製石斧833点、石皿

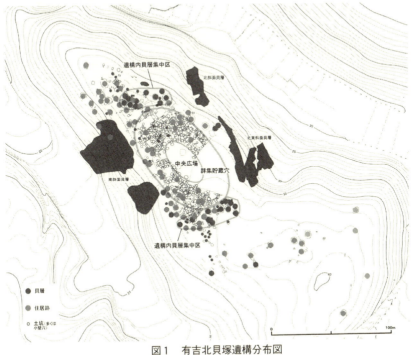

図1　有吉北貝塚遺構分布図

439点、磨石類721点、土器片錘約5,300点、土製耳飾17点、骨角歯牙製品約300点（装飾品40・道具類133・未成品116ほか）、貝製品約870点（装飾品41・貝刃とヘラ状製品826ほか）、埋葬人骨19体、埋葬動物骨4体（イヌ、サル・イノシシ幼獣）、鳥獣魚骨50,000点以上などがある。この地域の中期の遺跡から出土するあらゆる遺物がひとつの集落から揃って出土することが、中期大型貝塚の特徴といえる。有吉北貝塚のような集落の規格は東京湾東岸の中期大型貝塚に共通するものであり、出土する遺構・遺物の内容・割合などもよく似ていて、さまざまな点からきわめて斉一性が高いといえる。したがって、有吉北貝塚の分析結果は、おおむね東京湾東岸の中期貝塚を代表するものと言えそうである。

（1）二つの大型貝塚・集落群

上記のような集落は、東京湾湾奥部の沿岸に二つの大きなまとまりを形成していた（図2）。現在の松戸市から市川市付近のまとまりを「奥東京湾湾口部貝塚群」、千葉市から市原市北部付近のまとまりを「都川・村田川貝塚群」と呼んでいる。この二つの地域は、東京湾に広大な河口干潟を形成したいわば東京湾の最奥部にあたる。内湾のなかでもとくに生産性の高い海域であったと考えられる。

東京湾水系の谷奥側隣接地域には、野田市中野台貝塚・山崎貝塚、流山市中野久木谷頭遺跡の大型貝塚を中心に、柏市大松遺跡などの古鬼怒湾水系に属する集落も含めた、二大水系の接点となる今上低地―三ヶ尾低地集落群が存在する。一方、湾口部側の隣接地域には、大型貝塚の可能性がある市原市布谷台貝塚を中心とした養老川低地集落群、大型貝塚である祇園貝塚を中心とした小櫃川・矢那川低地集落群が存在する。また、二大貝塚群の東側にあたる印旛沼低地南部集落群には、等間隔に近い状況で拠点集落が形成されている。隣接した地域に、貝層を形成しない点でおそらく生産様式のまったく異なる集落群が存在したことを示している。

（2）村田川河口集落群

集落の分布状態をもう少し細かくみたのが、千葉市有吉北貝塚・有吉南貝塚を中心とした集落群の分布図（図3）である。丸印はこの時期の住居跡が検出された遺跡、すなわち集落遺跡を示している。また、薄い網点は谷を、濃い網点はこのころの海域を示している。この地域は、千葉東南部ニュータウン（おゆみ野）の開発に伴い、広大な面積の発掘調査が行われている。台地上のかなりの部分が調査されているので、集落や遺物包蔵地の有り無しが広域にわたって判断できる点で集落研究にはまたとない有利な条件を備えている。この図には、集落分布のまとまりと周囲の空白が明瞭に表れており、小さな地域のまとまりから大きな地域のまとまりまで、3段階の構造がみえてくる。

146 第Ⅲ章 最先端の貝塚研究と縄文社会論

図2　中期中葉の主な集落の分布

大型貝塚である有吉北貝塚（図3－1）と有吉南貝塚（2）は、成立の時期が少しずれている。先に現れたのは有吉北貝塚である。付近では、その直前の時期の集落が見あたらないので、別の地域に住んでいた集団が、この地に新たに集落をつくったことは疑いのないところである。少し遅れて有吉南貝塚が現れ、長期にわたって拠点集落が二つ並んで営まれたのは、人口増加が関係しているだろう。一方、有吉北貝塚の北側の対岸には鎌取場台遺跡（3）、南二重堀遺跡（4）にやや小ぶりな集落が形成される。住居跡や小竪穴の数はかなり多いものの、最初から台地の中心付近に遺構が分布するので、環状集落とは一線を画す。以上の拠点的な集落一つないし二つと、それに隣接する比較的遺構数の多い集落のまとまりを「中心集落群」と呼ぶ。居住地の中心は水系の最奥部に置かれたが、河口の海岸に続く水系はごく短く、1kmも下れば主要な漁場と推定される地点（図3－a）に出ることができた。

　中心集落群の周囲には、住居跡が少数発見される遺跡が点在する（6～9）。これを「周辺集落群」と呼ぶ。中心集落群に近いほど住居跡が多い傾向がみられる（表2）。中心集落群と周辺集落群の間には分布上空白を挟まず、両者がひとつのまとまりを形成するとともに、その周囲には明瞭な空白地帯が存在する。このまとまり、すなわち中心集落群＋周辺集落群を「小単位集落群」と呼ぶ。図の下のほうにみえる草刈貝塚（16）と周辺遺跡群（16＋図外の2遺跡）は、別の小単位集落群である。ところで、10～15は台地上に住居跡が1～数軒しかみつからないごく小規模で短期的な集落である。有吉北貝塚と草刈貝塚を中心とした二つの小単位集落群のちょうど中間に帯状に分布しているため、「中間域集落群」と呼ぶ。このような位置に短期的な集落を形成したのは小単位集落群の構成員なのか、それとも別の集団が二つの生活拠点のはざまに進出したことを示すものであるのだろうか。興味がもたれるところである。定住的な集落が、ほかの集落との間で領域に関する何らかの取り決めをもっていたことは間違いのないところであろうが、実証するのはきわめて難しい。中間域集落群の分布は、それを考古資料から証明できる可能性をもつ点でも注目される。

　拠点集落（大型貝塚）と小規模集落がまとまりをつくり、周囲に空白地帯をもつという傾向は、図2に示した都川・村田川貝塚群と奥東京湾湾口部貝塚群という二つの広域集落群内においては、一般的であったものとみられる。したがって、当地域の中期中葉集落の分布からは、①「集落」－②集落がいくつかまとまってつくる「小単位集落群」－③いくつかの小単位集落群がまとまってつくる「広域集落群」という、3層構造を読み取ることが可能である。

148　第Ⅲ章　最先端の貝塚研究と縄文社会論

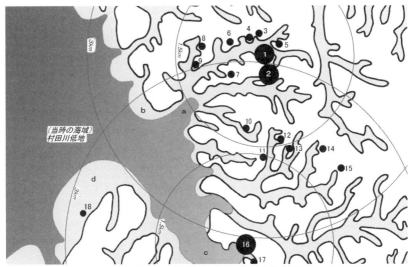

図3　村田川河口低地周辺の中期中葉集落群
A：有吉北＋有吉南貝塚と周辺集落群　1. 有吉北貝塚　2. 有吉南貝塚　3. 鎌取場台　4. 南二重
　　　　　　　　　　　　　　　　　　堀　5. 鎌取　6. 高沢　7. 有吉城跡　8. 有吉　9. 上赤塚
B：草刈貝塚と周辺集落群　16. 草刈貝塚　17. 草刈六之台（草刈古墳群、川焼台＝図外）
C：中間域集落群　10. 椎名崎古墳群　11. 神明社裏　12. 小金沢古墳群　13. 御塚台　14. 六通金山
　　　15. 大膳野北
a～d：想定される主な漁場と海浜生産地点　18. 市原条里

（3）拠点集落と小規模集落

　二つの広域集落群に含まれる大型貝塚はすべて中央に広場をもつ「環状集落」とみられ、住居の大半は大型貝塚の環状の遺構帯に集中していた（表2）。大型貝塚に人口の大半が集中していたと言い換えることも可能であり、「拠点集落」と呼ぶにふさわしい。その傾向は、とくに出現期に顕著であり、少し時期を経た加曽利EⅠ式の後半からEⅡ式期には、分散的な傾向が見えはじめる。有吉北・南貝塚の隣接地に存在した「周辺遺跡群」や、「中間域集落群」の多くは、この時期以降に現れたものである。

　これらの拠点集落以外の集落は、遺構数や重複の有無、遺物の数量や出土状況などにかなりの幅をもっている。ただし、遺構や遺物が少なく、継続期間は短いか断続的で、遺構の重複や遺構分布の規格性が認められないといった点で、拠点集落との差は明らかである。集落を形成した集団の規模は小さく、短期的な居住地とみてよいであろう。これらの集落では、住居床面付近に遺物や貝殻が廃棄されて一定期間放置された例や、石器・土器片錘などの製作痕跡を残す

表2　有吉北貝塚周辺の小単位集落群・中間域集落　　太枠線は拠点集落形成期

No.	1 有吉北貝塚		2 有吉南貝塚		3 鎌取場台		4 南二重堀		5 鎌取		6 高沢		7 有吉城跡		8 有吉	9 上赤塚
時期	住居	小竪	住居	小竪	住居	小竪	住居	小竪	住居	小竪	住居	小竪	住居	小竪	住居	住居
阿玉台・中峰	17	58			1	1	1									
阿玉台～EⅠ	20	34		4	2	1										
加曽利EⅠ	37	129	5	10	7	6										
EⅠ～Ⅱ	11	79	2	20	2	18	2	1								
加曽利EⅡ	43	217	31	63	2		4	3	3	2	4	2	2	1	1	1
中期中葉計	128	517	38	97	14	26	7	4	3	2	4	2	2	1	1	1
調査範囲	3/4調査		一部調査		一部調査		全面		全面		全面		全面		全面	全面
遺跡群の分類	中心遺跡群				小単位遺跡群				周辺遺跡群							
加曽利EⅢ参考	3	2	6	6					7							

10 椎名崎古墳B	11 神明社裏	12 小金沢古墳	13 御塚台	14 六通金山	15 大膳野北	住居跡合計
住居	住居	住居	住居	住居	住居	
						88
						65
						187
						127
1	1	1	2	3	1	299
1	1	1	2	3	1	873
全面	全面	全面	全面	全面	全面	
中間域遺跡群						
	3			5	4	36

例がしばしばみられる。一方、拠点集落である有吉北貝塚ではこのような事例はみられない。床面出土遺物がとても少ないのは、使わなくなった竪穴住居や貯蔵穴を放置せず埋め戻す行為や、ごみなどを一度まとめてから集落の外縁部に廃棄する行為によるものとみられる。ごみ処理の問題は、縄文時代に定住的な生活を始めた人々によって、はじめて意識されたことであろう。

　一方で、拠点集落とそれ以外の小規模な集落の間で共通点も数多く指摘することができる。たとえば、竪穴住居跡と貯蔵穴をもつこと、土器片錘が多数出土すること、石鏃：打製石斧：磨石類がおおむね1：1：1の割合で出土すること、貝層の貝種組成、貝層中に小魚の骨を含むことなどを挙げることができる。小規模集落を形成したのは、拠点集落の構成員なのか、それとも別の集団なのだろうか。それによってイメージは大きく異なるが、それは今後の課題である。いまのところ明らかなのは、居住様式は違っていても、生産様式（生業のかたちや、利用した食材の種類・割合など）には大きな差がなかったと考えられることである。

1 鯨類下顎骨製筓状製品

2 イモガイ製環状製品

図4　有吉南貝塚354住居跡出土埋葬人骨と腰飾（財団法人千葉県教育振興財団提供）

（4）大型貝塚出現期の特別な人たち

　図4は、有吉南貝塚354住居跡から出土した埋葬人骨の写真である（西野ほか 2008）。頭部に加曽利EI式土器が被せられ、図4矢印1にクジラ類の下あごの骨を使った飾りを腰に着けた状態で埋葬されていた。遺体の主は成人男性と推定されている。矢印2のイモガイ製品は遺体からやや離れているが、類例からやはり腰飾とみられる。図4の右の実測図1は上部を丸く加工し、全体を削って薄い素材をつくり、文様を彫刻して一部には赤彩を施した優品である。文様は頭部に被せられた土器よりも古い勝坂式土器と共通するものである。

　腰飾にはもうひとつ鹿角製の叉状製品があり、3種類の腰飾は東京湾東岸の中期大型貝塚にのみ類例が知られ、大型貝塚出現期からしばらくの間のみ使用されたようである。地域的にも時期的にも固有のものであるらしい。大型貝塚出現の社会的な背景を検討する上で重要な資料となる。現在共同研究を進めているところであるが、注目されるのは、住居跡内に複数の個体が埋葬される事例と、特殊な装身具である。いずれも、大半が大型貝塚出現期から前半期（中峠式～加曽利EI式期）に限られるのである。複数個体の埋葬例には、中高年の男性と女性が複数埋葬されている例が多く、腰飾をつけた男性と貝輪をつけ

た女性が目立つ。詳細な検討はこれからであるが、小規模な集団が複数集まって大型貝塚を形成するにあたって、統合の象徴としてのリーダー的な存在が必要な社会的背景が存在していたと考えられる。

3　大型貝塚を支えた生産様式

　次に有吉北貝塚から出土した多種多様な資料や、さまざまな分析の成果を指標として、当時の食事や生業のバランスについて検討してみたい。

（1）水産資源

　大規模な斜面貝層と多数の遺構内貝層を形成しており、貝類を活発に利用していたことは言うまでもない。貝層を形成している貝の種類は、イボキサゴ（86％）とハマグリ（9％）が圧倒的に多い。図5のように、時期ごとの変化はごく小さなものである。イボキサゴは小さな巻貝で、とくに当貝塚のものは若い個体が多く平均径13.1mmとごく小さい。図6左が平均サイズである。

　茹でた身を取り出すのは慣れればそれほど難しくはなく、美味である[3]が、肉量はごく少量であり、ひとつひとつ身を取り出して利用するのは効率が悪すぎる。本種が東京湾東岸の大型貝塚の最重要種であったことを理解するためには、身が小さく取り出しにくい欠点を上回る何らかの価値とか、あるいは身を取り出さないで利用する方法を想定する必要がある。ハマグリも小形主体であり、同様のことがいえるだろう。図6右が平均サイズである。

　現在の東京湾ではハマグリはほぼ絶滅してしまった。しかし、イボキサゴは最近増えており、盤洲干潟では大潮の干潮時にのみ砂底面が現れる干潟の最奥部に群生している。図7に見える小さな孔の下にイボキサゴがいる。潮の引いた干潟でも容易に採集できるが、やや海水が残る部分でざるを使って採取すると、より効率的である（図8）。非常に高密度であるため、一度に多量に採取できる上、ほとんど砂に潜っていないため、金属製の歯のついた貝まきかごのような道具がなくても、簡単なかごに柄を取り付ければ、舟上からの採取も可能であっただろう。これは、日中に潮の引かない冬季を含めて、通年に渡って安定した入手が可能であったことを意味する。

　貝殻成長線分析によるハマグリの死亡季節（小林 1998）をみると、春から冬にかけて徐々に少なくなり、冬季は低調であるものの、一年中採取されていることがわかる（図9）。

　図10はハマグリの殻長の変化を示したものである。まず全体（図10上）をみると、31.5mmくらい、年齢でいうと1歳から1.5歳の若い個体が中心である。中期大型貝塚のハマグリは、ほかの時期に比べて、小さく、粒ぞろいなのが特徴である。大きさが一定であるのは、毎年途切れなく、おそらくは日常的に、活

152　第Ⅲ章　最先端の貝塚研究と縄文社会論

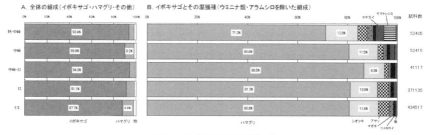

図5　有吉北貝塚貝類組成

発な漁が行われた証拠であり、一定の大きさに満たないものは採取しないという資源管理の意識も読み取ることができる。次に、時期的な変化をみると、集落が形成されたころの①期では、比較的大きめなものもあって、ばらつきが大きい。これに対して、採集が活発になる②期以降では5cmを上回る大きなものはごく少なくなっている。この小形化は、資源量に比べて採取される割合が高くなると起きる「採取圧」と呼ばれる現象とみられ、③・④期と時期を追うごとに平均値が小さくなっている。

ところが、同じく採取の活発であった⑤期では、平均が少し大きくなっている。これは、35〜40mmの割合が少し多くなっていることも影響しているが、おもに20mm以下の幼貝の割合が減少していることによるものである（大きな矢印）。20mm以下というのは全体のところに示した年

図6　イボキサゴとハマグリ

図7　干潟に群生するイボキサゴ

図8　ざるで採取されたイボキサゴ

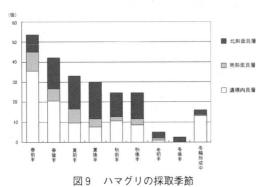

図9　ハマグリの採取季節

齢の推定値をみてわかるように、1歳未満の産卵前の個体である。もしもそれをたくさん採取してしまえば、資源の枯渇につながる恐れがある。それでは、①〜④期のグラフに現れた幼貝の採取は乱獲を示すものなのかといえば、おそらくそうではない。この時期ごとにまとめたグラフではなく、貝層ごとのグラフ（ここでは省略）をみると20mm以下が多数含まれているのは、イボキサゴ層のサンプルに限られている。したがって、幼貝の採取は「乱獲」ではなく、ざるなどを使ったイボキサゴ漁で「混獲」されたものとみるべきであろう。

このことは、幼貝がほとんど含まれなくなる⑤期に、イボキサゴ漁で混獲したハマグリの幼貝を海に戻していたことを示す可能性が高い。資源の減少が深刻になった時期に、資源管理の意識が高まったのであろう。

魚類では、安定的に利用されたのはイワシ類、小形のハゼ、小ガレイ、小アジ、サヨリといった小魚であった。エイ・サメ類や、コチ、クロダイ、スズキの成魚など、やや大きめの魚も混じるが、河口まで入る種類に限られ、小魚に比べるとずっと少ない（図11）。湾奥・河口の干潟ないし浅瀬で、雑多な魚をまとめて捕獲していたと推定される。釣針やヤス状の骨角器が出土しているが、魚種を特定した釣りや突き漁などはそれほど行われず、網漁が中心であったものとみられる。そのことは、集落全体からまんべんなく約5,300点出土した「土器片錘」によって裏付けられている。土器片錘は、土器の破片に切り込みを入れて錘としてリサイクルしたものであり、当時の漁場と推定される低湿地

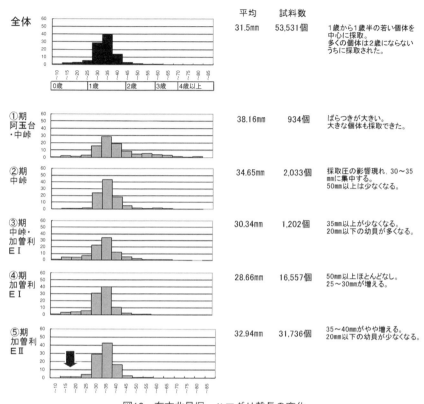

図10　有吉北貝塚　ハマグリ殻長の変化

遺跡（図3－d地点、18）からもたくさん見つかっている。

　ところで、魚網錘が海岸から離れた台地上の集落遺跡からたくさん出土し、しかも集落の全体からまんべんなく出土するのは、一見不思議に感じるのではないだろうか。それは、漁網が海岸の近くで保管・管理されたのではなく、集落に持ち帰ることが多かった、と考えれば説明が可能であろう。土器片錘のついた網を持ち運ぶのだから、網は小形のものであったろう。魚骨が貝層全体に比較的均一に入っていることもあわせて考えると、小魚の網漁は頻繁に行われ、鮮魚が日常的に入手できたと推定される。

　以上から、イボキサゴ漁、ハマグリ漁、小魚の網漁を河口付近の干潟・浅瀬で盛んに行っていたものと推定される。河口域は、内湾でもとくに生物量が多く生産性が高い。栄養塩が上流から流れ込み、沿岸流による流失が少ないからである。年間を通して、毎日のように鮮度の良い動物質の食材が得られること

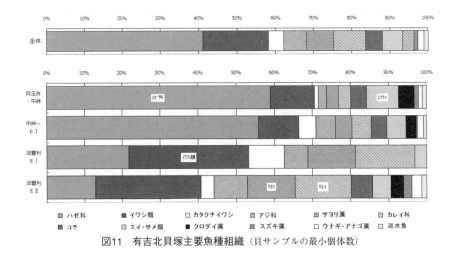

図11 有吉北貝塚主要魚種組織（貝サンプルの最小個体数）

に魚貝類の大きな価値があったものと考えられる。ハマグリの幼貝のリリースが行われたことは、一定の有用な食材を安定して得るための工夫のひとつであったのだろう。

（2）森林資源

鳥獣類 鳥獣骨も少なくない。早・前期や中期後葉の貝塚では、貝層中にほとんど骨が混じらない場合が多いが、それとは大きく異なっている。後・晩期に比べると少なめであるが、集落内のどの貝層にもある程度骨が入っているのが特徴といえる。狩猟も比較的活発に行われたのであろう。

狩猟用具である石鏃が1,019点と多数出土しており、黒曜石による石鏃製作に関わる剥片・細片類が多数出土していることも、狩猟の活発さを物語る。黒曜石の産地分析の成果によれば、神津島産が94％（産地不明を除いた割合）を占めている。この時期千葉県内には、大量の神津島産黒曜石が持ち込まれており、その安定的な流通が狩猟や、解体・調理用の石材をまかなっていたとみられる。表3は出土した骨や歯牙を同一部位の重複を避けてカウントしたものである。食材として重要であったと考えられるのは、イノシシ、シカの2種であり、タヌキ、ノウサギ・ガン・カモ科、キジなども利用された。イノシシは幼・若獣の割合が高く、一時的に飼育が行われた可能性も検討されている。

植物 遺跡付近の低湿地で行われた植生分析の成果によって、遺跡付近にはコナラ亜属の優先する落葉広葉樹林、いわゆるナラ林が形成されていたと推定されている。コナラ亜属のうち、コナラやクヌギの堅果は収穫量が多く、水さらしとアク抜きを行えば良質で栄養価の高いデンプンを得ることができる。ナ

ラ林にはクリやオニグルミを伴うのが一般的で、実際に貝サンプルからは炭化
したクルミの内果皮の破片が数多く見つかっている。いまのところ、当遺跡の
縄文人が利用した堅果類の候補としてコナラ・クヌギ・オニグルミをあげるこ
とができる。

　遺構からみると、当遺跡では広場を囲むように580基の小竪穴が検出されて
いる（群集貯蔵穴）。フラスコ状に掘り込み、小さな口に蓋をするタイプから、
中心に柱を立て簡単な屋根を掛けたものへと変化をたどるようであり、繰り返
し掘り込まれておびただしく重なり合っている。小竪穴の主な用途は、秋にま
とめて大量に収穫された堅果類（ドングリ）を貯蔵し、計画的に消費するため
の施設であったと考えられている。また、堅果類の製粉（粒）具とされる磨石
類が911点出土しており、石皿などには堅果類の殻割り用とされる窪みが多数
設けられている。これらは、堅果類が重要な食材であったことを物語る。一方、
打製石斧も820点出土しており、ジネンジョなどの根茎類（イモ類）も重要で
あった可能性が高い。

　以上のように、植物質食材の活発な利用を示す証拠をたくさん挙げることが
できる。

（3）生業の割合

　石器組成　図12は今村啓爾氏が行った分析の成果（今村 1989）に千葉県のデ
ータを追加したものである。打製石斧・磨石類・石鏃の3種類の石器の個数比
を中期中葉の関東広域で比較すると、明瞭な地域差が認められる。三角形のグ
ラフのなかの点は、各県内の遺跡のデータを示している。点が上の方に偏る長
野県や西関東地域では打製石斧がとても多いが、これは相対的に根茎類の利用
が盛んであったことを示すと考えられる。同様に磨石類は堅果類、石鏃は鳥獣
類の利用度を示すと考えられる。こ
れに対して茨城県は磨石類に偏って
おり、このグラフではわからないが
石器自体がとても少ない。一方、千
葉県、ことに当遺跡をはじめとした
東京湾沿岸地域では、例外なく3種
類が1：1：1に近い割合で出土し
ている。このことから、根茎類・堅
果類・鳥獣類のいずれも利用してい
て、いずれかに偏らないあり方を想
定することができる。なお、打製石
斧と磨石類は、中期前葉に多くなり、

表3　有吉北貝塚出土鳥獣骨の割合

狩猟対象獣類		鳥類	
イノシシ	72	ガン・カモ類	29
シカ	34	キジ	22
大型獣小計	*106*	オオハクチョウ	1
タヌキ	42	フクロウ類	1
ノウサギ	27	カモメ類	1
キツネ	4	ツグミ類	1
アナグマ	3	ウ類	1
カワウソ	4	ツル類	1
テン	4	ウミスズメ類	1
イタチ	3	シギ類	1
ムササビ	5	カラス類	1
リス類	1	計	60
サル	8		
小型獣小計	*101*		
計	207		

（数値は最小個体数）

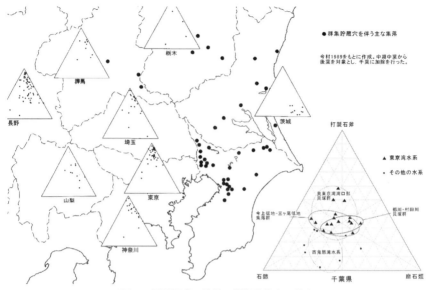

図12　石器組成の比較と群集貯蔵穴の分布

中期中葉以降に増加して安定する。また、図12の地形図に示したように、群集貯蔵穴は千葉県や北関東地域を中心に発達する。植物採集・加工・貯蔵の活発化・安定化は、大型貝塚の形成に象徴される魚貝類の活発な利用と期を一にしているようである。

　人骨の食性分析　出土人骨の炭素・窒素同位体比による食性分析によって、全国の縄文人はきわめて多様な食性をもっていたことが明らかになった（赤澤・南川 1989、小池 1999、米田 1999など）。図13の網点部分は、東京湾東岸の大型貝塚を形成した人々の食性データを示しており、植物などの陸産資源につよく依存した長野県北村遺跡や福島県三貫地遺跡と、大型魚や海獣類などの水産資源につよく依存した神奈川県称名寺貝塚の中間にほぼ収まっている。有吉北貝塚出土の8体の人骨もそのなかに含まれる。この図では省略しているが、当地域のなかでも前期や晩期、あるいは中・後期でも大型貝塚を形成しない中期後葉から後期初頭の人骨では、植物側や水産資源側に偏った食性を示す傾向がある。つまり、大型貝塚を残した人たちの食性は、魚貝類に偏っておらず、むしろ植物質食材の利用も活発であったのである。このことが、縄文人の骨自体から裏付けられたことの意義は大きい。画期的な分析方法、研究成果ということができる。

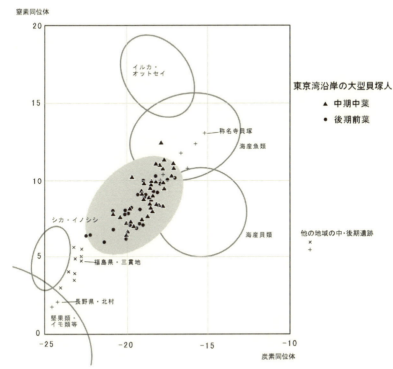

図13 人骨の同位体分析からみた縄文人の食性

(4) 通年定住を支えた食

　前節までに、有吉北貝塚から出土した魚類・貝類・陸上動物の遺存体の組成やサイズ、当時の植生、生産用具の組成、貯蔵穴の存在、人骨の残存成分といった多くの資料の分析から生業の内容や食料構成についてみてきた。その結果、当遺跡の縄文人は、堅果類や根茎類、イノシシ・シカを中心とした森林資源、小魚・イボキサゴ・ハマグリを中心とした海産資源など、あらゆる食材をバランスよく活かしていたらしいことが明らかになった。ただし、イボキサゴ、ハマグリ、ドングリ、イモ類など、継続的・計画的に安定して得られるいくつかの食材につよく依存していた可能性が高い。いずれにせよ、決して貝類に偏ってはおらず、漁撈の活発化とともに、植物質食材の利用も活発になったと考えられる。大型の貝層を形成しているが、漁村とか貝の加工に特化した作業場という色彩は薄く、むしろ、あらゆる食料を運び込んだ拠点的な集落という面を強調すべきであろう。

イボキサゴ、ハマグリ、小魚は一年中安定して入手できるが栄養価は高くない。一方、ドングリやイモ類は栄養価が高いが、ヒトにとってそれだけでは決して食べやすい食材ではない。塩分やうまみがあるからこそ、植物をたくさん食べることができるようになったのであろう。深鉢形土器を使った鍋料理は、この相互の利点・欠点を補い、貝類・小魚漁と植物採集による安定した食を得たものとみられる。ドングリやイモ類を中心とした食事をより美味しくしようとして、結果的に多くの食材を活かした栄養のバランスのとれた食を得ていったものと思われる。中期中葉の長期にわたる通年定住・集中居住を支えたのは、集落周辺に存在した広大で平坦な森林と、集落から日常的に行き来できる河口干潟から得られる食材であった。主要な食材を計画的に利用する生産様式の確立こそが、集中居住・定住型の居住様式を支えた基盤となり、大型貝塚を形成するに至ったものと考える。

4　大型貝塚形成の背景

　大型貝塚の出現期前後に、技術や道具の開発や革新は目立ったものはみられない。むしろ、安定して大量に獲得しうる食材の選択や、その継続的な利用を可能にした計画性や知識、資源管理などを含む資源利用方法の獲得などに大きな変化を認めることができる。

　図2・3のように、拠点集落は各水系の最奥部に多かったが、谷が短いため、海岸までの距離は短い。下総台地は低く平坦で谷底の傾斜が弱いため、丸木舟による日常的な往来が容易であり、海産資源の活発な利用に適した条件を備えていた。また、台地上の広域に分布したとみられるナラ林の資源量も豊かであり、平坦な森林は、低コストで利用できる範囲の広さを意味する。中期大形貝塚形成の背景には、こうした東京湾東岸の特徴的な自然環境と、資源利用形態によって説明が可能であると思われる。

　貝塚の重要性は、生業や食の問題だけでなく、居住様式や社会関係といった問題を含めた総合的な研究が可能な点にこそあるといえよう。

註
　1)　本論の内容の詳細は別稿（西野 1999・2005ab）を参照されたい。
　2)　北東斜面貝層と遺構群の一部は未調査で保存されており、全掘したわけではない。
　3)　味の好みは人によって大きく異なるが、少なくとも筆者がイボキサゴを調理した経験では、多くの方が美味しいと答えている。そうとうに美味であるといえると思う。

参考文献

赤澤　威・南川雅男 1989「炭素・窒素安定同位体に基づく古代人の食生活の復元」
　　『新しい研究法は考古学に何をもたらしたか』クバプロ

今村啓爾 1989「群集貯蔵穴と打製石斧」『考古学と民族誌』六興出版

小笠原永隆ほか 1998『千葉東南部ニュータウン19　千葉市有吉北貝塚1』千葉県
　　文化財センター

小池裕子 1999「古人骨から知られる食生活―安定同位体法による食性分析―」『考
　　古学と人類学』

小林園子 1998「有吉北貝塚出土ハマグリの貝殻成長線分析について」『千葉東南部
　　ニュータウン19　千葉市有吉北貝塚2』千葉県文化財センター

西野雅人 1999「縄文中期の大型貝塚と生産活動―千葉市有吉北貝塚の分析結果―」
　　『研究紀要19』千葉県文化財センター

西野雅人 2004「貝塚」『千葉県の歴史　資料編考古4 遺跡・遺構・遺物』千葉県

西野雅人 2005a「東京湾東岸の大型貝塚を支えた生産・居住様式」『地域と文化の
　　考古学Ⅰ』明治大学文学部

西野雅人 2005b「縄文時代の通年定住型集落を支えた食―植物の発達と貝・小魚の
　　通年利用―」『研究紀要24』千葉県文化財センター

西野雅人ほか 2008『千葉東南部ニュータウン40　千葉市有吉南貝塚』千葉県文化
　　財センター

米田　穣 1999「炭素・窒素安定同位体比に基づく食性復元」『向台貝塚資料図譜』
　　市立市川考古博物館

2 東京湾沿岸における縄文時代人骨に見られる古病理学的研究について

―千葉県市川市姥山貝塚出土例を中心にして―

谷 畑 美 帆

現代の私たちと比べて、縄文時代の人々の骨格は、非常にがっしりした頑丈なものである。上腕骨や大腿骨などの骨幹も太く、中でも脚の骨の一部である腓骨の発達した形態に驚かされることがある。それほど四肢骨の形質的特徴は、今の私たちと異なるものといえるだろう。

縄文時代の人々の筋肉がよく発達していたことは、骨における筋付着面の発達度合いからも見てとることができる。例えば、上腕骨における三角筋粗面などは性別を問わず著しく発達しているし、大腿骨の骨幹後面にはピラスターという柱状の突起も観察されている。このような突起形成は、現代の私たちには確認されないものであり、縄文時代の人々の筋肉がいかに発達していたかを示唆している。

しかし、こうした筋骨隆々とした彼らの形質的特徴は、縄文時代を通じて一貫しているというわけではない。すなわち、彼らの骨格は、縄文時代でも古い段階と新しい段階では異なり、縄文時代の中期を境にその骨格は全体として、華奢なものから頑丈なものへと変化している。彼らのこうした形質的特徴の変化をもたらすこととなった要因としては、周辺環境やそれに伴う生業形態の変化などが挙げられている。

人骨から明らかにできる事柄は、このような形質的特徴ばかりではない。人骨資料から、彼らが生前罹患していた病気の一部を認識することも可能となってくる場合がある。

1　被葬者である出土人骨に関する研究史

貝塚という比較的良好な埋蔵環境下で出土することが多い縄文時代人骨に関する研究は、これまで盛んに実施されてきた。その中でも、縄文時代の形質的特徴を述べた小片保の研究は、注目すべきものである（小片 1981）。

小片は、日本全国で出土している人骨資料の形質的特徴を把握するため、計

測作業を実施し、中期を境に、四肢骨の形態が全体として華奢なものから頑丈なものへと変化することを指摘した。

　頭蓋骨を含めた中期以前に相当する人骨の特徴は、内陸地域に居住している人たちの特徴ではないかと考えられることもあったが、観察資料となる人骨資料が少しずつ増えていくことによって、現段階では、時期的な形質的特徴とみなされるようになってきた。すなわち、早期に相当する人骨資料に関しては、頭蓋の顔高が低いこと、四肢骨は総じて細いが、中でもとくに上肢骨が華奢であることなどが指摘されている。

　さらに、下肢骨では偏差折線のパターンは、縄文時代を通じて一貫しているのに対して、上肢骨では、偏差折線のパターンが大きく異なることも指摘されている（馬場・坂上・河野・加藤 1999、図 1）。

　このように偏差折線のパターンが異なる一因としては、下肢骨に影響を与えるような生活環境は、縄文時代を通じて変化しなかったが、上肢骨に関わる生活環境が大きく変化したことを示唆しているとされている。このような生活環境と大きく関わる縄文時代の人々の生業形態の変化は、中期後葉以降から生じたと最近では、考えられるようになってきた。

　これまで縄文時代は、農耕以前の生業形態である狩猟採集に依存したものだと考えられてきた。しかし、ここで栽培という新たな生業形態を、今後考慮していく必要がでてきたのである。例えば、山梨県上ノ原遺跡から出土した土器片（曽利V式、縄文時代中期末）に見られる種子圧痕は、ヤブツルアズキやリョクトウに類似したササゲ種であるとみなされている（中沢 2007）。このほか、山梨県内では、縄文時代中期後葉の遺構からアズキ型とされる試料が出土しており、この時期の前後から野生種のほか、栽培種のマメ利用が増えていくと考えられている（中山 2007）。

　縄文時代の人々の生業を考える上では、彼らの食性も細かくみておく必要がある。個々の生物が持つ炭素と窒素の同位体の割合は異なっているため、骨に遺存しているコラーゲンの同位体比を調べることによって、食性分析が可能となる。その結果、遺跡の立地や時期によって、食性が異なることも指摘されている。すなわち、内陸に位置する長野県北村遺跡においては、堅果類の比率が高く（赤沢・米田・吉田 1993）、海岸部に位置する遺跡である千葉県姥山貝塚では海産物とC_3植物の比率が高くなっているのである。また、姥山貝塚出土例などを細かく見ていくと、中期後葉から後期前葉にかけて食生活が多様化し、海産物だけではなく、陸上の資源に強く依存した個体が目立つようになる（米田 2008）。

　言うまでもないことであるが、食生活はその集団内における栄養状態を示唆

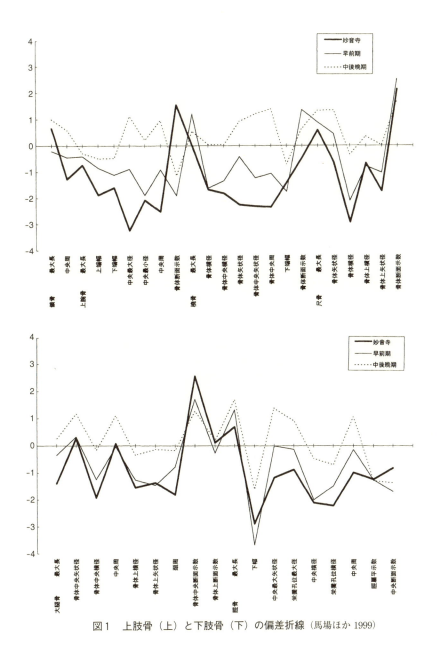

図1　上肢骨（上）と下肢骨（下）の偏差折線（馬場ほか 1999）

表1　クリブラ・オルビタリアのタイプ別出現率（古賀 2003）

時代	地域・遺跡	観察数	II (porotic) 出現数	II (porotic) 出現率(%)	III (cribrotic) 出現数	III (cribrotic) 出現率(%)	IV (trabecular) 出現数	IV (trabecular) 出現率(%)
縄文時代		3	1	33.3	2	66.7	0	0.0
弥生時代	（古浦）	13	11	84.6	2	15.4	0	0.0
	（土井ヶ浜）	15	14	93.3	1	6.7	0	0.0
	（福岡・佐賀）	38	33	86.8	3	7.9	2	5.3
	（広田）	6	6	100.0	0	0.0	0	0.0
古墳時代	（墳丘墓）	9	9	100.0	0	0.0	0	0.0
	（横穴）	4	4	100.0	0	0.0	0	0.0
室町時代	（吉母浜）	16	8	50.0	8	50.0	0	0.0
江戸時代	（天福寺）	1	1	100.0	0	0.0	0	0.0
	（原田）	5	5	100.0	0	0.0	0	0.0
明治〜昭和		80	75	93.8	5	6.3	0	0.0

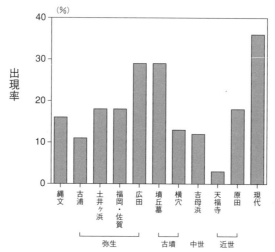

図2　成人人骨におけるクリブラ・オルビタリアの出現頻度（古賀 2003）

する。すなわち、食性が変化すると、その集団内における疾患のパターンも変化する（Cohen & Armelagos 1984）。例えば、狩猟採集から農耕に移行するにつれて、ストレス・マーカーの一つであるクリブラ・オルビタリアや骨関節症の出現頻度が異なってくるのである（Bridges 1991）。同様の現象は、北部九州において縄文時代後期から弥生時代前期に相当する遺跡から出土している人骨資料においても確認されており、生業形態および食生活の変化を骨病変の出現頻度から追うことが可能となっている（古賀 2003、表1、図2）。

縄文時代の人骨資料には、虫歯に罹患している個体が多くなっている。また、虫歯の罹患率は農耕を本格的に実施するようになった弥生時代では、さらに増えている（藤田・鈴木 1995）。

ここではさらに、食物の咀嚼に大きく関わる歯牙の咬耗についても見ておきたい。歯牙の咬耗は、摂取していた食べ物の特性によって変化すると考えられる。

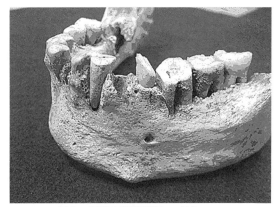
図3　歯牙の咬耗が著しい個体
（姥山貝塚E地点出土成人人骨）

縄文時代においては、象牙質がかなり露出した著しく激しい咬耗を持つ個体が確認されている。現代の私たちの歯牙を見ても、このような咬耗はほとんどといっていいほど確認されていない。そのため彼らが、よほど硬いものを食べていたのではないかと考えられるだろう。

下顎骨や咀嚼に関わる頭蓋骨における筋付着面の発達度合いから見ると、確かに縄文時代の人々は、今の私たちよりも固いものを食していたであろう。しかし、彼らが食していた堅果類・魚介類・肉類は、生食できるものとそうでないものがあり、煮炊きをすることによって、食べやすい硬さに調整していたと判断される。そのため咬耗が著しく進行する主たる原因となるほど、硬いものを食べていたとは考えにくい。

歯牙の著しい咬耗は、古代エジプト新王国時代（B.C. 1570 – B.C. 1070年頃）の墓地から見つかる人骨資料においても確認されている。彼らの歯の咬耗は、著しく歯科疾患も多くなっているという（Filer 1995）。これは彼らが石臼でひいた粉を用い、石の粉が含まれたまま焼かれたパンを食していたことによるとされている。

そのため、縄文時代の人々の著しい歯牙の咬耗についても、前述したエジプトの事例のように、堅果類をすりつぶす際にすり石の一部が混じった結果と考えてもいいのかもしれない。

またこのように著しい歯牙の咬耗も縄文時代を通じて一貫しているかというとそうではない。縄文時代の中でも、前期に相当する資料では、総じて歯牙の咬耗が著しい（山口 2003）。姥山貝塚E地点出土成人人骨のように、すべての歯牙が一様でなく、ある一定方向に向かって進行しているものもある（図3）。

さらに、歯牙の咬耗には時期差ばかりでなく、地域差も確認されている。例えば、茨城県中妻貝塚出土例（後期前葉、堀ノ内Ⅱ式期）では、異常咬耗とみなされるほど咬耗の程度が進行しているものは確認されていないが、千葉県姥山貝塚出土例（後期前葉、堀ノ内Ⅰ式期）の中には、エナメル質のすり減りが著しい個体が含まれている。また、こうした著しい咬耗が見られる個体には顎関節症の所見を持つものが多くなっている（谷畑 2008a）。

　このように骨に残された所見を見ていくことによって、様々な知見が得られている。しかし、こうした中で縄文時代の人骨資料の場合、江戸時代などの資料などに比して、各部位の遺存率が不良であるため、残念ながら、古病理学的所見を観察しづらくなっている。また梅毒や結核などのダイナミックな感染症の所見が見られないため、病的所見として残された痕跡が少ないようにみえてしまう。しかし、こうした中でも骨折や脱臼などの外傷性疾患に関しては見るべきものが多い。

　外傷性疾患の中には、変形治癒骨折というものがある。これは、骨折後の癒合が不適切になされたために、骨幹部や骨端部が変形してしまっているというものである。骨端部はともかく、骨幹部が折れてしまうということは、現代の私たちの場合、ほとんどありえないことである。縄文時代に相当する人骨資料のうち、骨幹部が異常癒合し、変形治癒骨折と鑑別診断されている個体は、現在 5 例ある（鈴木 1998）。興味深いのは、これらがすべて縄文時代中期以降に相当するということである。これに対して、治癒痕がなく、殺傷痕を持つ個体は、縄文時代の早期からすでに確認されている。

　このほか、関節における疾患の一つであり、先述したストレス・マーカーの一種でもある変形性脊椎症の所見も、椎体の上・下面辺縁に骨棘形成として確認されている。すなわち、現代の私たちに比して、縄文時代の人骨資料では、江戸時代の同年齢集団に比しても、本所見の出現頻度が高く、症状の程度も著しいものが多くなっている（鈴木 1998）。

　関節におけるこの種の疾患は、加齢性変化に伴うものが中心となっているが、縄文時代人骨の場合は、症状の程度がとくに著しいことから、その成因としては激しい肉体労働に伴う負荷が考えられている。

　このように縄文時代人骨に関する研究は、生業を含めた生活環境の変化と絡めて、考察が進められつつある。骨に見られる病的所見（＝古病理学的所見）は、その人物が生前患った所見のすべてを示すものではないが、この種の所見を集団として捉えることによって、生業そのほかの生活様相の変貌に関する考察を実施することが可能となる。ここではこのような状況を踏まえた上で、東京湾沿岸に位置する貝塚の一例として千葉県市川市姥山貝塚出土人骨を用い

て、そこに見られる古病理学的所見から考察を進めていきたいと考えている。

2 観察対象とした資料と観察方法

縄文時代中期以降、東京湾沿岸には数多くの貝塚が形成されるようになった。中でもこの時期、京葉地区においては、直径100m以上の巨大な貝塚が形成されており、この地は日本有数の貝塚密集地帯として知られている。ここでは、比較的まとまった資料を得やすい姥山貝塚から出土している人骨資料を基にして、古病理学的所見に関する観察を実施する。

姥山貝塚は、千葉県市川市柏井町に位置する縄文時代中期中葉から後期中葉にかけての遺跡である。この貝塚に設置された十箇所の調査区からは、竪穴住居32件以上、埋葬人骨140体以上が出土している（堀越 2005）。中でも、1962（昭和37）年に明治大学により実施されたM地点における発掘調査では、まとまった人骨資料が出土している。そのため、ここではM地点から出土した人骨を中心に、A・B地点およびD地点出土人骨を含めた成人人骨計55体を観察対象資料とし、古病理学的所見の中でも、栄養状態などを示唆するクリブラ・オルビタリア、生業形態に伴う運動機能変化と関わる骨関節症、歯科疾患の一つである虫歯をみていくこととする。

クリブラ・オルビタリアはストレス・マーカーの一つであり、鉄欠乏性貧血や種々の成因からなる栄養障害によって生じると考えられている（Nathan & Hass 1966）。先述したように、クリブラ・オルビタリアの出現頻度を観察することによって、狩猟採集から農耕への生業変化の変遷を骨から追うことも可能となっている。

本所見は、顔面頭蓋の一部である眼窩上板において観察され、ナサンとハースにより、I型（所見なし）、II型（ポロティック・タイプ）、III型（クリブロティック・タイプ）、IV型（トラベキュラー・タイプ）に分けられている。ここでは、本分類基準を用い、出現頻度および、症状の程度を観察している。

骨関節症は、過度の加重が関節面にかかることによって発生し、40歳代以降に発生することが多く、加齢性変化の一つと考えられている。また、本疾患は、骨折や脱臼などの外傷性疾患に伴い発生することもあり、職業によってもその発生部位などが異なることも明らかにされている（鳥巣 1995、Bridges 1991）。

本所見は、四肢骨の関節面にみられる骨棘形成やエバネーションの出現などにより、その有無が判定される。骨関節症の所見は、ロジャーズによって①関節面とその辺縁に退行性変化が認められないもの（Grade 0）、②関節面の変形は認められないが、その辺縁には骨棘形成が認められるもの（Grade 1）、③関節面の磨耗および辺縁での顕著な骨棘形成を認めるもの（Grade 2）の3つに

分けられている（Rogers 1966）。ここでも本分類基準を用い、出現頻度および、出現部位を観察している。

歯科疾患の一つである虫歯は、先述したように観察対象とした集団の食性を考察するのに役立つことがある。すなわち、狩猟採集から農耕へと移行するに従って、虫歯の出現頻度は変化し、縄文時代の初期農耕などを考察する上でも重要な所見の一つと考えられる。ここでは、虫歯になっている歯牙の出現頻度および、出現部位を肉眼観察していくことによって考察を進めていくこととする。

3　観察結果

クリブラ・オルビタリアの所見を持つ個体は、姥山貝塚から出土している人骨資料においては、観察可能個体23例中3例となっていた（図4、表2）。また、所見のすべては、Ⅰ型に相当するものであり、すべて成人に相当する個体であった。

前述したように、姥山貝塚は、中期中葉から後期中葉に相当する遺跡であるが、クリブラ・オルビタリアの所見を持つ個体の時期をさらに詳しく見ていくと、中期中葉に相当するものが1例、中期後葉に相当するものが2例となっていた。すなわち、本所見を持つ個体は、ここでは中期においてのみ観察されており、後期に相当する人骨資料には本所見は観察されなかった。

図4　眼窩上板にクリブラ・オルビタリアの所見を持つ個体（姥山貝塚A地点出土成人人骨）

表2　クリブラ・オルビタリアの出現頻度（姥山貝塚出土例）

	クリブラ・オルビタリアの所見を持つ個体（観察総数）
中期中葉	1（3）
中期後葉	2（6）
後期前葉	0（4）
後期中葉	0（4）

骨関節症の所見を持つ個体は、姥山貝塚出土例では、膝関節において多く観察されている（図5、表3）。また、膝関節の中でも左右大腿骨遠位の関節面辺縁のいずれかに骨棘が観察されている個体が非常に多く、果

間窩辺縁にいち早く骨棘が形成されている。また、大腿骨遠位の関節面には、Grade 2に相当する象牙質化（＝エバネーション）の所見が見られるものも含まれていた。

膝関節と関わる膝蓋骨においても骨関節症の所見は比較的多く確認されている（表3）。骨棘の出現部位は、上縁や下縁など差異はあるものの姥山貝塚では約45％の膝蓋骨に関節面辺縁に骨棘が形成されている。左右差は確認されないが、膝蓋骨における骨棘形成は、後期中葉の時期に著しいものとなる。また、骨関節症の所見は、脛骨においても後期前葉になると多くなっている。

膝関節に次いで、骨関節症の所見が多く観察されるのは、肩関節である。肩関節の中でも肩甲骨では、本所見が比較的多く観察され

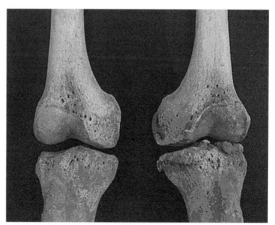

図5　左脚に膝関節症の所見を持つ個体
（姥山貝塚M地点出土成人人骨）

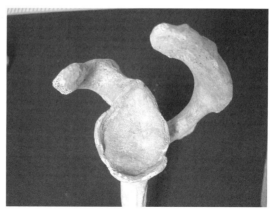

図6　左肩甲骨に肩関節症の所見を持つ個体
（姥山貝塚接続溝第1号竪穴出土成人男性人骨）

ている（図6、表3）。また膝関節同様、肩甲骨においても、後期前葉になると本所見を呈するものが増えており、肩甲骨と関節する上腕骨の近位関節面において、後期中葉から関節面辺縁に骨棘形成されるものが増えてくる。

このほか、中期中葉に相当する資料の中には、上腕骨の遠位関節面、および腓骨の近位関節面において骨関節症の所見が観察されるものが多くなっている。この場合は、外傷性疾患の一つである骨折の所見が伴って確認されており、これに伴って骨関節症が発生していたと考えられる。

姥山貝塚出土例（中期中葉〜後期中葉）では、虫歯率は8.84％となっていた。

表3　骨関節症（OA）の出現頻度（姥山貝塚出土例）

		肩甲骨		上腕骨				橈骨			
		左	右	近位(左)	遠位(左)	近位(右)	遠位(右)	近位(左)	遠位(左)	近位(右)	遠位(右)
中期中葉	Grade 1	1	1	0	1	0	0	0	0	1	0
	Grade 2	0	0	0	1	0	0	0	0	0	0
	観察総数	3	4	5	4	2	3	1	1	3	0
	OA出現頻度	1 (33.3%)	1 (25.0%)	0 (0.0%)	2 (50.0%)	0 (0.0%)	0 (0.0%)	0 (0.0%)	0 (0.0%)	1 (33.3%)	0 (0.0%)
中期後葉	Grade 1	2	2	0	0	0	0	0	0	2	0
	Grade 2	0	0	0	0	0	0	0	1	0	0
	観察総数	9	6	4	10	4	8	9	7	5	3
	OA出現頻度	2 (22.2%)	2 (33.3%)	0 (0.0%)	0 (0.0%)	0 (0.0%)	0 (0.0%)	0 (0.0%)	3 (42.9%)	0 (0.0%)	0 (0.0%)
後期前葉	Grade 1	2	5	0	0	0	0	0	0	0	0
	Grade 2	0	0	0	0	0	0	0	0	0	0
	観察総数	3	7	1	7	2	3	4	3	5	4
	OA出現頻度	2 (66.7%)	5 (71.4%)	0 (0.0%)	0 (0.0%)	0 (0.0%)	0 (0.0%)	0 (0.0%)	0 (0.0%)	0 (0.0%)	0 (0.0%)
後期中葉	Grade 1	6	6	1	3	1	1	1	0	0	0
	Grade 2	0	1	1	0	1	0	0	0	0	1
	観察総数	8	9	6	17	7	14	9	10	12	13
	OA出現頻度	6 (75.0%)	7 (77.8%)	2 (33.3%)	3 (17.6%)	2 (28.6%)	1 (7.1%)	1 (11.1%)	0 (0.0%)	0 (0.0%)	1 (7.7%)

		尺骨				大腿骨				脛骨			
		近位(左)	遠位(左)	近位(右)	遠位(右)	近位(左)	遠位(左)	近位(右)	遠位(右)	近位(左)	遠位(左)	近位(右)	遠位(右)
中期中葉	Grade 1	0	0	0	0	0	1	0	1	0	0	0	0
	Grade 2	0	0	0	0	0	0	0	0	0	0	0	0
	観察総数	1	0	1	0	1	2	0	1	0	1	0	1
	OA出現頻度	0 (0.0%)	0 (0.0%)	0 (0.0%)	0 (0.0%)	0 (0.0%)	2 (100.0%)	0 (0.0%)	1 (100.0%)	0 (0.0%)	0 (0.0%)	0 (0.0%)	0 (0.0%)
中期後葉	Grade 1	2	0	2	0	0	1	0	3	0	0	0	0
	Grade 2	0	1	0	0	0	0	0	0	0	0	0	0
	観察総数	8	6	6	5	3	1	5	3	2	2	2	2
	OA出現頻度	2 (25.0%)	1 (16.7%)	2 (33.3%)	0 (0.0%)	0 (0.0%)	1 (100.0%)	0 (0.0%)	3 (100.0%)	0 (0.0%)	0 (0.0%)	0 (0.0%)	0 (0.0%)
後期前葉	Grade 1	2	0	2	0	0	4	0	2	1	1	1	1
	Grade 2	0	0	0	0	0	0	0	0	0	0	0	0
	観察総数	5	3	4	3	2	4	1	2	2	3	2	2
	OA出現頻度	2 (40%)	0 (0.0%)	2 (50%)	0 (0.0%)	0 (0.0%)	4 (100.0%)	0 (0.0%)	2 (100.0%)	1 (50.0%)	1 (33.3%)	1 (50.0%)	1 (50.0%)
後期中葉	Grade 1	2	0	4	0	0	9	0	10	2	2	5	2
	Grade 2	0	0	0	0	0	0	0	0	1	0	0	0
	観察総数	14	10	13	13	9	10	0	11	8	8	9	7
	OA出現頻度	2 (14.3%)	0 (0.0%)	4 (30.8%)	0 (0.0%)	0 (0.0%)	9 (90.0%)	0 (0.0%)	10 (90.9%)	3 (37.5%)	2 (25.0%)	5 (55.6%)	2 (28.6%)

		膝蓋骨（左）				膝蓋骨（右）			
		内側	上縁	外側	下縁	内側	上縁	外側	下縁
中期中葉	Grade 1	1	2	0	1	1	0	1	0
	Grade 2	0	0	0	0	0	0	0	0
	観察総数	2	2	2	2	2	2	1	0
	OA出現頻度	1 (50.0%)	2 (100.0%)	0 (0.0%)	1 (50.0%)	1 (50.0%)	0 (0.0%)	1 (100.0%)	0 (0.0%)
中期後葉	Grade 1	0	0	0	0	0	0	1	0
	Grade 2	0	0	0	0	0	0	0	0
	観察総数	0	0	0	0	3	3	3	2
	OA出現頻度	0 (0.0%)	0 (0.0%)	0 (0.0%)	0 (0.0%)	0 (0.0%)	0 (0.0%)	1 (33.3%)	0 (0.0%)
後期前葉	Grade 1	0	1	1	2	0	0	1	3
	Grade 2	0	0	0	0	0	0	0	0
	観察総数	2	2	2	2	3	3	3	4
	OA出現頻度	0 (0.0%)	1 (50.0%)	1 (50.0%)	2 (100.0%)	0 (0.0%)	0 (0.0%)	1 (33.3%)	3 (75.0%)
後期中葉	Grade 1	4	4	6	4	2	3	7	2
	Grade 2	1	0	0	0	1	0	0	0
	観察総数	11	11	11	11	9	8	9	9
	OA出現頻度	5 (45.5%)	4 (36.4%)	6 (54.5%)	4 (36.4%)	3 (33.3%)	3 (37.5%)	7 (77.8%)	2 (22.2%)

その中でも共伴している土器型式から時期を特定できる個体をさらに細かく見ていくと、後期中葉から虫歯の出現率（4.40％）と高くなっている（表4）。それ以前の時期である後期前葉以前では、虫歯率は約1.5％であるのに対して、後期中葉において虫歯の発生率が高くなっているのは興味深い。

虫歯の発生部位が、縄文時代の人骨資料では、現代の私たちと異なっていることが指摘されている（藤田2001）。今回観察した姥山貝塚出土例においても同様のことが確認されており、虫歯の所見は咬合面に観察されているが、頬側面の歯根部にも多くなっている（図7）。

また虫歯の発生しやすい歯牙についてであるが、今回観察した姥山貝塚出土例では、第

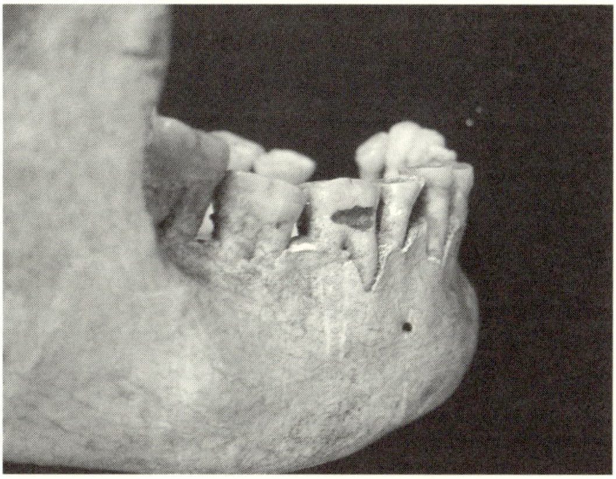

図7 右第1大臼歯頬側面歯根部に虫歯の所見を持つ個体（姥山貝塚E地点出土成人人骨）

表4 虫歯の出現頻度（姥山貝塚出土例）

		上顎歯							
		第1切歯	第2切歯	犬歯	第1小臼歯	第2小臼歯	第1大臼歯	第2大臼歯	第3大臼歯
中期中葉	虫歯	0	0	0	0	0	0	3	0
	観察歯数	14	13	13	14	14	14	13	12
中期後葉	虫歯	0	0	0	0	0	0	0	0
	観察歯数	11	12	14	13	12	11	10	9
後期前葉	虫歯	0	0	0	0	0	0	0	0
	観察歯数	16	12	14	17	8	18	18	20
後期中葉	虫歯	0	0	0	0	0	0	0	0
	観察歯数	18	17	17	21	22	18	18	16

		下顎歯								
		第1切歯	第2切歯	犬歯	第1小臼歯	第2小臼歯	第1大臼歯	第2大臼歯	第3大臼歯	総数
中期中葉	虫歯	0	0	0	0	0	0	0	0	3
	観察歯数	12	11	14	15	15	21	22	21	238
中期後葉	虫歯	0	0	0	0	0	4	0	0	4
	観察歯数	13	15	20	19	6	14	11	11	201
後期前葉	虫歯	0	0	0	0	0	2	0	2	4
	観察歯数	22	24	22	22	10	26	20	24	293
後期中葉	虫歯	0	0	2	0	0	2	5	5	14
	観察歯数	18	17	23	25	14	22	22	17	305

1大臼歯・第2大臼歯・第3大臼歯において確認されている。そのため、発生しやすい歯牙は、今の私たちとほぼ同様であるとみてよいであろう。

4　考察

　ここでは姥山貝塚出土例に観察される古病理学的所見についてみてきた。その結果をまとめると、以下のようになる。

① 　クリブラ・オルビタリアの所見をもつ個体は、いずれもⅠ型に相当するものであり、時期は中期に限定されている。
② 　膝関節における骨関節症の所見は、大腿骨遠位の左右の関節面辺縁および、膝蓋骨の関節面辺縁に骨棘が観察されることが多い。
③ 　肩関節における骨関節症の所見は、上腕骨と関節する肩甲骨関節面において多く観察されている。また、肩甲骨では後期前葉になると本所見を呈するものが増えており、上腕骨の近位関節面においても、後期中葉から関節面辺縁に骨棘形成されるものが増えている。
④ 　虫歯の所見は、後期中葉において多く確認されており、虫歯の所見は頬側面歯根部にも観察され、発生しやすい歯牙は、第1大臼歯・第2大臼歯・第3大臼歯となっている。

　ここで得られた古病理学的所見から考察すると、中期に相当する人骨資料と後期に相当する人骨資料では違いがあるとみてよいだろう。例えば、栄養障害と関係があるとされているクリブラ・オルビタリアの所見は中期にのみ確認されている。関東地方では中期は、縄文時代の繁栄期と捉えられており、遺構の総数などから人口が爆発的に増加したと考えられている（今村 1999）。しかし、それに見合うだけの食料がすべての人に平等に分配されていたのだろうか。食糧供給がうまくいかないと、抵抗力のないものを中心に健康を害していくことになるだろう。今回観察した姥山貝塚出土例において、クリブラ・オルビタリアの所見が中期にのみ確認されているのは、こうした状況を裏付けるものとなるかもしれない。
　膝関節における骨関節症の所見は、中期および後期においてほぼ相違がない。これは、偏差折線のパターンが、縄文時代を通じて一貫していることと関わりがあると考えられる。これに対して、肩関節における骨関節症の所見が中期より後期において多くなっているのは、上肢骨における偏差折線のパターンが大きく異なることと関係があるともみられる。また、部位による骨関節症の出現頻度が時期によってやや異なるのは、彼らの生活と深く関わる生業形態の変化と関係があるとみなすことも可能であろう。
　縄文時代中期以降では、海岸部に位置する遺跡には虫歯が多く、長野県北村

174　第Ⅲ章　最先端の貝塚研究と縄文社会論

遺跡出土例や岩手県上里遺跡出土例のように内陸に位置する個体では、虫歯の罹患率が総じて低くなっている。また、虫歯の所見は、姥山貝塚出土例全体としては8.84％となっているが、時期を細かく見ていくと、後期中葉において4.4％と増えている。これは、後期中葉を境に生業形態の変化が本格し、食性にも影響を与えたからではないかと考えたい。

　虫歯の所見が観察されやすい歯牙は、第1大臼歯・第2大臼歯・第3大臼歯であり、現代の私たちと同様である。しかし、頬側面歯根部に虫歯の所見が多く観察される理由については不明である。歯科医師の上田秀人によると、この部位に虫歯が発生しやすいのは、歯牙の頬側面に食物をためつつ、食すという特殊な食べ方をしていたからではないかという興味深い指摘もある。しかし、やはり詳細については不明である。

　縄文時代人骨における古病理学所見は、外傷性疾患に関するものが中心となっている。前述したように、激しい活動ぶりを想定させるような変形治癒骨折が確認されている。しかし、激しい運動を実施するであろう成年層に比較的多く見られる離断性骨軟骨炎は、縄文時代に相当する人骨資料においてはほとんど観察されていない。江戸時代に相当する人骨資料においては、本所見は、成年個体を中心に散見されていたが、縄文時代ではその限りではない。成年個体の資料は、縄文時代と江戸時代とではほぼ同数をサンプリングすることが可能であり、母集団となっている総数に問題はないはずである。しかし、この種の所見が縄文時代人骨においてはほとんど確認されていない。これは、現代社会に比較的近い江戸時代の人たちと時期的に離れる縄文時代の人たちとでは、四肢骨を中心とした活動形態に相違があったのではないかとも考えられるだろう。

5　まとめ

　古人骨に残された病気の痕跡を細かく見ていくことによって、当時の社会様相の一端を把握することがある程度可能となる。例えば、産業革命時のイギリスや江戸時代における社会的階層差を文献記録と照合しつつ、そこに記載されていない所見を確認することも可能となっている（谷畑 2003・2004・2006）。そのため、文献による考察が不可能な縄文時代においても、骨病変を見ていくことにより、社会・生活様相の一端を垣間見ることができる。

　四肢骨の中でも、上肢骨の一部の関節面では、時期によって骨関節症の出現頻度が異なるが（谷畑 2008b）、こうした所見観察を詳細に実施していくことによって、形質的特徴の変化が生じた理由を考察することも可能となるだろう。骨関節症の所見は、江戸時代人骨においては、社会的階層によって出現頻度が

異なり（谷畑 2002）、骨関節症の所見をみていくことにより、縄文時代における社会階層の有無といった問題に迫ることも可能となるかもしれない。

縄文時代の人々は、屈葬や伸展葬といった姿勢をとり、その多くは土坑墓に埋葬されていたと考えられている。また、これまで屈葬姿勢をとるものが古く、伸展葬の姿勢をとる個体では時期が下ると考えられることもあった。しかし、必ずしもそうとはいえない。というのは、全国的に見ると各関節の角度は、早期から後期にかけて少しずつ大きくなっていく傾向があるものの、晩期にいたっては、再び屈曲が強くなることが指摘されているからである（山田 2001）。また埋葬姿勢は、日本全国を見回してみると、姿勢としては仰臥の体勢をとるものが多く、四肢を強く屈する地域、膝関節のみを強く屈する地域、四肢が次第に伸展していく地域、四肢を伸展したものと屈曲したものの両者が混在する地域の大きく4つに分かれている（山田 2001）。

このほか、古病理学的所見ではないが、生前の血縁関係を示唆する抜歯の痕跡や歯牙の咬頭形態を見ていくことによって、埋葬位置などに絡めた研究も実施されている（春成 1995、舟橋 2003、渡辺 2008）。さらに、こうした所見に、頭位や姿勢といった人骨に付随した情報を加味させていくことによって、葬制を考察する研究も実施されている。

中・近世においては、特定の疾患に罹患していた人物の墓を特殊な手法でもって、単独で埋葬するといったことが行われていた（桜井 1996）。またこうした場合、被葬者は、江戸市中には墓地を造らず、ある種の区別がなされていたとされている。

医療技術の進化した日本の現代社会では、お産で命を落とす女性は少なくなってきた。しかし、医学的処置と言えるようなものがほとんどなかった縄文時代においては、出産は命がけであっただろう。また、産じゅく死した女性の場合は、埋葬形態を通常死による場合と異にすることもあったという（山田 1994）。

しかし、この種の個体が本当はどのような状況により死亡したのか、何らかの病的所見を持った個体は、埋葬形態を変えることがあるのかなどについては、今後、骨に残された病気の痕跡を執拗に観察しつつ推進させていく必要があるだろう。

今回は、東京湾沿岸の中でも千葉県に位置する姥山貝塚から出土している人骨資料を基に考察を進めてみた。縄文時代の貝塚から出土する人骨資料の保存状態、および遺存状態は良好だとはいえ、古病理学的所見を観察するには難しい場合が多い。中でも、ここで提示したデータは、時期が細かく提示できるものに限定しているため、考察対象となる観察個体数がかなり減少してしまって

いる。

　縄文時代の人々の健康状態は、どのようなものであったのだろうか。この問いに答えるのは非常に難しいことである。縄文時代の人たちには、骨病変として得られる所見は多いとは言えない。また、死亡年齢や骨病変の観察者間誤差などの問題もある。そのため、この種の問いに答えるのは現段階では容易なことではない。こうした現状を踏まえつつ、今後は関東地方における時期差を考慮した縄文時代人骨における古病理学的特性をつかむために、対岸に位置する資料やより内陸に位置する遺跡から出土している資料を用いて考察を進めていきたいと考えている。

謝辞

　今回まとめたデータを収集するにあたっては、東京大学総合研究博物館に収蔵されている資料を観察させていただいた。資料観察に関して便宜を図っていただいた諏訪元、および佐宗亜衣子には、ここに記して感謝の意を表することとしたい（敬称略）。また本研究は、日本学術振興会科学研究費補助金・萌芽研究（課題番号 19652071、研究代表者：谷畑美帆）「日本考古学における古病理学的研究の定着と進展」および明治大学研究・知財戦略機構人文科学研究所総合研究「縄文時代における動植物遺存体の季節性および年代情報と遺跡形成に関する学際的研究」（研究代表者：阿部芳郎）に関わるものである。

参考文献

　赤沢　威・米田　穣・吉田邦夫 1993「北村縄文人骨の同位体食性分析」『（財）長野
　　　県埋蔵文化財センター発掘調査報告書14　中央自動車道長野線埋蔵文化財発掘
　　　調査報告書11―秋科町内―北村遺跡』pp. 445－468

　今村啓爾 1999『縄文の実像を求めて』吉川弘文館

　小片　保 1981「縄文時代人骨」『人類学講座第 5 巻　日本人Ⅰ』雄山閣、pp. 27－
　　　55

　古賀英也 2003「西南日本古代人のストレス・マーカー　2、クリブラ・オルビタ
　　　リアとエナメル質減形成、及びハリス線を含めた三種のストレス・マーカーの
　　　関連性」『人類学雑誌』111－1、pp. 51－67

　桜井準也 1996「近世の鍋被り人骨について―関東地方の発見事例を中心に」『江戸
　　　遺跡研究会第 9 回大会発表要旨』江戸遺跡研究会編、pp.145－155

　茂原信生 1993「人骨の形質」『（財）長野県埋蔵文化財センター発掘調査報告書14
　　　中央自動車道長野線埋蔵文化財発掘調査報告書11―秋科町内―北村遺跡』pp.
　　　259－261

　鈴木隆雄 1998『骨から見た日本人―古病理学が語る歴史』講談社メチェ142

鈴木隆雄 2003「退行性疾患および関節疾患・1　変形性関節症」『The　Bone』17－3、pp. 85－88

谷畑美帆 2002「近世埋葬人骨にみられる骨関節症」『日本考古学協会68回総会研究発表要旨』pp. 71－73

谷畑美帆 2003「古病理学から見た近世・近代」『Hominids』3、pp. 65－77

谷畑美帆 2004「出土人骨にみる疾病と階層性―英国レッドクロスウェイ遺跡出土例を中心として―」『日本考古学協会第70回総会研究発表要旨』pp. 72－73

谷畑美帆 2006『江戸八百八町に骨が舞う』吉川弘文館

谷畑美帆 2008a「縄文時代人の疾病」『縄文時代の考古学10　人と社会―人骨情報と社会組織』同成社、pp. 82－90

谷畑美帆 2008b「骨病変からみた市川市出土の縄文時代人骨」『市川市立考古博物館研究調査報告第 9 冊　市川市縄文貝塚データブック』pp. 138－143

鳥巣岳彦 1995「変形性関節症」『最新内科学大系74　関節疾患』中山書店、pp. 265－272

中沢道彦 2007「縄文時代遺跡出土炭化球根類をめぐる諸問題」『椎葉民俗芸能博物館開館10周年記念講演会　第 4 回九州古代種子研究会』椎葉民俗芸能博物館、pp. 43－54

中山誠二 2007「山梨県におけるレプリカ・セム法による植物圧痕の事例」『椎葉民俗芸能博物館開館10周年記念講演会　第 4 回九州古代種子研究会』椎葉民俗芸能博物館、pp. 55－58

馬場悠男・坂上和弘・河野礼子・加藤久雄 1999「妙音寺洞穴遺跡出土の縄文時代早期人骨」『埼玉県埋蔵文化財調査事業団報告書　第209集　秩父郡皆野町　妙音寺／妙音寺洞穴　一般国道140号（皆野町地内）関係埋蔵文化財調査報告書 I 』pp. 281－293

春成秀爾 1995「葬制と親族組織」『展望考古学』考古学研究会、pp. 84－96

藤田　尚・鈴木隆雄 1995「縄文時代人のう歯について」『考古学雑誌』80－3、pp. 373－385

藤田　尚 2001「縄文人と虫歯」『虫歯の歴史』砂書房、pp. 91－132

舟橋京子 2003「縄文時代の抜歯施行年齢と儀礼的意味」『考古学研究』50－1、pp. 56－76

平澤泰介 2000「肘関節」『標準整形外科学』第 7 版、医学書院、pp. 341－347

堀越正行 2005『縄文の社会構造をのぞく　姥山貝塚』新泉社

山口　敏 2003『私たち日本人の祖先 イラスト・ガイド』てらぺいあ

山田康弘 1994「縄文時代の妊産婦の埋葬」『物質文化』58、pp. 56－76

山田康弘 2001「縄文人の埋葬姿勢（上）」『古代文化』53－11、pp. 12－31

米田　穣 2008「同位体分析でみた市川の縄文人の食生活」『市川市立考古博物館研究調査報告第9冊　市川市縄文貝塚データブック』pp. 144－150

渡辺　新 2008「集団構成―千葉県権原貝塚の事例―」『縄文時代の考古学10　人と社会―人骨情報と社会組織』同成社、pp. 156－166

Bridges, P (1991) Degenerative Joint Disease in Hunter-Gathers and Agriculturalists from Southeastern United States *American Journal of Physical Anthropology* 85. pp. 379－391

Cohen, M. N. & Armelagos, G. (1984) *Paleopathology at the origins of agriculture.* Academic Press.

Filer, J (1995) *Disease* British Museum Press

Nathan, H & Hass, N (1966) "Cribra orbitalia". A bone condition of the orbit of unknown nature. Israel *Journal of Medical Science* Vol. 2. pp. 171－191

Rogers, S (1966) The need for a better means of recording pathological bone proliferation in joint areas. *American Journal of Physical Anthropology* Vol. 10. pp. 117－176

3　大型貝塚調査から見えてきた
　　縄文時代の装身具の実態と貝材利用

忍　澤　成　視

　2007年3月、「西広貝塚Ⅲ」という発掘調査報告書が刊行された（市原市教育委員会 2007）。この遺跡としては3冊目となり、これによって遺跡全体の調査成果が漸く公表されることとなった。西広貝塚は、東京湾東岸に立地する縄文時代後期を主体に形成された全国的にも著名な大型貝塚である。貝塚を構成する貝層の大部分が発掘調査され、さらにその後長期間にわたって続けられた貝層内容物の詳細な分析によって得られた膨大な調査データは、今後いろいろな研究に寄与するであろう。「大規模貝塚を丸ごと調査し分析する」、まさにその研究の土台ができたことになる。さらに市原市では、西広貝塚の至近に立地し、形成時期も類似する祇園原貝塚の調査報告もすでに終えており、両者の比較はそれぞれの縄文集落の性格を考えるうえでも不可欠である。

　ここでは、大型貝塚の調査で得られた膨大な資料の中から装身具類に着目し、とくにこれまでほとんど実態のわからなかった貝製品素材（以下「貝材」と呼ぶ）の利用状況について述べてみることにしたい。

1　祇園原貝塚と西広貝塚の遺跡立地と調査概要

　市原市は、房総半島のほぼ中央に位置し、その北側に東京湾を臨み、南側には養老渓谷を抱える、南北およそ30kmに達する広大で自然環境に恵まれた土地である。市域の中央には養老川が流れ、縄文時代の貝塚はこの河川の両岸、主に北部域におよそ40ヵ所知られている（図1）。このうちのほとんどが、縄文後期に形成されたもので、中期以前に形成されたものが少ないことは市原市域の貝塚群の特徴である。また、今回扱う祇園原と西広のように、縄文後期になって大規模な貝塚が多く形成されることも養老川水系の貝塚群の特徴となっている。

　祇園原と西広は、ともに養老川右岸、通称「国分寺台」と呼ばれる標高20～40mほどの台地上に立地する（図2）。この台地上には、旧石器時代以降中・

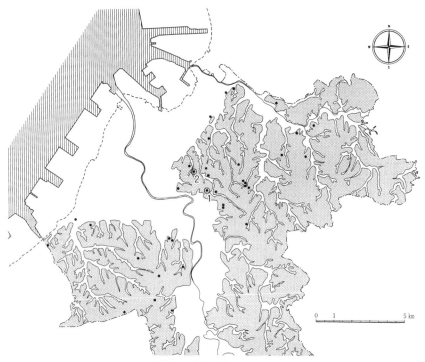

図1　市原市内貝塚分布

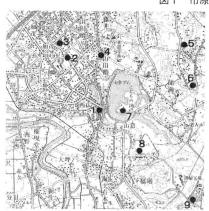

図2　国分寺台周辺の主な縄文後期貝塚
1：西広貝塚　2：祇園原貝塚　3：北野原遺跡　4：亥の海道貝塚　5：上小貝塚　6：分区貝塚　7：山倉貝塚　8：天王貝塚　9：武士遺跡

図3　西広貝塚遠景
　　（7次調査時・東側平坦面貝層）
　　（市原市教育委員会保管）

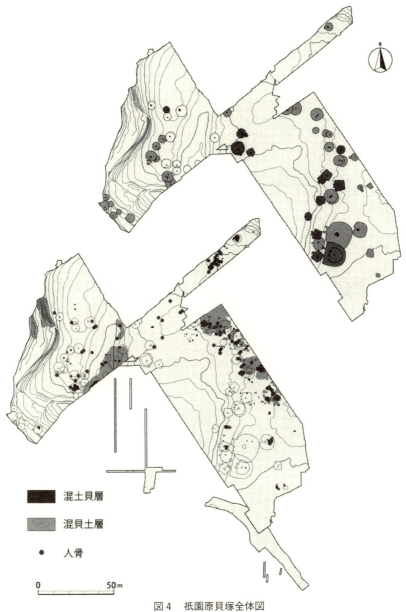

図4　祇園原貝塚全体図
上：住居跡の分布　下：貝層と人骨の分布

近世にいたるまで数多くの遺跡が遺され、ことに奈良・平安時代には「上総国分寺」が置かれるなど古代には政治・文化の中心であった。1970（昭和45）年、この「国分寺台」に新たな街づくりが計画され、土地区画整理事業というかたちの開発がおこなわれることになり、貝塚・集落跡・古墳群・寺院跡など数々の遺跡が発掘調査されることになった。380万㎡の開発区域内でおこなわれた遺跡発掘調査総面積はおよそ40数万㎡、調査には1972年から1988年まで実に17年の歳月を要した。ここに紹介する祇園原・西広貝塚も、その一環で発掘調査されたものである。両遺跡周辺は、市内で最も貝塚が集中する場所であり、北野原・亥の海道・上小・分区・山倉・天王・武士など、縄文後期主体の大規模貝塚集落が存在し、その多くは部分的あるいは全域にわたって発掘調査がおこなわれている。

（1） 祇園原貝塚の調査

　祇園原貝塚は、1977年の第1次調査を初めとし、上総国分寺台遺跡調査団による計4回の大規模な発掘調査によって、大型貝塚の大半が調査された。調査の結果検出された遺構は、縄文時代後～晩期の住居51軒・土坑369基（早期の炉穴を含む）・埋設土器18基などである。このうち縄文時代後期の住居には、出入口部施設をもつ特徴的な形態をとるものが多く、これらは時期別の変遷を追えるものとして発掘調査当時から注目された。集落は、縄文後期全般にわたり、その中央に位置する窪地をとりまくように位置を変えながら展開している。貝塚は、住居や土坑の覆土中に形成された比較的密度の高い貝層と、遺構外に分布する密度の低い貝層とで構成されているが、概して厚い堆積ではなかった。祇園原の縄文集落のあった場所は、その後、弥生集落、上総国分尼寺の寺域内へと姿を変えていく。弥生時代以降とくに上総国分尼寺造営に際して、貝層が部分的に移動ないしは除去されている可能性もあり、全体の形状としては、遺跡中央付近に位置する凹地状の地形（いわゆる中央広場）をとりまくように展開する、集落の周辺に環状ないし馬蹄形に形成された大規模貝塚の様相を呈していたとみられる。その分布範囲は、およそ南北190m・東西190mと後述する西広貝塚よりも広大である。貝塚の形成時期は、縄文時代後期全般にわたるものであった。また、貝層中・貝層下からは112体の埋葬人骨、1体の埋葬犬が検出された（図4）。このうち、土坑内に複数の人骨を埋葬する事例（多遺体埋葬）は、最近では各地で知られるようになってきたが、当時はまだ類例が少なく、縄文時代の埋葬の一形態としてその特異な方法が発掘調査時点から注目されていた。整理作業ではこれらを含め全ての人骨について、専門家による形質人類学的分析をおこなった。遺物としては遺構や包含層中より各時代の多量な土器、縄文時代を中心とする土製品890点・石器8,642点などが出土し、遺物総

量は、整理箱約3,600箱分におよんだ。1994（平成6）年度より国庫補助事業としておこなわれた5年間の整理期間を経て、1998年度末に調査成果が報告書として公表された（市原市教育委員会 1999）。

　また、その後1991（平成3）年度には、市の公園整備に伴う調査として、縄文集落中央広場西側部分約3,000㎡に対する確認調査がおこなわれた。その結果、後期の住居跡17軒、埋葬人骨6体、埋葬犬1体などを検出している（財団法人市原市文化財センター 1995）。この箇所については、国分寺中央公園として保存されている。

（2）西広貝塚の調査

　西広貝塚は、1972・1973年におこなわれた第1次調査をはじめとし（上総国分寺台遺跡調査団 1977）、以後断続的に1986・1987年の第7次調査まで最大径150mほどで南側に開口部をもついわゆる馬蹄形貝塚と集落の大部分が発掘調査された（表1）。このうちとくに、遺跡の西側斜面部には最大2mを超える厚い貝層が形成され、東側平坦面にも厚さは比較的薄かったものの南北約60mにわたって広がる貝層がみられた（図3）。この東側平坦面および中央平坦面の貝層中・下からは、72体におよぶ多数の埋葬人骨が検出され、また、いわゆる中央広場の一部からは土偶・石棒など祭祀関係の遺物類が多量に出土した。住居跡などの遺構は、これら広場をとりまくように展開する（図5）。貝塚や集落の主体となる時期は、後期前葉の堀之内1式期と後期中葉の加曽利B式期であるが、ほぼ後期の全般にわたる時期のものがみられ、一部中期末や晩期にも小規模な貝層が形成されている。とくに晩期前・中葉の貝塚は、関東地方では珍しく、その上下に堆積した獣骨類を多量に含む遺物包含層とともにそのあり方が注目された。発掘調査段階で出土した土器・石器など人工遺物がおよそ、1500箱、獣骨類は300箱ほどにおよんだ。ただし、大規模な貝層と膨大な遺物量のわりに、住居跡など遺構数が極めて少ない点（検出住居数は40軒に満たな

表1　西広貝塚・発掘調査の経過

調査次	調査区呼称	調査地点	調査年度	特記事項
1次	──	中央平坦面（中央広場）	1972・1973年	中央広場から土偶・石棒など祭祀具が多量に出土　調査区の南北に貝層検出、貝層中・下から多数の人骨検出
2次	ＳＳ1	南側平坦面（遺構ほか）	1980年	曽谷～安行式の大型住居検出
2次	ＳＳ5	東側平坦面・包含層	1980年	
3次	Ｓ1～Ｓ5	北端部平坦面・包含層	1981年	遺跡北側の限界確認
4次	Ｓ6・Ｓ8	西側斜面貝層	1982年	最大2mを超す厚さの斜面貝層、小規模な晩期貝層検出
5次	ＳＹ	南側斜面貝層	1983年	南側斜面に形成された住居と貝層検出
6次	ＳＯ	南側斜面貝層	1984年	同上
7次	セ53	東側平坦面貝層	1986・1987年	広域に広がる貝層検出、貝層中・下から多量の土器出土、貝層中・下から多数の人骨検出

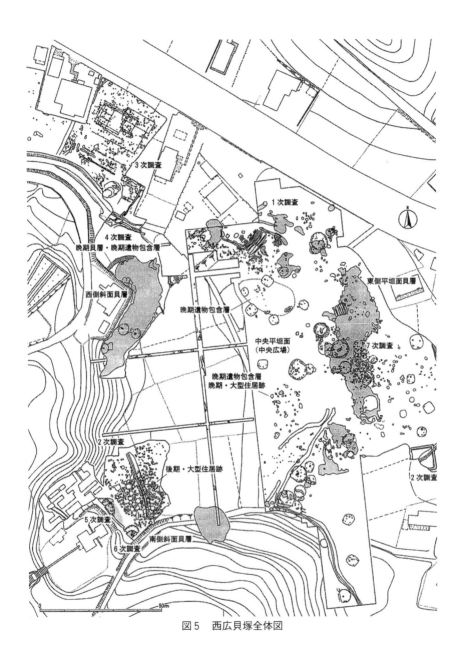

図5　西広貝塚全体図

い）は発掘調査時点から注意されるところであった（市原市教育委員会 2005)。

2 貝塚の分析作業

　祇園原・西広貝塚が発掘調査されていた時代、日本各地でも大規模な貝塚調査が相次ぎ、貝塚のもつ情報量の多さが注目され、その調査方法が検討されていた。貝塚の貝層を全て現地から持ち帰ってのちに詳細に分析するという「貝塚の悉皆調査」があちこちでおこなわれはじめ、東京都港区の伊皿子貝塚（港区教育委員会 1981)、宮城県の里浜貝塚（東北歴史資料館 1982)・田柄貝塚（宮城県文化財保護協会 1986) など、この方法を実践し調査成果が報告された遺跡も現われていた。祇園原貝塚・西広貝塚は、こうした流れのなか、「貝塚の貝層は全て採取し、後に詳細に分析する」という方針のもとに調査されたのである。

（1）祇園原貝塚の貝層分析作業

　祇園原貝塚では、遺構内外に形成された後期全般にわたる貝塚の大半を採取した。その数は整理箱およそ3,000箱におよび、このうち形成時期が明確で堆積状況の良好な79ヵ所532地点の貝層サンプルを詳細に分析した（最小1㎜目のフルイ残留物まで）。この結果、貝類・魚類・獣類・植物（炭化物）など多種多様な当時の食糧資源の残骸を多量に検出し、これらの時期・地点による相違点を明らかにできた。また、詳細分析箇所以外の全ての貝層についても、4㎜目のフルイ残留物まで遺物の抽出をおこなった結果、微細な石器などとともに294点の骨角貝製品が検出された。全ての作業をおこない、報告書刊行までに要した時間はおよそ5年であった。

（2）西広貝塚の貝層分析作業

　一方、西広貝塚の調査では、貝塚の構成層の全てを層序ごとに貝層サンプルとして採集した。とくに、第4次調査の対象となった西側の斜面部に形成された貝層は、厚いところでは最大2ｍにおよび、純貝層と呼ばれるイボキサゴやハマグリを主体とする貝層が幾重にも重なる良好な状態だった。これらを斜面方向に沿って、4ｍのグリッド内を幅50㎝に分割し、貝層断面を観察し分層したあと層序ごとに掘り下げ、全て整理箱に回収していった。貝層のボリュームが大きかったため、この地点の貝層だけでその量は整理箱2万箱に達した。分厚い貝層の細かい分層、そして貝層の掘り下げ、遺物と貝層の回収作業が連日繰り返された。このため発掘調査自体も長期間にわたったが、その後1997年から本格的に開始された整理作業は、貝層内容物の分析作業を中心に、最終報告書の刊行まで10年間を要した。貝層サンプルの総量は、整理箱で約37,000箱におよび、これらのフルイを使った水洗いと内容物の抽出・分類だけで、実に整理期間の約半分の5年間が費やされたのである。

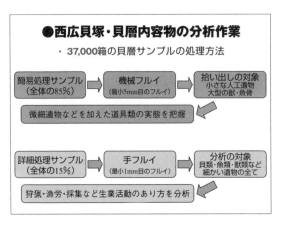

　西広貝塚の貝層分析作業は、大きく分けると次の二つの方法でおこなった（模式図参照）。一つは、貝層全体のおよそ85％を対象に、5㎜のフルイ目上に残る遺物を全て回収する「簡易処理」という方法である。この作業は、主に電動のフルイを使用し、貝層が保管されていた仮施設脇に井戸を掘り、水洗いおよび水洗後の残留物の仕分けおよび主要遺物の抽出までを現地でおこなった。この作業の目的は、貝層中から土器・石器・骨角貝製品、大型の動物遺存体などを抽出することにあった。5㎜のフルイ目上に残る遺物、すなわち5㎜以上のサイズの遺物を全て回収するのが主たる目的であったが、これはいわば「発掘調査の限界」への挑戦でもあった。我々が通常、発掘調査時点で見つけ出せる遺物の大きさは、概ね1㎝程度までと言われている。細心の注意をはらえば、これより小さな遺物、例えば小さな玉類など一部の遺物が見つけられることもあるが、それはごく稀なことで全体量のごく一部にすぎない。したがって、「いわゆるサンプリングエラーを極力なくし、貝塚内に遺されている各種遺物の実態を把握する」というのがこの作業をおこなう意図であった。もう一つは、貝層全体のおよそ15％を対象に、最小1㎜のフルイ目上に残る遺物を全て回収する「詳細処理」という方法である。これは、各地の貝塚でよくおこなわれている「コラムサンプリング」と呼ばれる方法であり、ある貝塚の貝層のうち堆積状況が良い地点を選び、その貝層の全てを層序ごとに採集して細かく分析するというものである。この作業は、センター本部に貝層を持ち帰り、10・4・1㎜の試験フルイを使って人力で水洗いした後、フルイ上残留物の分類・選別・同定・集計作業をおこなった。この作業の目的は、貝塚全体から偏りないように地点を選定したうえで部分的に貝層を回収し、簡易処理作業では抜け落ちてしまう全ての微細遺物を分析することにある。これによって、貝類、魚類、獣類、微小貝類など、当時の生業活動や環境などが復元できる。このように、西広貝塚では、この二本立ての方法で全37,000箱の貝層について気の遠くなるような分析作業を10年にわたって実施したのである（市原市教育委員会 2008）。

3 道具類構成の実態

このフルイを使った水洗いと内容物の抽出・分類作業は、貝塚調査の要である。「貝塚のなかみを詳しく調べる」ことによって、当時おこなわれていた生業活動、生活環境、使用されていた道具類の実態などさまざまな事柄が明らかになる。膨大な貝層サンプルの水洗選別作業には、多くの時間と労力を要するが、そこから明らかにされる事実はなにものにも代え難い。

それでは、こうして明らかになった道具類の実態、とくに装身具類のうちわけやその出土状況などについて見ていくことにしよう。

（1）道具の素材

貝塚構成層の全量サンプリングと貝層サンプルの全量水洗・選別の徹底の結果、西広貝塚からはこれまでの常識を覆すほど大量の人工遺物が検出された。とくに骨角貝製品は多種多様で、その数およそ5,600点はおそらく関東地方で

表2　西広貝塚各種遺物出土量

器種	土製品			石器・石製品			骨角貝製品				計
調査次	土器片錘等生産用具	耳飾・垂飾	土偶・土版等呪術用具	石鏃等生産用具	垂飾	石棒等呪術用具	ヤス等生産用骨角器	貝刃等生産用貝製品	垂飾等装飾用骨角器	貝輪等装飾用貝製品	計
1次	228	12	221	583	9	104	51	11	27	28	1,274
2次（南側）	21		14	433	6	56	1				531
2次（東側）	19		7	55		2					83
3次	66	3	35	648	5	40					797
4次	550	31	82	5,142	56	112	399	1,088	336	2,635	10,431
5・6次	24	2	4	332	6	7	69	29	40	89	602
7次	391	11	42	1,058	21	50	106	84	101	504	2,368
計	1,299	59	405	8,251	103	371	626	1,212	504	3,256	16,086
総計	1,763			8,725			1,838		3,760		16,086

は群を抜いており、全国的にみても屈指の資料となるだろう（表2）。骨角貝製品は、通常の遺跡ではほとんど出土しない貝塚特有の遺物であるから、そのあり方を知ることは、当時使用されていた道具類の実態を知るために非常に重要である。貝や骨類の利用は、ともすれば忘れがちなこれら重要素材の存在を改めて我々に知らしめてくれる。例えば、鏃類や刺突具・刃物の主体は石製と考えがちであるが、実際には鏃では骨や鹿角、雄イノシシの下顎犬歯が多用されていることが明らかになった。雄イノシシの下顎犬歯は、錐や斧型、ナイフ状に加工したものが多くみられる。また、魚などの解体・鱗落としなどの用途が推定されるハマグリなど二枚貝の腹縁部を加工した貝刃、さらに土器製作時の器面調整などの用途が推定されるヘラ状貝製品などは、出土点数も多く、専用の道具としての評価も必要であろう。これら貝製品を検出することの難しさは、後述する貝製装身具と同様であるが、調査者の注意力次第で資料数を増やすことが可能なのである。

（2）道具のサイズ

最小5mm目のフルイを使ったフルイ上水洗選別作業によって、微細な人工遺物の回収が可能となる。祇園原貝塚・西広貝塚では、遺跡内の貝層のほぼ全てに対してこの作業をおこなっている。このことは、貝塚を伴わない通常の遺跡において、遺跡を埋めている土壌の全てに対してこの作業をおこなうことが、時間や労力の面でほぼ不可能な現状では、サンプリングエラーをほとんど考えずに資料評価することができる貴重な事例といえる。例えば、玉類には、直径5mmほどの微小サイズのものも多く見られ、石製のほかこれまであまり知られていない土製のものなども検出されている。また、土製の耳飾りには、各種サイズのものが見られ、中には直径5mm程度の極小サイズのものが存在することがわかった。耳朶を穿孔する際、小さなものから徐々に大型のものへ着け替えていく、装身習俗の一端を垣間見ることのできる好例となった（図6 – 10・11）。

（3）多様な装身具類

装身具類の素材が多様で、とくに石や土製よりも骨角貝製のものが数量の上で優位にあったらしいことは、祇園原貝塚の調査報告後指摘したことがある（図6・7、表3・4）。とくに、玉状・管状などに定型化しない、動物の骨格の一部に穿孔を施すのみの単純な形態のものが多いことは、縄文時代の装身具の特性としてとらえた（忍澤 2004ｄ）。これらのことは、さらに西広貝塚の事例を加えたことによって補強された。検出資料数が飛躍的に多くなったことによって、石・土・骨角貝製各種素材の装身具のうちわけが明瞭になり、骨角貝製素材を多用する縄文装身具の特性はより顕著になったと言える。装身具素材に使用される多様な動物相は、縄文人と動物との密接な関わりを示すとともに、

表3　祇園原貝塚出土の装身具類

出土状況＼種類	髪針	土製耳飾	土製腕飾	貝輪	半環状腕飾	垂飾	赤彩貝	計
土壌中　住居内	1	19				3		23
土壌中　土坑内		3				6		9
土壌中　包含層		29	1			15		45
貝層中　住居内	1			7		21	2	31
貝層中　土坑内						7		7
貝層中　遺構外	3	2		22	2	65	6	100
貝層中　人骨副葬	1					3		4
計	6	53	1	29	2	120	8	219
比率 (%)	2.7	24.2	0.5	13.2	0.9	54.8	3.7	

表4　祇園原貝塚出土の垂飾の素材

出土状況＼種類	玉状										管状			札状		環状			計
	石製	土製	骨製	鹿角製	歯牙製	タカラガイ	イモガイ	アマオブネ類	二枚貝類	穿孔二枚貝	ツノガイ	骨製	鹿角製	イノシシ牙製	骨角製	イノシシ牙製	骨角製	カサガイ類	
土壌中　住居内		1			1						1								3
土壌中　土坑内	3	1			1							1							6
土壌中　包含層	13	2																	15
貝層中　住居内			1	1	2		2				14				1				21
貝層中　土坑内						1		3			3								7
貝層中　遺構外	2		9	2	4		4	1			35	6	1	1					65
貝層中　人骨副葬				2											1				3
計	18	4	10	5	8	1	6	4	0	0	53	7	1	1	2	0	0	0	120
	22		34								61			3		0			
比率 (%)	18.3		28.3								50.8			2.5		0			

一部の動物に対する強い意識を示している。オオカミ・ツキノワグマ・サメ・アシカなど稀少な動物の歯や部位骨の使用例は、交易品としての流通をも想定させる。一方、切断痕をもつ骨端部が多量に検出できたことにより、従来その同定が困難だった「管状垂飾」の素材種・部位の同定が進んだ。とくに、ムササビの四肢骨が多用され、しかも一部に線刻や彫刻など入念な加工をする製品が多く見られることから、いわゆる「特産品」的な流通も視野に入れて考える必要がでてきた。

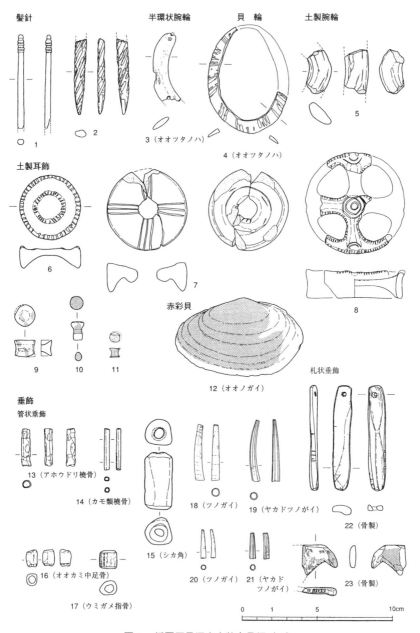

図6　祇園原貝塚出土装身具類（1）

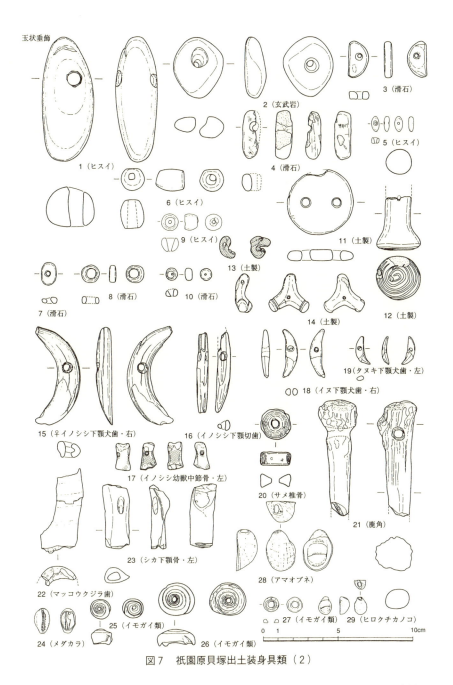

図7 祇園原貝塚出土装身具類（2）

4　装身具の出土状況

（1）装身具と人骨との供伴関係

　縄文時代の装身具に、人の埋葬に伴うものが少ないことは、すでに先学により指摘されている（堀越 2008）。祇園原貝塚からは112体、西広貝塚からは72体の人骨が検出されているので、装身具の供伴関係を知るうえで好事例となる。結論としては、両遺跡の多数の人骨埋葬に伴う装身具は皆無に近い。確実な事例では、祇園原・西広ともに土器内の幼児埋葬に伴う製品で、祇園原貝塚例が大型の雄イノシシ下顎犬歯製垂飾、西広貝塚例がタカラガイの加工品であることは、これらが例外的に副葬されたものであることを示唆する（図8）。前述のように、両遺跡の貝層中からは膨大な数の石・土・骨角貝製装身具が検出されている。祇園原・西広の集落構成員は、日常的にはこれらの装身具を多数身につけていたと考えられるが、その人の死に際してそれらはことごとくはずされているのである。検出された各種装身具類に、道具の機能を持続できない致命的な損傷などが少ないものが多いことを念頭に、縄文時代の装身・埋葬習俗のあり方、装身具類が無造作に検出される貝塚の意味についていま一度検討する必要がある。

（2）貝製装身具の出土状況

　西広貝塚の調査で、各種遺物が遺跡内のどの箇所で出土しているか検討した結果、同一の貝塚において地点によってモノの出方に差があるものがあることがわかってきた。例えば、1次調査の際に指摘された土偶・石棒などの祭祀関係の道具類は、貝塚中央部付近などに集中的に出土し、あまり貝層中からはみつかっていない。一方、貝製装身具は、西側の斜面貝層から多量に検出されており、とくにタカラガイの加工品の製作残骸が集中的に廃棄された箇所もみつかっているが（図9）、東側平坦面貝層中からの検出は少ない。また、土器のうち遺存度の高いものは東側平坦面貝層に多く、西側斜面貝層には少ない傾向もみられた。このように、モノによる出土地点の偏りは、例えば貝塚におけるそれぞれの場所の意味づけや機能の差を表している可能性もあり、限られた貝層サンプルや一部の地点調査から貝塚全体を復元することの難しさを示している。

5　房総半島における貝材利用の実態

（1）西広貝塚での貝製装身具検出量

　貝製装身具類の種類と量の多さは、西広貝塚の調査成果の中で最も注目されることの一つである。これまで、こういった貝製装身具資料は、全国各地で出

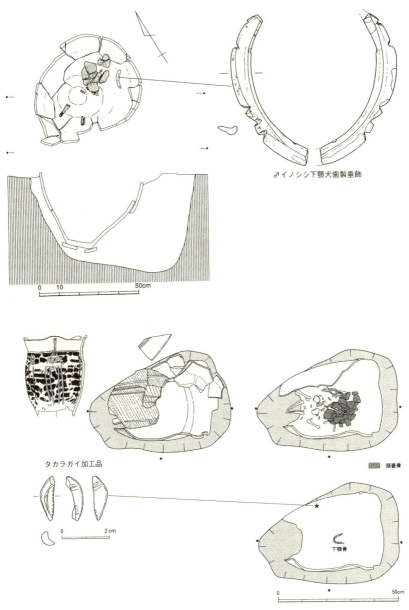

図8　幼児埋葬と副葬品
上:祇園原貝塚　下:西広貝塚

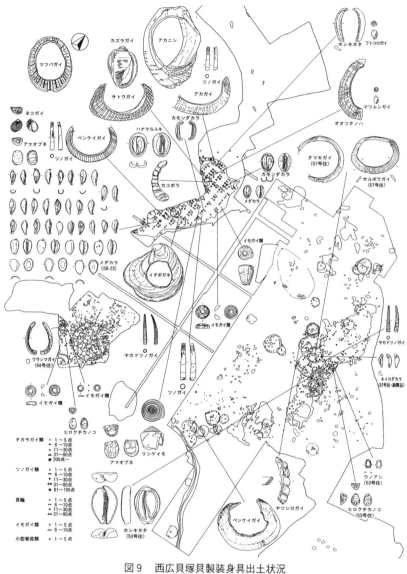

図9　西広貝塚貝製装身具出土状況

表5 西広貝塚貝製装身具素材貝のうちわけ

● タカラガイ類加工品

種名	西広貝塚 点数	比率(%)
メダカラ	355	69.7
カモンダカラ	58	11.4
チャイロキヌタ	28	5.5
ホシキヌタ	17	3.3
ハナマルユキダカラ	11	2.2
コモンダカラ	10	2.0
キイロダカラ	7	1.4
サメダカラ	6	1.2
シボリダカラ	4	0.8
オミナエシダカラ	4	0.8
クチグロキヌタ	3	0.6
ハナビラダカラ	3	0.6
ナシジダカラ	2	0.4
ハツユキダカラ	1	0.2
種不明	8	—
計	517	
ヤツシロガイ	7	
カコボラ	2	
ウラシマガイ	2	
カズラガイ	4	
計	15	

● イモガイ類加工品

種名	西広貝塚 点数	比率(%)
サヤガタイモ	31	53.4
ベッコウイモ	11	19.0
リシケイモ	7	12.1
ハルシャガイ	9	15.5
種不明	88	—
計	146	
マガキガイ	7	

● 小型巻貝類加工品

種名	西広貝塚 点数	比率(%)
アマオブネ	16	35.6
ヒロクチカノコ	12	26.7
フトコロガイ	5	11.1
マツムシガイ	2	4.4
ネコガイ	5	11.1
ウノアシ	4	8.9
マツバガイ	1	2.2
計	45	100

● 貝輪

種名	西広貝塚 点数	比率(%)
サルボウガイ	113	23.8
アカガイ	9	1.9
サトウガイ	75	15.8
フネガイ科	122	25.7
ベンケイガイ	67	14.1
タマキガイ	17	3.6
タマキガイ科	27	5.7
イタボガキ	11	2.3
マツバガイ	10	2.1
オオツタノハ	15	3.2
アカニシ	8	1.7
計	474	100

● ツノガイ類加工品

種名	西広貝塚 点数	比率(%)
ツノガイ	633	59.7
ヤカドツノガイ	427	40.3
計	1060	100

● 小玉状・平玉状貝製品

種名	西広貝塚 点数	比率(%)
海産二枚貝	11	64.7
淡水産二枚貝	1	5.9
ビノスガイ	1	5.9
アワビ類	4	23.5
計	17	100

● 赤彩貝

種名	西広貝塚 点数	比率(%)
オオノガイ	557	76.2
ハマグリ	54	7.4
シオフキ	20	2.7
バカガイ	12	1.6
オシジミ	75	10.3
アサリ	7	1.0
ヤマトシジミ	2	0.3
マツカサガイ	3	0.4
サビシラトリ	1	0.1
種不明	19	—
計	750	

参考：館山市鉈切洞窟・大寺山洞穴（後期）出土のタカラガイ・イモガイ類

種名	鉈切洞窟	大寺山洞穴
メダカラ	2	6
カモンダカラ	3	11
ハナマルユキダカラ	2	5
チャイロキヌタ	1	2
ホシキヌタ	2	2
コモンダカラ	1	2
オミナエシダカラ	2	0
サメダカラ	0	2
ハナビラダカラ	0	1
キイロダカラ	0	1
エダカラ	1	0
計	14	32

種名	鉈切洞窟	大寺山洞穴
サヤガタイモ	11	19
ベッコウイモ	6	0
リシケイモ	3	3
ハルシャガイ	0	2
計	20	24
マガキガイ	3	39

図10 西広貝塚からみつかった貝製装身具
（いずれも南房総産）（市原市教育委員会保管）

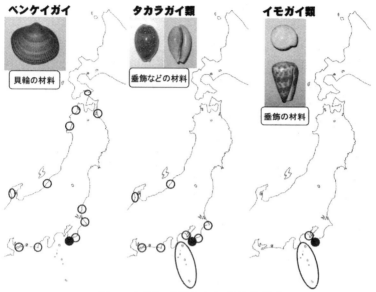

図11　東日本の現生打ち上げ貝類集積地

土しているものの、その内容や数の実態はなかなか把握できなかった。素材が貝であることと、加工が単純なため検出が困難なことによる。表5に、それらのうちわけを示した。総数およそ3,200点、貝輪・垂飾・赤彩貝などがその主なものであるが、垂飾素材などとして使われたタカラガイ類・イモガイ類・ツノガイ類は、これまで各地の貝塚の発掘調査で一遺跡から検出された量の数倍から数十倍という量であり、そのあり方は西広貝塚の特徴の一つと言ってよい（図10）。また、これら総数で1,700点にもおよぶタカラガイ・イモガイ・ツノガイ類加工品のうち、発掘作業中に発見されたものは皆無に近く、ほぼ全てが貝層のフルイ上水洗選別作業の過程で検出したものであることは、貝製品の検出の困難さ、そしてフルイ上水洗選別作業の威力と必要性を改めて痛感させる事例となったのである。しかし、この事例が、単純に多量の貝層内容物から徹底的に当該資料を選び出した結果だとは言い切れない。どんな遺跡でも、同様な調査をすれば同じ結果が得られるかどうかは、後述する西広貝塚での諸事象から考えて疑わしいと言わざるを得ない。西広貝塚と祇園原貝塚は、ともに同様の方法で貝塚内容物の分析をおこなっている。相違するのは貝塚のボリュームで、貝層の総量は西広が祇園原のおよそ12倍である。したがって、単純に計算して、各種道具類は、この貝層総体の差に比例して多くなって当然であるが、

図12 タカラガイ（ホシキヌタ）加工品分布図

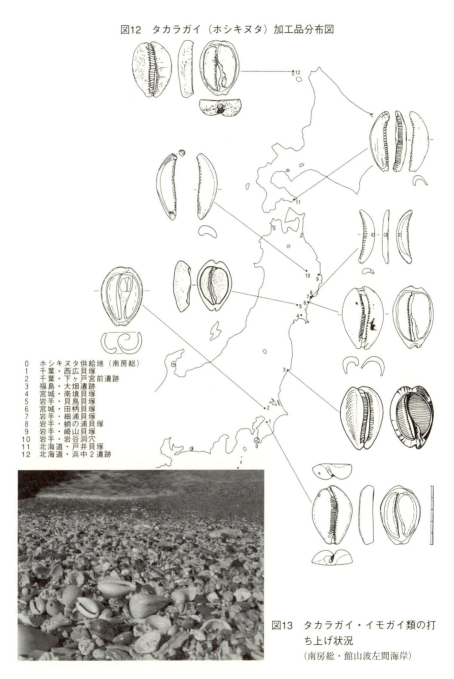

0 ホシキヌタ供給地（南房総）
1 千葉・西広貝塚
2 千葉・下ヶ戸宮前遺跡
3 福島・大畑遺跡
4 宮城・南境貝塚
5 宮城・田柄貝塚
6 岩手・貝鳥貝塚
7 岩手・蛸ノ浦貝塚
8 岩手・細浦貝塚
9 岩手・崎山貝塚
10 岩手・岩谷洞穴
11 北海道・戸井貝塚
12 北海道・浜中2遺跡

図13 タカラガイ・イモガイ類の打ち上げ状況
（南房総・館山波左間海岸）

西広貝塚からはその比率をはるかに超える骨角貝製品が検出されており、とくに貝製品に顕著なことは留意されるのである（表2・3・4）。

（2）貝製装身具素材の供給源

　縄文時代に貝輪や垂飾など貝製装身具の素材となった貝類には、「暖海系の貝」が多く使われている。これらには房総半島を生息の北限にするものが多く、なおかつ東日本各地での現生貝類の海岸打ち上げ状況を調査した結果、南房総を中心とした海域にこうした貝類を多量に打ち上げる良好な集積地が存在し、これらはほかの地域をはるかにしのぐものであることが明らかになってきた（図11）。縄文時代に関東・中部・東北・北海道など各地の遺跡から発見される貝製品の素材の多くが、これら房総半島を中心とした海域からもたらされた可能性が高い。主に垂飾の素材となったとみられるタカラガイ・イモガイ類はその筆頭である。

（3）西広貝塚の貝製装身具の評価

　西広貝塚の3,200点におよぶ貝製装身具類の中には、未加工の貝および未製品や加工残骸が多量に含まれていた。このことは、素材貝が製品製作を目的に採集され、西広貝塚集落内で加工され、そして製品の多くが集落外に搬出されてしまっていることを物語っている。房総半島における現生貝調査データの分析の結果、西広貝塚で出土した貝製装身具類の素材の多くが、房総半島南端の館山湾を中心とする海域で「打ち上げ貝」として入手された可能性が高いことが明らかとなった（図13）。しかも、素材貝の入手は、西広貝塚集落自らの手によっておこなわれた可能性が高いことも、素材入手の仕方が非選択的（大きさ・質など素材をあまり厳選しない）やり方であることから推定された。もし、素材貝の獲得が、南房総の海岸近くに住む集団によって頻繁におこなわれたなら、貝の大きさや質に対する意識がより選択的な方向に働いたと考えられるからである。また、西広貝塚と南房総地域との密接な関係は、館山市鉈切洞窟や横浜市称名寺貝塚など湾口部や外洋域の遺跡に特徴的な「組合せ式刺突具」や「ノの字状刺突具」が出土していることからも間接的に示されている（金子ほか 1958）。西広貝塚と南房総館山付近までは、直線距離でもおよそ100kmある。素材供給地とそれを自ら獲得した集団が遠距離にあることは、同じ貝製装身具であるベンケイガイなどの貝輪が素材供給地の至近に位置する集団によって主におこなわれる場合が多いこととは対照的である（忍澤 2004b・2006a、山崎 2006）。

　つまり、西広貝塚は、房総半島の恵まれた「貝材」を有効に利用した中心的集落の一つと考えられるのである。この貝材とは、タカラガイ類、イモガイ類、ツノガイ類、アマオブネ、マツムシガイ、フトコロガイなど主に中・小型の巻

貝で、垂飾の素材などに使われたとみられる。製品は、北海道を北限に、太平洋側を中心に広く東日本全域に分布している（図12）。これら製品の広域分布は、貝材が全国的に通用する交換素材であったことを示しており、房総半島の縄文集落にとっては、黒曜石や翡翠を筆頭とする貴重な石材などとの交換財としての役割を十分果たす資源であったとみられる。祇園原貝塚、西広貝塚など、大型貝塚の調査によって、資源としての「貝材」利用の実態がようやく見え始めてきたのである（忍澤 2007a）。

参考文献

市原市教育委員会 1999「祇園原貝塚」『上総国分寺台遺跡調査報告』Ⅴ

市原市教育委員会 2005「西広貝塚Ⅱ」『上総国分寺台遺跡調査報告』ⅩⅣ

市原市教育委員会 2007「西広貝塚Ⅲ」『上総国分寺台遺跡調査報告』ⅩⅦ

市原市教育委員会 2008「発掘いちはらの遺跡2・特集：市原の大貝塚」

忍澤成視 2000「縄文時代における貝製装身具の実際」『貝塚博物館紀要』27、千葉市立加曽利貝塚博物館、pp. 1-24

忍澤成視 2001「縄文時代におけるタカラガイ加工品の素材同定のための基礎的研究―いわゆる南海産貝類の流通経路解明にむけて―」『古代』109、pp. 1-76

忍澤成視 2004a「縄文時代のイモガイ製装身具―現生貝調査からみた素材供給地と入手方法―」『動物考古学』21、pp. 35-71

忍澤成視 2004b「特論　貝輪素材供給地から消費地へ―余山貝塚と古作貝塚出土資料からの検討―」『千葉県の歴史』資料編　考古4、pp. 1250-1267

忍澤成視 2004c「（3）骨角貝製品」『千葉県の歴史』資料編　考古4、pp. 316-373

忍澤成視 2004d「縄文時代における垂飾素材の実際」『玉文化』創刊号、pp. 39-57

忍澤成視 2005a「貝輪素材として選択された貝種の流行の背景―フネガイ科製の貝輪素材の分析を中心として―」『動物考古学』22、pp. 37-63

忍澤成視 2005b「タカラガイ加工品の用途を示す一事例」『動物考古学』22、pp. 83-89

忍澤成視 2005c「いわゆる「舌状貝器」について―果たして意図して作られた利器か、その存在理由をさぐる―」『古代』118、pp. 31-43

忍澤成視 2006a「縄文時代におけるベンケイガイ製貝輪生産―現生打ち上げ貝調査を基礎とした成果―」『動物考古学』23、pp. 1-37

忍澤成視 2006b「関東地方における縄文中期の貝輪の実態」『千葉縄文研究』創刊号、pp. 57-76

忍澤成視 2006c「北海道のベンケイガイ製貝輪生産―貝輪研究の視点：現在貝類調

査を基礎とした成果─」『考古学ジャーナル』543、pp. 3 - 14

忍澤成視 2007a「縄文時代における房総半島の貝材利用の実態─千葉県市原市西広貝塚の貝製装身具の分析結果を中心に─」pp. 25 - 52

忍澤成視 2007b「貝および貝製品の流通─貝製装身具研究の可能性・現生貝類調査成果からわかること─」『縄文時代の考古学』6、同成社、pp. 246 - 255

忍澤成視 2007c「縄文中・後期におけるタカラガイ・イモガイ加工品の社会的意味」『縄文時代の社会考古学』同成社、pp. 107 - 135

上総国分寺台遺跡調査団 1977「西広貝塚」『上総国分寺台遺跡調査報告』Ⅲ

金子浩昌ほか 1958「館山鉈切洞窟の考古学的調査」

財団法人市原市文化財センター 1995「根田祇園原貝塚（第 5 次調査）」『市原市文化財センター年報』平成 3 年度

東北歴史資料館 1982「里浜貝塚Ⅰ─宮城県鳴瀬町宮戸島里浜貝塚西畑地点の調査・研究Ⅰ─」

堀越正行 2008「装身具からみた縄文時代」『千葉の貝塚に学ぶ』

港区教育委員会 1981「伊皿子貝塚遺跡」

宮城県文化財保護協会 1986「田柄貝塚Ⅰ・Ⅱ・Ⅲ」『宮城県文化財調査報告書』111

山崎　健 2006「渥美半島における貝輪素材の獲得」『考古学ジャーナル』541

山崎　健・織田銑一 2006「渥美半島における打ち上げ貝類の研究」『田原の文化』32

4 微小貝類からみた東京湾沿岸の巨大貝塚の時代

黒 住 耐 二

　縄文時代中期から後期にかけて、東京湾東岸には、著名な加曽利貝塚や堀之内貝塚などの馬蹄形の巨大貝塚が形成されている。今回、筆者が行っている貝塚土壌中の微小貝類から推定される事象を、最近報告した千葉県市原市の西広貝塚の結果を中心に考えてみたい。微小貝類とは、およそ成貝（＝大人）でも殻の大きさは1cm未満（多くは5mm未満）の種を指すこととする。これらは、そのサイズから当然食用ではなく、様々な過程を経て貝塚から得られるものである。

　ここでは、①陸産貝類による遺跡周辺の古環境推定、②海産微小貝類による植物利用、および③食用貝類の採集・調理・廃棄の問題について述べてみたい。

1　西広貝塚における微小貝類サンプリング

　西広貝塚は、東京湾東岸の市原市に位置する縄文時代後晩期の環状貝塚を有する巨大遺跡である（滝口1977、鶴岡・忍澤2007）。今回解析を行った3つの土壌サンプルの採取地点（図1）として、後期の住居址内貝層（地点貝塚；平坦面貝層）は57号住居に、後晩期の斜面貝層はS6－44グリッド（南壁：図2）に、晩期の斜面貝層はS6－33グリッドに位置している。それらの詳細な土器形式による時期は、後期の住居址が堀之内式（後期前葉）であり、後晩期の斜面貝層が下部に堀之内式、破砕貝層を挟んで上部に加曽利B式（後期中葉）～曽谷式、最上部に安行1、2式（後期後葉）と安行3a、b式（晩期前葉）、そして晩期の斜面貝層は前浦式（晩期中葉）である。

　今回、住居址内貝層と晩期の斜面貝層では30×30×5cmのコラム（柱状）サンプルが採取され、後期の斜面貝層では詳細に区分された各層の土壌から約20リットルが無作為に抽出された。いずれも最小1mmメッシュまでのフルイを用いた水洗選別が行われ、浮き上がったもの（フローテーション法のLF）も回収され、各メッシュに戻された。この各メッシュの残渣中から、注意深く微小貝類が抽出された（図3）。これらについて、実体顕微鏡下で、種の同定と成長

段階(成貝／幼貝の区別など)や出土部位(完形や殻頂など)、さらには焼けて黒くなっているかどうかの確認を行った。ただ、一部の陸産貝類や食用種では、このサイズより大きな種の破片なども微小貝類遺体として取り扱った。

2　陸産貝類による遺跡周辺の古環境推定

貝塚土壌中から陸産貝類(カタツムリ)の得られることは、日本においても研究の初期から知られていた。例えば、大山(1940)は史前学研究所に収集されていた日本各地の貝類標本リストを作成しているが、その中には12科30種の陸産貝類が含まれており、加曽利貝塚

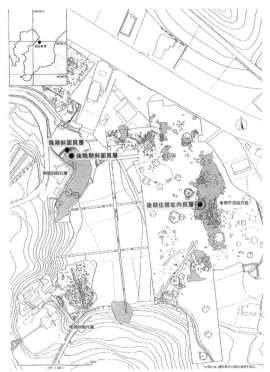

図1　西広貝塚の土壌サンプル採取位置
(鶴岡・忍澤 2007に加筆)

図2　後晩期の斜面貝層断面
(S 6-44-GH、市原市教育委員会保管)

からは15種程度と陸産貝類の約半数の種数を記録している。これらの多くは微小種で、リスト中には「捕important認メ難シ」などと記され、その大きさから食用ではないことを示している。

これらの陸産貝類は、周辺の植生から貝塚に集まってきて繁殖したり、短距離を流されてきたものである。日本には約800種の陸産貝類が生息しており、それぞれの種は、主に乾燥に対する耐性などで、森林の中に生息する種(林内生息種)・林の縁にすむ種(林縁生息種)・草原や開けた灌木林に見られる種(開放地生息種)などの好適な生息環境を持っている(表1、図4)。逆に言うと、この陸産貝類の組成から、貝塚形成時の古環境を推定することが可能なのである。このよう

な研究は、日本では滋賀県大津市の縄文時代前期の石山貝塚（丹・塚本 1956）で調査され、その後、東京都港区の縄文時代後期の伊皿子貝塚（金子ほか 1981）でも詳細に検討された。1990年代以降、関東地方を中心に研究例が蓄積されている。

（1）西広貝塚の陸産貝類と推定される古環境（黒住 2007a）

　西広貝塚からは、少なくとも、13科31種の陸産貝類が確認された。3つのサンプルのいずれかで全出土個体数の1割を占めていた種を優占種とし、その組成を示したのが図5である。後期の住居址では、ヒメベッコウ類似属（開放地生息種、図3右上）やヒメコハクガイの一種（開放地生息種：ヒメコハクガイ類と表記：図3左中）・ゴマガイ（林縁生息種、図3左上）が、20-15％と優占種の中でも多かった。そのほかにも、ほかのサンプルでは少なかったヒカリギセル・ヒダリマキマイマイ・ヒダリマキゴマガイ（すべて林縁生息種）も目立っていた。後晩期の斜面貝層では、個体数も多く、ゴマガイが全体の40％程度と優占し、ほかの種の割合は低いものであった。晩期の斜面貝層では、ヤマタニシ（林内生息種）が40％を超える高率で、ゴマガイ・ミジンヤマタニシ（林内生息種）も10％以上と多かった。

　これらの出土した陸産貝類の生息場所類型組成から、当時の遺跡周辺の古環境＝植物景観とその変化を推定してみたい。3つのサンプルの生息場所類型組成を図6に示した。住居址貝層では林縁生息種が半数を超え、開放地生息種も40％と多く、林内生息種は少なかった。後晩期の斜面貝層では林縁が70％と大半を占め、林内と開放地は低い割合であった。

　後晩期の斜面貝層では、時期の異なる貝層が認められているので、各時期の組成を図7に示した。この時、陸産貝類の生息場所類型の頻度は各単位サンプルの個体数に依存してしまうため、ここでは各単位サンプル

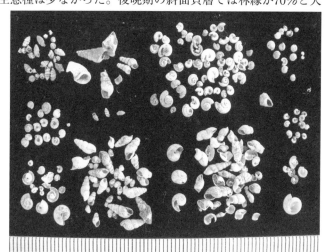

図3　西広貝塚の1つの単位サンプルから抽出された微小貝類
　　（目盛は1㎜）（市原市教育委員会保管）

表1 千葉県市原市における各種環境下での陸産貝類の相対密度
（黒住・岡本 1994を改変）

	岩崎	玉前	五井	菊間	神崎	志保井	養老	栢橋	鶴舞	梅ヶ瀬	大福山
立地／植生タイプ	A	B	C	D	D	D	D	E	F	F	F
サンプル数	1	1	1	5	2	3	1	1	3	2	6
ホソオカチョウジ	1	1	1								
ヒメコハクガイ*	24	1									
オカチョウジガイ	1	3			3.0						
ウスカワマイマイ	1										
トクサオカチョウジ*				8	7.60						
ミスジマイマイ				2	1.40						
ヒメベッコウ				1		3.0	0.33				
オナジマイマイ*					0.20						
エンスイマイマイ					1.40						
ナミコギセル					0.40						
チャコウラナメクジ*					P						
ヒダリマキマイマイ		2			0.60		0.33		1	1.00	P	0.17
ウラジロベッコウ					P				0.67		
ヤマタニシ					0.40				0.67	0.5	
ナミギセル					0.40						0.50
ヒダリマキゴマガイ					1.0	1.67					
カサキビ					1.0						
ニッポンマイマイ					1.5				1		
キヌツヤベッコウ?						0.33					
ゴマガイ						2.00					
ヒカリギセル						1.33		1	8.00		4.00
キヨスミビロード						0.33				1	0.17
ムシオイガイ							P				
ヤマナメクジ									0.33		0.17
レンズガイ									1.5		
サドヤマトガイ									0.5		
タワラガイ											0.33
ハコネギセル											2.50
ヒメギセル											0.17

10分あたりの死殻を含めた確認個体数。
和名の後の*は移入種を、Pは方形区調査に出現したことを示す。
A：海岸埋立地／人工林、B：河川敷／低木草本、C：低地／低木草本、
D：台地部辺縁／二次林、E：山地／二次林、F：山地／自然林

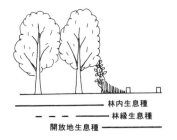

図4 陸産貝類の生息場所類型模式図

間のそれぞれの類型を単純に平均することで示した。ただ、10個体未満の単位サンプルは対象から除いた。

その結果、後期から晩期にかけて時期と関係なく、林縁が60－70％程度で、図6の全体の頻度とほぼ同じであった。一方で、後期後葉の時期に、金子・鶴岡（2007）の陸産貝類の群を大別したデータではオカチョウジガイ類とキセルガイ類が優占し、ゴマガイの割合が低いという組成が示されている。筆者の同定したものから推測すると、オカチョウジガイ類はオカチョウジ（図3左下2番目）、キセルガイ類はヒカリギセル（図3左上2番目）が大部分であると考えられる。つまり、この時期にはある程度開けていたことが考えられる。

晩期の斜面貝層では、ほかとまったく異なり林内が60％、林縁が35％となり、開放地はわずかであった。

前述してきたことから、本遺跡の周辺環境を推定してみると、主体となる縄文後期では斜面部で前葉・中葉とも組成に大きな変化はなく、ゴマガイを中心とした林縁の種が優占することから、やや開けた林であったと考えられる。ただ、ゴマガイは林縁の種の中では湿性な環境を好み、斜面林の林床には低木層

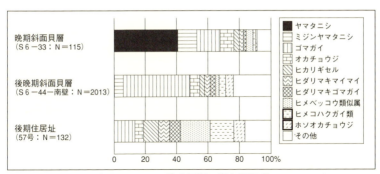

図5　西広貝塚における陸産貝類の優占種組成（黒住 2007a）

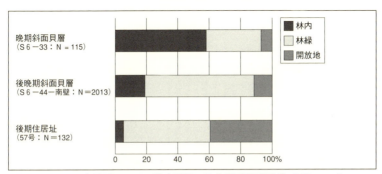

図6　西広貝塚における陸産貝類の生息場所類型組成（黒住 2007a）

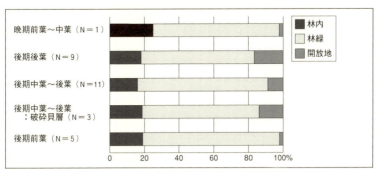

図7　西広貝塚における後晩期斜面貝層の生息場所類型組成（黒住 2007a）

や草本層がやや発達していたと思われる。そして、スジケシガイやハコネヒメベッコウ（図3右下）などの自然度の高い森林にのみ生息する種が比較的多く得られたことも、林床がそれ程開けていなかったことを示している。とくにハコネヒメベッコウは現在の房総半島には生息しておらず、縄文時代以降の森林

伐採に伴って、この地域から絶滅したと考えられる種である。

　斜面と比較して、台地上の住居址内貝層ではヒメベッコウ類似属やヒメコハクガイ類が多くなり、開放地の割合が増加し、住居周辺は開けていたと考えられる。しかし、林縁の割合の方が高いことから、住居廃絶後に林縁生息種が分散してきたとも考えられるが、むしろ貝層上部で出土個体数が少ないことから、住居周辺は完全な草地のような環境ではなかった可能性が高い。今回、同じ堀之内期の組成の比較から、同時期の台地上住居周辺と斜面貝層との相違を明確にすることができた。

　その後、後期中葉までは安定していた斜面林が、後期後葉から晩期前葉にかけて人為的改変を受けたと考えられる。とくに今回の晩期斜面貝層の部分は、貝を廃棄する前に土壌が動かされていた可能性も指摘されている。そのため、オカチョウジガイやヒカリギセルが多くなり、ゴマガイなどが減少したと考える訳である。同時期でも地点ごとに陸産貝類の組成に相違が認められるので、人間の行為は少し時間幅を持っていたと考えられる。

　その後、晩期になるとヤマタニシなどの生息可能な自然度の高い林が回復してきたと考えた。

　これらの変化を西広貝塚周辺の縄文遺跡などと比較すると、隣接した縄文後期を中心とした住居址内貝塚では、亥の海道貝塚（忍澤 1992）・上小貝塚（忍澤 1995）・祇園原貝塚（忍澤 1999）では、やはり林縁や開放地のものが優占する組成となっている。ただ、上小貝塚では、後期中葉までヒメコハクガイ類やホソオカチョウジ（図3右下2番目）が優占していたのに対し、後期後葉にそれまで出土していなかった林内生息種のオオケマイマイやゴマガイが確認されている。つまり、本遺跡の晩期に認められた林内の群の増加が少し早めに認められたとも考えられる。そして、この地域では、弥生後期の東千種山遺跡の住居址内貝層から、チュウゼンジギセル・ヒメギセルなどの自然度の高い森林に生息する林内生息種も確認されている（金子 1989）。縄文晩期から弥生時代にかけて、西広貝塚周辺の台地斜面林は縄文後期中葉以前より、自然度が高くなった可能性が示唆される。これは、弥生時代前期の遺跡が極めて少ないことから、当然人間の干渉が少なくなり、植生遷移が進んだ結果と考えられよう。

（2）他遺跡との比較

　実は西広貝塚と比較できる巨大貝塚の詳細な陸産貝類のデータはかなり少ない。そのため、ここでは比較の地域を南関東に広げ、巨大貝塚の時代を表す西広貝塚と比較してみたい。

　縄文早前期の貝塚は住居址内や周辺の土坑などに形成されることも多い。早期後葉の千葉県本埜村龍水寺裏遺跡の炉穴（黒住 2004c）・同佐倉市太田長作遺

跡の土坑（黒住 2005）からは開放地のヒメコハクガイ類・ホソオカチョウジが大部分を占める組成が知られている。前期中葉から後半の埼玉県蓮田市天神前遺跡（田中 1991、金子 1991a）や東京都品川区池田山北遺跡（金子ほか 1990）でも早期と同じ 2 種が優占し、ヒカリギセル・ゴマガイなども含む組成が報告されており、また神奈川県横浜市西ノ谷貝塚の住居址内貝層（坂本・中村 1991、忍澤 2003）ではキセルガイ類（ヒカリギセル？）やヒメベッコウ（類似属？）が優占している。いずれも斜面貝層ではないので、開放地のものが優占している可能性もある。しかし、前期後葉の神奈川県横浜市茅ヶ崎貝塚では斜面貝層から下部の層でゴマガイが比較的多い組成が知られているが（忍澤 2001）、やはり林内生息種は少ない。

中期でも、住居址内貝層などとして千葉県松戸市の木戸前 II 遺跡（加納 1996）・中峠遺跡（植月・金子 2006）や同市川市の向台貝塚（阿部 2002）から陸産貝類の組成が報告され、これまでの時期と同じくオカチョウジガイ類やヒメベッコウ類似属などの開放地のものが多いものの、ゴマガイやキセルガイ類も増加している。海岸部では、東京都北区中里貝塚（樋泉ほか 2000）からも開放地のものが多いながら、ヒメギセルやキビガイなどの林内生息種が確認されている。斜面貝層の例では、加曽利北貝塚では、オカチョウジガイ類とキセルガイ類がリストされており（金子 1977）、霞ヶ浦沿岸の茨城県麻生町の於下貝塚（加納 1992）ではヒカリギセルを中心に林縁のものが優占する組成となっている。

中後期のものとしては、最初に述べた大山（1940）の加曽利貝塚のリストや東京都大田区千鳥窪貝塚（樋泉 1997）の例があり、とくに前者にはヒメギセルや千葉県から絶滅したツムガタモドキギセルなどの、後者では東京の低地部から絶滅したハコネギセルと林内生息種のキセルガイ類が含まれている。霞ヶ浦沿岸の上高津貝塚（黒住 1994）では、斜面貝層からの厚いコラムサンプルが解析され、多数個体が抽出されている。その結果として、イブキゴマガイやヒメギセルなどの林内のものが多く、斜面上部のコラムで斜面中部のものより開放地の割合が高いことなどが報告されている。

後期になると、巨大貝塚の例を含め、西村ら（1957）による先駆的な千葉県市川市の堀之内貝塚からの陸産貝類リストを含め、同曽谷貝塚（金子 1991b）・千葉市加曽利南貝塚（金子 1976）・東京都港区の伊皿子貝塚（土田・中村 1981）・同北区の西ヶ原貝塚（金子 1994、植月 2002）・同七社神社裏貝塚（植月・金子 2002）、渋谷区豊沢貝塚（加納 2001）などから陸産貝類の報告がある。全体としてみた場合には、やはりヒメベッコウ類似属やヒメコハクガイ類が多いものの、ヒメギセルなどの林内生息種も確認されるようになる。伊皿子貝塚

図8 ヒメギセルの
地理的分布
（自然環境研究セン
ター 2002）

では、海岸部に立地しながら、林縁生息種のゴマガイなども優占し、とくにこの種は層の変化する部分に多く、その期間、食用貝類廃棄が中断されていたのではないかと推測されている（土田・中村 1981）。西ヶ原貝塚では、ほかではあまり報告例のないタワラガイが多い例も存在している（植月 2002）。

後晩期の例としては、印旛沼周辺の環状盛土遺構を持つ千葉県佐倉市井野長割遺跡（黒住 2004ab）や成田市の台方花輪貝塚（黒住 2007b）がある。前者では地点や時期によって組成は異なるが、開放地のものに西広貝塚でも確認されたハコネヒメベッコウなどの林内の種も確認され、後者では台地上は開けており、斜面部はかなり林に覆われていたことが示されている。

遺跡ごとに詳細な組成は異なってはいるものの、巨視的な変遷としては、縄文早期の住居周辺では開放地生息種がほとんどを占めており、縄文前期には斜面部で林縁性の種が認められるが、住居址などでは開放地生息種の優占度が高い傾向にあった。住居址内貝層の覆土形成過程にもよるが、早期では、台地の縁に位置する土坑からも林縁性の種がほとんど得られないことから（黒住 2005）、陸産貝類の生息環境としての当時の斜面林は縄文中後期の林とはある程度異なっていたと想定される。また遺跡数とその規模から、当然この時期に比較的大規模な斜面林の伐採が行われたとも考えにくい。

縄文時代中期以降になると、ヒメギセルに示されるような林内生息種も多くの遺跡で確認されるようになる。ヒメギセルは、現在では本州中部地方以北の主にブナ林の倒木や朽木に生息している種である（図8）。そして、加曽利南貝塚からは現在の下総台地には生息していないイブキゴマガイが比較的高い割合で得られていたり（金子 1976）、ヒメギセルと同様な分布を持つツムガタモドキギセルの報告（大山 1940）など、斜面貝層で人為的な撹乱（森林伐採など）の少ない森林の存在が示唆される。この状況は、後晩期にも引き継がれ、西広貝塚で示したように（図6）、晩期でより明瞭になってくる。同様な自然度の高い森林の存在は、台方花輪貝塚でも想定されている（黒住 2007b）。

このように、中後期の巨大貝塚では、台地上の集落周辺で人間が生活を行っていた訳であり、当然であるが、集落周辺はホソオカチョウジやヒメコハクガイ類の優占していることから草地や潅木林のみが存在するような開けた空間で

210 第Ⅲ章　最先端の貝塚研究と縄文社会論

あったと推定される。一方、斜面貝層の形成される斜面林は、ヒメギセルやイブキゴマガイなどの出土から、林床に倒木が存在し、下草に覆われ、乾燥しない自然度の高い森林が存在していたと推測される。

　このように考えると、集落周辺の斜面林には植物遺体として多く出土するクリ林などはそれ程多くなかったのではないかと想定される。つまり、結実したクリを拾うためには、林床は下草刈りなどを行い、開けた状態にする必要があると考えられるが、貝塚の陸産貝類はそのような乾燥化を示していないのである。ただ、陸産貝類の組成は「貝塚」に限られたものであり、また地点により組成がかなり変化するので、斜面林全体にクリ林が存在しなかったかどうかは、現時点では不明である。

　陸産貝類では、縄文早期から前期に開けたような林が、中後期には自然度の高い林が、さらに晩期には前の時代より撹乱の少ない森が存在していたのではないかと考えた訳である。これらの変化は、周辺地域の花粉分析結果（例えば辻ほか 1983、吉川 1999）には基本的に認められておらず、両者は調和的ではない。一つには、陸産貝類が花粉分析の対象となるような地理的スケールよりも、より小さなスケールで遺跡周辺の古環境を示しているためと考えられる。また、縄文晩期後半から弥生前期には南関東で遺跡数が激減しており、台地の斜面林では人為的な干渉が弱まり、数百年のオーダーで森林は極相に向かって変化すると考えられる。下総台地の縄文晩期頃に現在房総半島から絶滅してしまったハコネヒメベッコウなどが存在することは、この変化を示すものと考えられる。今後、様々な面から、遺跡周辺の微細な環境復元が行われることにより、陸産貝類と花粉との齟齬の持つ内容が明確になってくるものと思われる。

（3）陸産貝類遺体の持つ特性

　遺跡周辺の古環境を復元する方法として、花粉・珪藻・プラントオパールが用いられる。しかし、これらでは貝塚土壌中では残存率が低かったり、下部へ移動したりするため、貝塚ではなく隣接地点の還元的な谷部などで調査が行われることになる。そのため、貝塚の地点としてのデータを示すことが難しい。逆に、微小貝類は通常の酸性土壌では溶解してしまうのでまったく残らないが、貝塚では残存率が高く、上記の例のように多数土壌中から抽出される場合も多い。そして、遺跡内の特定地点の環境を推定できる点が強みである。

　ただ、西広貝塚の同時期の台地上住居址と斜面貝層でも大きく組成が異なり、同様な例は上高津貝塚（黒住 1994）や台方花輪貝塚（黒住 2007b）でも当然認められている。そのため、異なった地点や遺跡間の比較には、サンプリングされた地点の特性（住居址／斜面など）の理解が不可欠となり、また詳細な長期間内の変遷を知ることは難しい。

しかし、西広貝塚の後期後葉から晩期前半で推測したように、遺跡内での土壌の移動が生じた場合、急激に上下の層中の出土個体数や組成に変化の生じる場合もあろう。つまり、陸産貝類から土壌の短期間の移動などを想定できる可能性も考えられる。これは、短期間に多量の食用貝類を廃棄した場合の純貝層でも、陸産貝類が少なく、期間の短さをある程度推測できるのかもしれない。

　また、西広貝塚ではオカチョウジガイ類・ヒカリギセル・ヒダリマキマイマイなどのナンバンマイマイ科やオナジマイマイ科で、比較的多くの小型幼貝が確認された。これらの種は、貝塚で産卵／孵化したものと考えられる。そのため、とくにヒダリマキマイマイ（図3下中央）で顕著であったが、ある単位サンプルに集中する傾向も認められた。これらの幼貝が認められた層位は、各種の産卵時期から春から秋に形成された可能性が高い。

　陸産貝類による貝層の季節性や堆積速度に関しては、上記のような貝塚内での産卵や貝殻の死後の移動、あるいは貝層内部での移動など、未検証の部分ばかりであるので、ほかから隔絶した確実な一回廃棄貝ブロックなどでの陸産貝類の種組成・サイズ組成の分析と、貝殻成長線などによる季節推定をクロスチェックできる例を増加させて、初めて推測可能になるものと考えられる。

3　海産微小貝類による植物利用の推定

　陸産微小貝類と同様に、貝塚からは海産の微小種も得られる（表2）。これらは人間活動の結果、海から陸上の貝塚へと廃棄された訳である。それらの由来は、①食用貝類遺体の一部、②食用貝類遺体に混入、③植物の利用などが考えられる。①に関しては、次に紹介することとし、ここでは、③の植物利用に関して述べてみたい。

　海産微小貝類から植物利用を推定するということは、「ワカメのような海藻上に生息していた微小貝類（葉上性貝類）などが、海藻などと共に遺跡に持ち込まれ、残渣として貝塚に廃棄された」という過程を証明することである。海藻や花を付ける種子植物ながら海に成育するアマモ類（海草）は分解しやすいため、遺跡内外から植物体自体が得られることはほとんどない。そのため、先史時代に海藻／海草が人間に利用されていたことを直接示すことはほとんど不可能なのである。その利用を検証するために、海藻上に生息する微小貝類から推定する訳である。このような想定は、直良（1965）により遺跡からハリハマツボ（＝シマハマツボ）を得たことで示され、陸産貝類と同じく伊皿子貝塚でも検討された（金子ほか 1981）。

　これまでに、（1）アマモの直接利用（＝根を食用とする）、（2）「藻塩焼き」としての製塩関係の利用、（3）海岸に生育する枯死したアシ（ヨシ）の利用

の3つが想定されている。

(1) 食物としてのアマモの直接利用

　東京湾沿岸の遺跡では葉上性種のマキミゾスズメハマツボ（図9右下）やシマハマツボ（図9左上）の出土から海藻／海草利用が想定されている（金子ほか1981、加納1998・1999・2001）。ただ、シマハマツボはハマグリやイボキサゴの生息する砂泥質干潟のアマモ上に高密度で生息しており、その死殻は干潟表面にかなり多い。そのため、貝塚からシマハマツボが得られた場合でも、上記②の死んだハマグリ貝殻中の砂泥などに混入して遺跡に持ち込まれたことも考えられる。良く観察すると、シマハマツボの殻表面が磨滅しており、死殻であることがわかる場合もある。また、マガキの殻上に生息すると考えられる微小巻貝のクチキレモドキ類も、殻形態はシマハマツボに酷似しており、種の同定には細心の注意が必要である（加納2001）。東京都北区西ヶ原貝塚の最初の報告ではシマハマツボが多数報告されていたものの、次の報告ではクチキレモドキ類の優占することが記され（金子1994、植月2002）、後者である可能性も高いと思われる。また、アマモ利用の場合、葉上性種はザルなどで洗う処理を行った後に一括して廃棄されると考えられるので、出土も集中する可能性が高い。

　上記のような詳細な検討を経た結果、加納(2001)は、千葉県松戸市の縄文時代中期から後期初頭の東平賀貝塚と木戸前Ⅱ遺跡の2遺跡で集中したシマハマツボの出土を確認し、アマモの名前の由来や主に北アメリカ先住民の民俗例から、アマモ根茎を直接食用としたと考えた。

　西広貝塚では（表2）、海藻由来とした葉上性貝類は極めて少なく、

図9　内湾に生息する葉上性動物
（目盛は1mm、上段左右の端は現生個体、ほかは遺跡出土個体）

表2　西広貝塚から得られた微小海産・淡水産貝類（黒住2007a）

	後期：住居址内貝層 57号住居 10サンプル		後期：斜面貝層 S6-44-南壁 43サンプル		晩期：斜面貝層 S6-33 11サンプル	
	種数	個体数(焼)	種数	個体数(焼)	種数	個体数(焼)
砂泥質干潟	7	409 (18)	13	1996 (16)	4	2189 (1)
イボキサゴ		342 (13)		1923 (12)		2173
ウミニナ類		45 (4)		46 (4)		9 (1)
海藻由来	2	2 (1)	1	2 (1)	0	
シマハマツボ		1				
ウズマキゴカイ類				(2) (1)		
泥質干潟	0		2	2	0	
ウミゴマツボ				1		
マガキ由来	3	5 (3)	4	16	0	
タマキビ		2 (1)		9		
ウズマキゴカイ類				(2) (1)		
アシ原	3	74 (40)	2	14	0	
ヨシダカワザンショウ？		70 (37)		10		
淡水	1	1	0		0	
カワニナ		1				

検討したサンプル内では、アマモの食用を明らかにはできなかった。しかし、シマハマツボ・ウネハマツボ・マキミゾスズメハマツボ・マルテンスマツムシ（図9左下、幼貝）などの内湾域に生息する葉上性貝類の出土は、東京湾沿岸の貝塚の土壌サンプルを詳細に検討すると比較的普遍的に得られるので、海草などの利用は存在していたと考えても良いように思われる。

　ただ、実際に同定が確実で、葉上性種が集中して出土している例は、加納（1998・2001）の示した千葉県松戸市の2遺跡や神奈川県横浜市の縄文前期の西ノ谷貝塚（坂本・中村 1991）、および東京都北区の中里貝塚のC2地点（樋泉ほか 2000）程度と、まだ少数である。これには、前述のように葉上性貝類が集中して廃棄されると考えられることから、遺跡内での偏在が想定され、少数の土壌サンプルからは検出しにくいことも関係していよう。ただ、上記の西ノ谷貝塚の例より、前期から利用されていた可能性も高い。

　また、シマハマツボは内湾のアマモ葉上にのみ生息するわけではなく、内湾から外海の多くの海藻／海草上に生息する。例えば、岩礁域の海藻生育地を通称するガラモ場（多くの場合ホンダワラ類を指すことが多い）でもシマハマツボは最優占種となっている（例えば向井 1976）。そして、東北地方南部の縄文貝塚では、外海での海藻類採集が海産微小貝類から推測されている（黒住・山崎 1997、黒住 2008）。葉上性貝類と海藻類の種特異性は比較的低いので、利用されていた海藻類の特定は難しいと考えられるが、今後も海藻ごとの葉上性貝類に関する研究が望まれる（例えば倉持 2001など）。

　いずれにしても、東京湾沿岸の巨大貝塚でも、加納（2001）が想定したように、アマモがある程度重要な食料資源であった可能性は存在するので、今後とも注意が必要である。

（2）「藻塩焼き」

　万葉集などに出てくる海藻／海草を焼き、その灰から製塩に至る過程やその一部が「藻塩焼き」である。弥生時代以降では、伊勢湾奥部の朝日遺跡（渡辺 1991、森 1991）や北部九州の海の中道遺跡（山崎 1993）で藻塩焼きの行われていたことが示されているので、先見的に縄文時代から藻塩焼きが行われていたと想定され勝ちであるが検証された例は極めて限られる。

　加納（2001）は、東京都渋谷区の縄文後期豊沢貝塚の灰層を含む土坑内から、焼けた個体を多数含む海産微小貝類（一部、環形動物のウズマキゴカイ類の棲管を含む）を抽出し、葉上性種のシマハマツボやウズマキゴカイ（図9右上）、アシ原からその前面に生息するカワザンショウガイ類（図10左）・カワグチツボ（図10中）、混入種（シオフキ幼貝・ヘナタリ幼貝など）で焼けた個体の多いことを認めた（表3）。これを、葉上性が優占し、とくに海藻などに付着するウズ

表3 東京都豊沢貝塚114号遺構から抽出された貝類（加納 2001を改変）

生息環境	種名	焼けている	焼けていない	合計
湾奥アシ原	カワザンショウ	1		1
	クリイロカワザンショウ	19		19
湾奥泥底	クビキレガイ sp.	9	1	10
	ミズゴマツボ sp.	1		1
	カワグチツボ	1		1
葉上性	シマハマツボ	14		14
	シマハマツボ sp.	1		1
	マルテンスマツムシ	1		1
	ウズマキゴカイ	16		16
その他	ヘナタリ sp.(幼)	1	1	2
	イボウミニナ(幼)	1	2	3
	クチキレモドキ sp.(A)		1	1
	クチキレモドキ sp.(B)		1	1
	イトカケギリガイ科 sp.		1	1
	ヨコイトカケギリガイ	1		1
	ツメタガイ?	2		2
	腹足類種不明	3	5	8
	シオフキ(幼)	2		2
	ウネナシトマヤガイ	1	1	2
	アサリ(幼)		1	1
	キヌマトイガイ	1		1
	二枚貝種不明	3	1	4
	合計	78(83.9%)	15(16.1%)	93

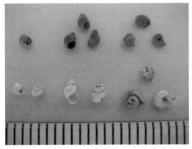

図10 焼けている遺跡出土海産貝類

マキゴカイも比較的多く、ほかの生息場所の種も焼けていることから、打上げられたアマモを焼いた藻塩焼きであると考えた。ウズマキゴカイは、必ずしも海藻などにのみ付着するわけではなく、マガキなどにも付くが、この土坑内からはマガキがほとんど得られていないことも確認されている。このようにして縄文時代の藻塩焼きを検証している。

この例は、弥生時代以降の製塩遺跡の微小貝類遺体では、焼けたウズマキゴカイが優占すること（渡辺 1991、山崎 1993）とも一致し、筆者の知る限り、縄文時代のアマモを用いた藻塩焼きの唯一の確実な例だと考える。しかし、この例では後述する枯死アシ利用と筆者が考えている焼けたカワザンショウガイ類も多く含まれていたり、混入種もかなり高率で焼けていることから、必ずしも打上げられたアマモ「のみ」を用いたものではないと考えている。

西広貝塚ではわずかに焼けたシマハマツボとウズマキゴカイが得られているが（表2）、マガキも出土していることから、藻塩焼きかどうかは不明瞭であった。ただ、東京湾沿岸のデータは限られるが、関東地方から東北地方南部の貝塚からは、多量ではないが、やはり死殻ではない焼けた葉上性貝類が中期から晩期の貝塚から得られている（例えば黒住 1994・2008、黒住・樋泉 2004）。このような事実から、今後の詳細な検討が必要ではあるが、集落内で藻塩焼きのような海藻利用が存在した可能性も指摘できるのではないかと考えている。

また富岡（1999）は、宮城県塩釜市御釜神社の製塩神事から、海産微小貝類が製塩を示す可能性のある興味深い例を報告している。この例では、塩分を濃

縮した海水から塩の精製に海藻のホンダワラ類を利用し、精製される塩には葉上性巻貝のチャイロタマキビ類・二枚貝のエゾヒバリガイ・ムラサキイガイの幼貝といった微小貝類が混入していたことを示している。この場合の微小貝類は、磨滅のない生貝で、焼けていることはないと考えられる。今後、このようなタイプの海産微小貝類の確認も必要となってこよう。ただ、磨滅も焼けもないことから、(1)の直接的な海藻利用との識別は困難であり、やはり現時点では利用される海藻類ごとの微小貝類組成に基づいてのみ、その利用形態を推測する方法しかないのかもしれない。

(3) 枯死したアシ利用の可能性

西広貝塚では、藻塩焼きは不明確であったが、アシ(ヨシ)原(図11)に生息すると考えられるヨシダカワザンショウ類似種で焼けた個体が多く確認された(表2)。この種の分類学的な検討は未了であるが、東京都北区中里貝塚の潮上帯と想定される位置から多数得られた種(樋泉ほか 2000)と同種である。アシ原に生息する種では、斜面貝層の個体は焼けていなかったのに対し、住居址内貝層では半数以上のものが焼けていた。西広貝塚に近接した祇園原貝塚の住居址内貝層でも多くの焼けたカワザンショウガイの出土が報告されている(忍澤 1999)。西広貝塚では得られなかったが、関東地方の貝塚では、カワザンショウガイ類と共に泥干潟に生息するカワグチツボも同様な出土および焼けている傾向を示している(黒住 1994・2004ab、加納 2001、黒住・樋泉 2004)。カワザンショウガイ類のみの出土だと生育していたアシを持ち込んだ可能性も想定されるが、生息環境の異なるカワグチツボも同様に得られることから、枯死し、海水に浸かっていたアシにカワグチツボの新鮮な死殻も付着し、遺跡に持ち込まれて利用されたと考えている(黒住 1994)。

カワザンショウガイ類の焼けている現象は、宮城県鳴瀬町の里浜貝塚でも確認され、アシの利用が想定されている(山田 1986)。このアシの利用(筆者は枯死したものと考えている)に対して加納(2001)は否定的であり、カワザンショウガイ類やカワグチツボも、打上げられたアマモと共に持ち込まれたと考えている。しかし、焼けたカワザンショウガイ類などの認められた遺跡では、アマモを利用した場合の豊沢貝塚で多数得られたウズマキゴカイがほとんど確認できていない。後述する福島県南相馬市の浦尻貝塚では、焼けたカワザンショウガイ類な

図11 冬季のアシ原(千葉県江戸川放水路)

どは縄文時代前期末から晩期中葉までのサンプルに少数ながら連続して認められたが、焼けた葉上性貝類は後期前葉のサンプルに限られていた。つまり、アマモ利用とアシ利用には時期差の存在する可能性があった。これらのことから、やはり筆者には、カワザンショウガイ類はアマモではなく、アシと共に持ち込まれたものと考えられる。そして、西広貝塚の後期のサンプルで示されているように（表2）、アシを焼く行為は主に住居址周辺で行われていた可能性も想定される。

　また、東京湾沿岸の巨大貝塚のデータは極めて限られるが、西広貝塚では晩期の斜面貝層からはアシ原のカワザンショウガイ類がまったく得られていない（表2）。前述の隣接した祇園原貝塚でも、縄文後期の各時期には高率で焼けた本種が認められているにもかかわらず、晩期のサンプルには焼けた個体のなかったことも示されている。縄文時代の終わり頃になると、この地域の巨大貝塚ではカワザンショウガイ類が焼けるようなアシ利用が低調になる可能性も考えられる。ただ、印旛沼周辺の井野長割遺跡では、晩期頃までアシ利用が確認できる（黒住 2004ab）。巨大貝塚ではアシ利用の開始時期のデータはないが、霞ヶ浦沿岸では中期にカワザンショウガイ類が焼けていた例が報告されており（黒住・樋泉 2004）、福島県の浦尻貝塚では前期末から焼けたカワザンショウガイ類が得られており（黒住 2008）、筆者の想定している枯死アシの利用はかなり古くまで遡れるのかもしれない。これが本当に塩と関係していたとすれば、かなり古くから主に住居周辺で枯死したアシを焼くことがあったのかもしれない。いずれにしても、まだまだ事例が少ないので、今後各地の遺跡からのデータによって、この想定の検証が行えるであろう。

　このカワザンショウガイ類が示す枯死したアシの利用方法は、やはり塩に関係するのではないかと想像しているものの、詳細は不明である。ただ、藻塩焼きと考えた豊沢貝塚の組成では、カワザンショウガイ類もかなり焼けたものが多く得られている（表3）。アマモと枯死したアシは一緒に利用された結果であると考えることも可能なのかもしれない。今後プラントオパールによる分析などで、この枯死したアシの利用の妥当性や利用方法の解明が進展することを期待したい。

4　食用貝類の採集・調理・廃棄の問題

　微小貝類と同じメッシュ上の残渣からは、食用貝類の幼貝（＝子供）や破片なども得られる。この微小なサイズから想定される食用貝類に関する事象に関しても簡単に述べてみたい。

（1）貝類の採集方法の一端

　西広貝塚の食用貝類遺体では、ほほどの時代においてもイボキサゴが最も多く80％を超え、ハマグリが10％程度である。イボキサゴに共に混獲されたものとして、アラムシロとウミニナ類（大部分はウミニナ）があり、後者はイボキサゴの約1％程度であることも知られている（金子・鶴岡 2007）。表2でも、イボキサゴとウミニナ類が多く、これらは殻頂部破片とウミニナ類では1cm以下の幼貝も得られている。小型の幼貝も含まれているように、これらの巻貝類の採集には、これまでも想定されているように、一部の貝類では、単に個体を拾い取るだけでなく、ザルのようなもの（＝鋤簾：じょれん）で干潟の砂を一挙にかき揚げ、ふるって採集したことも想定できる。そのため、必ずしも現在の潮干狩りに用いる熊手のような道具だけを使っていたわけではないことも理解されよう。

（2）貝類の調理方法

　縄文時代にどのようにして貝類を食べていたのか、これも貝殻に残された様々な跡から推測できる。まず、多くの二枚貝類はほとんど焼けていないことから、調理法は、生か、茹でるなどのどちらかである。生の場合、剥き身か、殻を割ることが考えられる。最近、縄文時代でも生での剥き身痕が見つかったようだが、基本的には貝殻に剥き身の痕跡がほとんど残っていないので、剥き身が中心であったとは考えにくい。同様に、完全な殻も極めて多いことから、割って食べることも少なかったと考えられる。つまり、茹でるなどの熱を通した調理法がほとんどであったと考えられる。

　そのような加熱調理の中で、近年、東京湾岸の千葉県などの縄文貝塚で大量に出土するイボキサゴの一部は、「ダシ」的に用いられていたのではないかという考えが出されている（西野 1999）。

（3）焼けている破片

　イボキサゴ（図10右）やウミニナ類では、殻頂部破片などが焼けているものも低い割合であるが認められる（表2）。何故、焼けているかに関して、「食用とした貝の一部は、火の周り（＝炉?）に落ち、焼け、破片化し、その後、"掃除"をしてまとめて貝層に廃棄される」というプロセスが考えられる（黒住 2006も参照）。至極当然の過程だが、貝を実際に食べていた空間や炉の周りの清掃・炉周辺の残渣の貝層への集中的な廃棄などを順序だてて捉えることも可能かもしれない。

5　おわりに

　東京湾沿岸の巨大貝塚における微小貝類のデータは、未だ極めて少なく、小

貝塚や他の時期の遺跡との比較もこれから進展していくものと考えられる。しかし、今回、西広貝塚を例にいくつかの視点を提示できたのではないかと考えている。また細かなメッシュを用いた土壌サンプルの水洗選別では、微小貝類以外にも、小型の貝製品（例えば鶴岡・忍澤 2007、図12）や一部では淡水産と考えられる真珠（黒住 2004ab）なども得られている。このように微小な貝類遺体から得られる情報はまだまだ増加すると考えられ、今後もさらなるデータの蓄積が望まれる。

図12　西広貝塚の小形貝製品
　　（鶴岡・忍澤 2007）

引用・参考文献

阿部常樹 2002「市川市向台貝塚出土の陸産貝類遺体について—陸産貝類遺体による貝塚周辺環境および貝層の堆積過程の復元—」『市立市川考古博物館館報』29

植月　学 2002「動物遺体」『西ヶ原貝塚Ⅲ』

植月　学・金子浩昌 2002「動物遺体」『七社神社裏貝塚』

植月　学・金子浩昌 2006「中峠遺跡第5次調査出土の動物遺体」『下総考古学』19

大山　桂 1940「大山史前學研究所所蔵貝塚貝類目録」『史前學雜誌』12－2・3

忍澤成視（編）1992『市原市山田亥の海道貝塚』日本石油株式会社・（財）市原市文化財センター

忍澤成視（編）1995『市原市能満上小貝塚』（財）市原市文化財センター

忍澤成視（編）1999『千葉県市原市祇園原貝塚』（財）市原市文化財センター

忍澤成視 2001「横浜市茅ヶ崎貝塚の貝層」『茅ヶ崎貝塚』

忍澤成視 2003「西ノ谷貝塚J57号住居跡内貝層の調査」『西ノ谷貝塚』

金子浩昌 1976「加曾利南貝塚の動物」『加曾利南貝塚』

金子浩昌 1977「加曾利北貝塚の動物」『加曾利北貝塚』

金子浩昌・中村若江・牛沢百合子 1981「伊皿子遺跡における貝類発掘調査の総括—貝塚にみる縄文時代後期初頭期の生計諸活動—」『伊皿子貝塚遺跡』

金子浩昌 1989「東千種山遺跡の住居内貝塚から検出された動物遺体」『千葉県市原市千種山遺跡・東千種山遺跡』

金子浩昌・井上雅孝・鈴木弥栄子 1990「池田山北遺跡で検出された貝塚の動物遺存体」『池田山北遺跡』

金子浩昌 1991a「天神前遺跡の貝塚と動物遺体」『黒浜貝塚群天神前遺跡』

金子浩昌 1991b「曽谷貝塚第27地点出土の動物遺体」『平成2年度市川市内遺跡群
　　発掘調査報告』

金子浩昌 1994「東京都北区西ヶ原貝塚出土の動物遺体」『西ヶ原貝塚Ⅱ』

金子浩昌・鶴岡英一 2007「動物遺存体」『市原市西広貝塚Ⅲ』

加納哲哉 1992「動物遺存体」『於下貝塚発掘調査報告書』

加納哲哉 1996「微小貝類遺存体」『木戸前Ⅱ遺跡』

加納哲哉 1998「貝塚から出土する微小貝類の基礎的研究―縄文時代における海洋
　　植物利用検討のために―」『松戸市立博物館紀要』5

加納哲哉 1999「縄文時代における海洋植物利用の研究―海草アマモの利用を探
　　る―」『松戸市立博物館紀要』6

加納哲哉 2001『微小動物遺存体の研究』國學院大學大学院

倉持卓司 2001「相模湾のマクサ葉上にみられる貝類群集の季節変化と優占種の成
　　長」『横須賀市博物館研究報告（自然）』48

黒住耐二 1994「柱状サンプルから得られた微小貝類遺存体」『慶応義塾大学文学部
　　民族学・考古学研究室小報』9

黒住耐二・岡本正豊 1994「千葉県市原市の貝類」『市原市自然環境実態調査報告書』

黒住耐二・山崎京美 1997「相子島貝塚出土の微小貝類遺存体（予報）」『相子島貝
　　塚』

黒住耐二 2004a　「千葉県井野長割遺跡の斜面貝層から出土した微小貝類」『井野長
　　割遺跡（第4次調査）』

黒住耐二 2004b「千葉県井野長割遺跡の盛土部貝塚から出土した微小貝類」『井野
　　長割遺跡（第5次調査）』

黒住耐二 2004c「縄文時代早期の龍水寺裏遺跡の炉穴内貝層から得られた微小陸産
　　貝類」『龍水寺裏遺跡』

黒住耐二・樋泉岳二 2004「陸平貝塚11区2層から得られた微小貝類」『陸平貝塚』

黒住耐二 2005「千葉県太田長作遺跡の土坑内貝層から出土した微小貝類」『太田長
　　作遺跡（第2次）』

黒住耐二 2006「貝類遺体からみた遺跡の立地環境と生活」『先史琉球の生業と交易
　　2―奄美・沖縄の発掘調査から―』

黒住耐二 2007a「千葉県西広貝塚の土壌サンプルから得られた微小貝類遺体」『市
　　原市西広貝塚Ⅲ』

黒住耐二 2007b「微小貝が解き明かす先史地表面の環境」『考古学ジャーナル』563

黒住耐二 2008「微小貝類」『浦尻貝塚3』

坂本　彰・中村若江 1991「縄文海進期の住居址覆土内貝層―横浜市西ノ谷貝塚Ｊ
　　30号住居址とその貝層について―」『横浜市埋蔵文化財センター調査研究集録』

8

自然環境研究センター（編）2002『生物多様性調査．動物分布調査（陸産及び淡水産貝類）報告書』環境省自然環境局生物多様性センター

滝口　宏（編）1977『西広貝塚』早稲田大学出版部

田中和之 1991「貝塚について」『黒浜貝塚群天神前遺跡』

丹　信實・塚本珪一 1956「自然遺物」『滋賀県石山貝塚研究報告書』

辻　誠一郎・南木睦彦・小池裕子 1983「縄文時代以降の植生変化と農耕―村田川流域を例として―」『第四紀研究』22 - 3

土田比佐子・中村若江 1981「微小巻貝の出土状況と貝層の堆積」『伊皿子貝塚遺跡』

鶴岡英一・忍澤成視（編）2007『市原市西広貝塚Ⅲ』市原市教育委員会

樋泉岳二 1997「大田区内貝塚出土の動物遺体について」『大田区の縄文貝塚』

樋泉岳二・黒住耐二・山谷文人・切通雅子 2000「貝類遺体」『中里貝塚』

富岡直人 1999「貝類」『考古学と動物学』

直良信夫 1965『古代人の生活と環境』校倉書房

西野雅人 1999「縄文中期の大型貝塚と生産活動―有吉北貝塚の分析結果―」『千葉県文化財センター研究紀要』19

西村正衛・玉口時雄・金子浩昌 1957「堀之内貝塚リ、ハ、ヱ地点発掘」『人類学雑誌』65 - 5

森　勇一 1991「松崎遺跡における古代製塩法について」『松崎遺跡』

向井　宏 1976「ガラモ葉上の貝類について」『Venus』35 - 3

山崎純男 1993「出土遺物各論Ⅳ―自然遺物―」『海の中道遺跡Ⅱ』

山田晃弘 1986「微小巻貝」『里浜貝塚Ⅴ』

吉川昌伸 1999「関東平野における過去12,000年間の環境変遷」『国立歴史民俗博物館研究報告』81

渡辺　誠 1991「松崎遺跡におけるブロック・サンプリングの調査報告」『松崎遺跡』

第Ⅳ章　座談会

巨大貝塚はどう守られたのか

千葉県千葉市加曽利貝塚の全景（西方より）

参加者
後藤和民　　熊野正也　　堀越正行
秋山邦雄　　鈴木正博　　司会：阿部芳郎

阿部　大森貝塚の発見から130年が経ちました。それから今日に至るまでの間、貝塚は日本考古学の発展とともに発掘が繰り返され、さまざまな研究の展開が見られました。

阿部芳郎氏

　そのなかで、東京湾東岸地帯といわれる千葉県域には巨大な貝塚が海浜部に群集している様子が早くから知られ、戦前・戦後を通じて多くの研究者がこの地を訪れました。本日話題に上がる市川市姥山貝塚、堀之内貝塚、曽谷貝塚さらには千葉市加曽利貝塚、荒屋敷貝塚などは古くから発掘報告や論文にその名を見ることができます。

　今日はそうした貝塚が群集する地域に残されている貝塚、これらは国や県、市などの指定遺跡として残されてきたわけですが、その保存と活用のあり方、あるいは貝塚研究の現状と課題といった、さまざまな角度からお話をいただきたいと思います。

　遺跡の保存にいたる経緯は、かならずしも法的な根拠だけに頼り簡単に出来たものではなかったようですし、史跡の活用の場面をどのように考案したかなどという点は、その時々の考古学、貝塚研究と密接に関係していると考えられます。表向きは淡々と進められたかに見える遺跡保存も、実はその裏側に多くの人たちの不断の努力と決意があったことが、これまでなかなか表には見えてこなかった。しかし、これは貝塚研究の学史としても重要な事柄だろうと思います。

　お集まりいただいた方々には、そうした具体的な経験を踏まえて、現状と問題点、さらには現実を踏まえた将来への展望などをお話しいただければと思います。

　さて、わたしが考古学を始めた中学生の頃、愛読した本の中には酒詰仲男さんの書かれた『貝塚に学ぶ』という本があります。その次はちょうど今から30年前に刊行された『縄文貝塚の謎』という本があります。2冊とも貝塚研究の名著といえると思います。とくに『縄文貝塚の謎』には後藤和民さん、堀越正行さんの御両名が参加されておられます。お若いころの写真もあり、楽しく読んだものでした。

　ところが最近は貝塚を勉強するための入門書というものが意外と無い。もちろん、この間に貝殻成長線から季節性を判定する研究や、微小な動物遺体の採集と同定方法などに格段の進歩があったことは事実です。しかし、分析技術を学ぶマニュアル的な入門書はあっても、貝塚か

ら地域や社会を考える、あるいは貝塚から本質的な考古学そのものの興味を深めるといった本は意外と少ないのです。

　そうした中では、つい最近、堀越正行さんのまとめられた『千葉の貝塚に学ぶ』がご自身の貝塚研究の足跡をまとめるという手法で、千葉県の貝塚研究の学史的問題、さらには堀越さん自身の縄文時代観の提言までもがなされており、ここに貝塚から学ぶ新たな一書が加わりました。本書はそれには遠く及ばないかもしれませんが、こうした先学の歩みをひとつの目標にさせていただきたいと思います。

史跡指定への道程

阿部　きょうは後藤さんと熊野さん、堀越さんにもお出でいただいているので、まず市川市と千葉市の貝塚の保存活動などから始めたいと思います。

堀越　千葉県内では昭和5年の香取市良文貝塚が史跡指定の最初ですが、後は戦後になってからです。とくに市川市や千葉市では、堀之内貝塚・姥山貝塚・加曽利貝塚・月之木貝塚・荒屋敷貝塚・曽谷貝塚・犢橋貝塚・花輪貝塚の順に史跡化されています。整備事業はまた異なりますが。市川市域では史跡指定にかかわる事業は熊野さんが担当されました。わたしは曽谷貝塚の指定のお手伝いくらいです。

阿部　それでは堀之内貝塚からお話をお願いします。

熊野　堀之内貝塚の最初の指定は昭和39年です。ここは共有地の部分でした。次は42年で、わたしが就職して2年目の仕事でした。この指定業務の仕事はわたしにとって初めてのことであり、とても難しくとまどうばかりでした。指定の第一歩は地権者の同意を得ることから始まります。地権者からはなかなか同意が得られなかったのです。

阿部　熊野さんの市川市での部署はどこになるのですか。

熊野　その時は社会教育課の文化係の文化財担当です。でも一人しかいない（笑）。その頃は杉原荘介先生が文化財審議委員会の副会長をされていました。

阿部　史跡指定は杉原先生の強い希望でもあったのでしょうか。

熊野　審議委員会での決定事項として堀之内貝塚の国史跡化があったのですが、その推進の中心が杉原先生でした。

阿部　熊野さんが担当した堀之内貝塚の地権者の方はどれくらいいたのですか。

熊野　たしか20名以上いたと思いますよ。

阿部　それでは史跡指定にいたるまでの経緯についてお話しいただけます

か。

熊野　まず地権者の方々に地元の公民館などに集まっていただきました。ちょうどその頃は高度経済成長期であり、田中角栄の日本列島改造論ともからみ土地の価格がうなぎのぼりに上昇した時でした。当然ながら地権者の方は「ハイそうですか」とは行きません。

阿部　自分の資産に関わるわけですね。

熊野　そうです。その土地が史跡になるということは法の網を被るということです。たとえばそこを深く掘ってはいけないとか、勝手に家を建ててはいけないとか、そうした制約が加わるわけです。

熊野正也氏

杉原先生は学問的な見地から、一生懸命堀之内貝塚の重要性を説きます。しかし、地権者側からは大事なのはわかるが、今を生きているわれわれの生活が一番大事だという意見が強かったのです。

阿部　指定地は畑だったのですか。

熊野　当時は半分くらいが畑でした。そこは地元の人たちの生活を支えていた大切な土地であったわけです。史跡指定に関する説明会は全部で5・6回おこなったと思います。その後、正規の仕事を終えてから個人的に

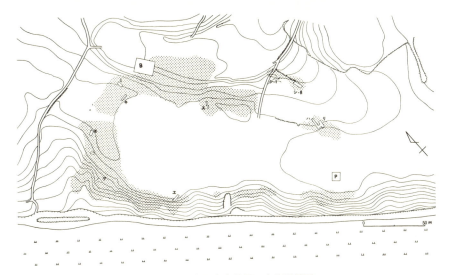

千葉県市川市堀之内貝塚の全体測量図

史跡指定への道程　227

地権者の御宅を訪ねて説明するということを何度も繰り返しました。

　だいたい地権者の中には中心人物がおられ、その人は理屈も立つし、「君たちは市の職員なのにどちらの味方なんだ」なんて言われたこともあります。このように最初の頃は取り付く島も無いような状況だったですよ。

阿部　そうした状態の中でどのようにして貝塚の保存を理解していただいたのですか。

熊野　集会の説明会や個人宅訪問などの繰り返しで、やがて、心が通じ合うようになり、少しずつ史跡指定に関する重要性が認識されてきたように思われます。

　そんなある日のことでした。大体、夕方訪問するのですから、終わるのが10時頃になります。何度かある地権者宅を訪問していた時です。話が一通り終わると、ご主人が「どう、カレーでも食べるかね」と言ってくれたのです。すると上司はわたしの膝をポンとたたいて「熊野君決まったよ」と言うのですよ。そうするとしばらくして、奥の方から判子をついた書類をもってきてくれたのです。あの頃は就職して間もなくの頃だったので、「役所の人はすごいんだなあ」と感心したものです。

阿部　堀之内貝塚は戦前から多くの考古学者が現地を訪れて無数の発掘をしていたので、当然そこが重要な場所であったということは地主の方々は知っていたはずですよね。

熊野　しかし、保存という現実的な話になるとまた別なのです。やはり、法律の網がかかるということは、地主にとって自分の土地なのに自由にできないのはおかしいということになります。当然ですよね。史跡になると自分の土地の資産価値が下がるという理解ですからね。それに対して市が将来的には必要に応じて時価で買い上げをするなどという話を繰り返すと、だんだんと事情もわかってもらえるようになりました。

阿部　一番大切なことは直接顔と顔を合わせて何回も粘り強く説得するということですね。

熊野　やはり一同に集めて一気に承諾をもらうなんていうことは出来ません。群集心理ということもありますし、それぞれの利害関係もありますからね。

阿部　その点では曽谷貝塚の保存も同じでしたか。

熊野　一部の地権者の方から厳しい意見を言われたことはありますが、堀之内貝塚に比べれば、比較的早く指定が進んだと思います。

堀越　曽谷貝塚の場合は、杉原先生の当初のご意見は、すでにかなり貝層が

228　第IV章　座談会　巨大貝塚はどう守られたのか

壊されているので、発掘調査をして記録をすればいいんだというお考えがあったようです。わたしが就職して昭和49年から4年間、範囲確認調査ということで毎年夏に発掘をおこないました。そこで毎回、地元の方々に見学会をおこなったのです。新聞などにも発表して、その成果を広く周知することにも努めました。

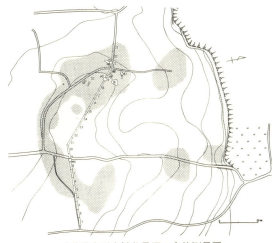

千葉県市川市曽谷貝塚の全体測量図

そのうちに、その場所が重要な場所であるということが広まり、現地の方々とも知り合いになれたりして、史跡化の動きも当初の予想よりもずいぶんと早く進めることができました。県がびっくりするぐらいでしたね。

熊野　わたしは文化財係長でした。70〜80%の同意書を2ヶ月くらいでいただきました。その頃、文化庁に水野正好さんがいました。

堀越正行氏

水野さんからわたしに、曽谷貝塚を史跡にもっていくつもりかどうかという打診があったのです。わたしは水野さんに曽谷貝塚の規模は大きいですよと説明し、それでも保存に乗ってくれますかと言うと、乗ってやると言うのですよ。それではということで、その後文化庁とは話が早く進みましたね。しかし千葉県教育委員会は、この件について消極的でした。反面、市川市教育委員会の一人一人は燃えましたね。堀越君も仕事が終わってから地主に説明に行きましたね。

堀越　そうですね。わたしは博物館にいましたが、曽谷貝塚の発掘も同意をもらうのも手伝いました。それこそ江東区など市外まで地権者をたずねて歩きまわりましたね。

阿部　江東区ですか。

堀越　そうです。地権者が遺跡から離れた場所にいらっしゃることもあるの

史跡指定への道程　229

ですよ。お店などをしている地権者には営業時間ではない時に訪ねたりしましたね。「今は駄目だからまた来い」なんて言われたこともあります。

熊野 わたしが担当した時のエピソードとしては、地権者の奥様に印鑑をいただいてきたのですが、その後になって御主人が不在中に承諾をもらうとはけしからん、などといって怒鳴り込まれたこともありましたね(笑)。

阿部 これまでのお話を聞いてくると、堀之内貝塚と曽谷貝塚は、史跡指定の経緯や過程がかなり異なるようですね。曽谷貝塚の場合は現地で発掘をしている状況や、遺跡の重要性を地元の方々に知ってもらうことを続けたことが、スムースに指定の手続きが進んだ要因のようですね。

熊野 史跡の指定には大きく2つあると思います。市民運動型と行政指導型です。市川の場合は、行政が主導でおこなったという形になりますね。
だから、加曽利貝塚のような署名運動を全国規模でしたり、日本考古学協会が協力をするといった体制とも異なります。

阿部 市川市にはもう1つの国史跡である姥山貝塚がありますが、姥山貝塚の場合はどうですか。

熊野 もう堀之内の次は姥山だ、ということが杉原先生の頭の中にはありました。

阿部 姥山の場合は、曽谷貝塚のような発掘をして見てもらうなどということはあったのでしょうか。

熊野 いいえありませんね。

阿部 それでは堀之内のようにいきなり地主さんへの説明を始めたのですか。

熊野 そうですね。しかし、今考えてみると姥山のほうが、堀之内貝塚に比べて比較的スムースに史跡化ができたように思います。

阿部 戦前には東京大学などがかなり大規模な発掘をおこなったということを地主の方々が覚えていたのでしょうか。

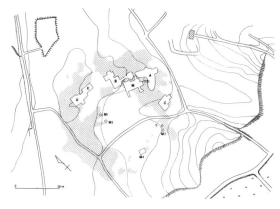

千葉県市川市姥山貝塚の全体測量図

堀越　それから戦前の調査に際し、スウェーデンの皇太子が見学に来跡したことなど、そこが重要な場所であるということが地元の方々に知られていたということも大きいでしょうね。市川市としては何も調査はしていませんが、過去の調査の認識が高かったということでしょう。

スウェーデン皇太子（右端）による姥山貝塚の発掘（大正15年）（東京大学総合研究博物館所蔵）

阿部　その辺りのことは堀越さんの著書『縄文の社会構造をのぞく―姥山貝塚』（新泉社）の中にも詳しく触れられているので、姥山貝塚の発掘調査の重要性については、将来にわたり語りつがれることでしょう。

　いま同じ市川市内の縄文貝塚の国の史跡化の経緯について、具体的にそれに立ち会われた熊野さんや堀越さんのお話を聞いていると、大分状況が違っているといえそうですね。それでは後藤さん、千葉市の方はどうでしょうか。

後藤　はい。話せば長い物語になりますが…。

阿部　いつごろですか。

後藤　昭和37年です。ちょうど武田宗久先生が千葉市の文化財保護審議員をされていて、和田茂右衛門という郷土史家の方から加曽利貝塚で郵政互助会の住宅を建てるために、杭打ちをしているという話をお聞きになった。そこで武田先生は、重要な遺跡なので保存をする必要があるということを力説されました。当時はその重要性があまり認識されていなかったのです。

　もちろん、加曽利貝塚は土器型式の研究や人骨の採集目的のための発掘などが戦前から数多くおこなわれていましたから、考古学者の間では良く知られていましたが、地元の一般市民には遺跡自体の重要性についての認識はあまりなかったのですね。

　そこで、それを知ってもらうために試掘をおこなったのです。武田先生は早稲田大学のご出身でしたから、早稲田大学の学生さんたちが発

後藤和民氏

史跡指定への道程　231

掘に参加しました。その時の学生の中には、その後も千葉市の貝塚保存に尽力された宍倉昭一郎さんもおられました。

　武田先生の発掘では、住居址と折り重なった人骨などが発見されました。それを1963年4月の日本考古学協会の大会で発表しました。文化財保護全国協議会という学生たちがつくった会があり、それがきっかけになって日本考古学協会の文化財保護対策委員会や地元では加曽利貝塚を守る会をつくって、40,000人あまり

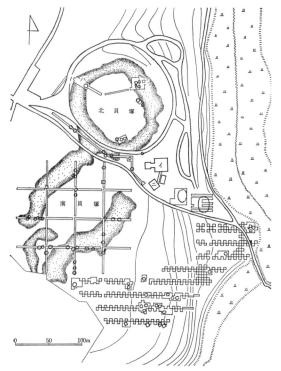

千葉県千葉市加曽利貝塚の全体測量図

の署名を集めました。そしてそれをもって国会に請願に行きました。そして文化庁が取り上げたのです。こうした意向を受けて当時の宮内三郎という千葉市長が、それでは北貝塚を買って公園として保存したら良かろうということで買収して整備をはじめたのです。

阿部　武田先生の調査というのは『加曽利貝塚Ⅰ』という報告ですね。
後藤　そうです。ところが南貝塚は保存対象にはなっておらず、記録保存だったのです。これが第二の危機です。そして千葉市はその記録保存調査を日本考古学協会にお願いし、協会では加曽利貝塚調査団を結成したのです。そこには早稲田大学の滝口宏先生・慶応大学の清水潤三先生・明治大学の杉原荘介先生の調査団長のもと、さらに考古学の専修がある全国の大学が参加しました。多くの大学が参加し、昭和39年から40年にかけての2年間にわたり幅2ｍで長さ170ｍの6本の大トレンチを掘ったのです。

阿部　現在の貝塚の調査と比較しても大規模な発掘だったのですね。

後藤　ちょうどわたしはその頃大学院生でしたから、各大学の班長として学部生たちを引率しました。ところが学部生は1週間で帰りますから、作業の引継ぎもうまくできない。わたしは千葉に住んでいましたから、杉原先生から図面や記録の引継ぎの担当をやらされた。そこでわたしは『加曽利村だより』という小さなガリ版刷りのパンフレットを作り、次の班に引き継いでいったのです。

阿部　調査に参加した学生たちはこうした調査をどのように考えていたのですか。

「加曽利村だより」

後藤　そのうちに班長同士の議論の中では、「こんなに大規模な発掘は遺跡の保存を前提にした調査としてはおかしいのではないか」という意見も出てきました。そして調査が進んだある段階で、試掘はもういいのではないかということで、次に保存に向けての署名運動を始めたのです。そしてその署名運動の成果もあり、最終的には文化庁が南貝塚の指定に乗り出しました。ところが南貝塚の指定に関しては、まだそれでは済まなかったのです。御存知のように加曽利貝塚は北貝塚と南貝塚は相互に接して眼鏡状をなしています。ところが当初の保存範囲は北貝塚にまるでオマケの瘤のように南貝塚の貝層部分のみを付け足したのです。

阿部　その頃指定範囲などは誰が決めたのですか。

後藤　その頃は千葉市の公園課が担当でした。もう博物館の建設の準備が始まっていましたから、その附帯工事になったのです。

　1964年夏、ちょうどそれは東京オリンピックの年で、わたしもテレビを観たかったのですが（笑）。それはおかしいということで、抗議したのです。その頃までの調査は、環状貝塚の貝層の内側だけを調査して外側は調査しないのですよ。たしかに発掘をすると貝層の内側からは土偶や石棒などが出土しますが、実際には貝塚の外側にも広く遺物は散布していますし、縄文人の生活を考えた場合、当時の干潟で採集した貝を川

を遡って運び込むわけですから、坂月川が流れる低地部分も利用された
に違いないことは容易に推測されるのです。

阿部　後藤さんの考え方に賛成する人はいなかったのですか。

後藤　当時の学界では環状貝塚は、ムラの外側に貝殻を捨てたから貝塚が環
状になるのだと決め付けて考えていました。それは考古学者の多くが同
じ考えでした。そして、こうした考え方とともに加曽利貝塚に第3の危
機が訪れたのです。ちょうど保存区域に入れた南貝塚の保存区域の東傾
斜面に老人ホームをつくろうという計画が持ち上がったのです。そこで
試掘をしました。

阿部　今日では東傾斜面と呼ばれているところでグリッド方式で調査した場
所ですね。

後藤　そうです。その時に千葉市の市長が変わりました。老人ホームの建設
は、新市長の立候補の選挙公約でもあったのです。そこで文化財保護審
議委員会の武田宗久先生にお話ししたところ、それは是非発掘をしてみ
なさいと言われました。保存のための調査なので、トレンチではだめだ
ということで、いろいろ考えた末にグリッド方式を採用しました。

　すると案の定、そこからは遺物や遺構が続々と発見されたのです。こ
うした成果によってこの場所が保存された後に、1987年から始めた整備
事業のなかで地下レーダー探査をおこないましたが、予想通り多くの遺
構の存在が確認できました。

阿部　それは秋山さんがおこなわれた整備事業ですか。

秋山　そうです。昭和62年です。

阿部　わたしも学生だったので、発掘をお手伝いしたことがあります。

後藤　地下レーダーの結果を確かめるために一部発掘しましたが、75％以
上のかなり高い確率で地下に遺構が発見されました。この方法は、後の
埼玉県富士見市水子大應寺貝塚の整備などでも使われていますね。

　こうした調査の成果から、当然この部分も保存の対象としなければな
らなくなりました。しかし、それだけではなく、この坂月川の対岸には、
犢橋貝塚という地点貝塚を伴う中期後半の集落遺跡があるのです。ちょ
うど加曽利貝塚の東側の対岸になります。

阿部　その範囲はどれくらいですか。

後藤　現在の犢橋貝塚の保存範囲は約1.5haです。わたしは対岸にある加曽
利貝塚と同じ時期のムラを別々の遺跡として区別するのは果たして正し
いのかどうか、むしろ両者を関連する一体のものとして考えて保存する
ことが望ましいのではないかと考えました。そして考案したのが「縄文

234　第IV章　座談会　巨大貝塚はどう守られたのか

の森と水辺の構想」だったのです。

阿部　なるほど、その辺りの経緯は後藤さんの縄文時代の貝塚集落の研究と良く連動しているように思えますね。加曽利南貝塚の大規模な発掘などで見学会などは開催されたのですか。

後藤　もちろん、何回かは開催しました。日本考古学協会でも2〜3回しました。

阿部　その点では先ほどの市川市曽谷貝塚の場合と同じように、地元への成果の公開が図られたわけですね。その一方で加曽利貝塚の場合は、まず北貝塚の保存があり、次に南貝塚の貝層部分、さらには東傾斜面へと拡大して、将来構想として対岸の遺跡にまで及ぶ広大な保存計画が、まるで大きな木が枝葉を伸ばすように成長していったわけですが、堀之内貝塚や曽谷貝塚などの場合はどうでしょうか。貝塚の周辺部などは。

熊野　加曽利貝塚の場合は、谷も含む広大な範囲を残すということが後藤さんの持論でもあります。市川市では貝塚のある部分の、しかも土地の所有者の単位（筆）ごとで指定をするという方法ですね。かなり現実的な状況に対応した保存対策といえると思います。

阿部　千葉市でも加曽利貝塚以外の貝塚、たとえば「犢橋貝塚」は、まるで環状貝塚の貝層部分だけを切り取るように保存されていますね。

後藤　「犢橋貝塚」の場合は、加曽利貝塚とはまた異なる経緯があるのです。あそこには「さつきが丘団地」が造成されるときに、その一部に公園を作る計画があって、ちょうど貝塚部分を「公園緑地」として保存したのです。だから当初計画の緑地面積に合わせて貝塚部分だけを切り取ったのです。ところが実際に造成の時に行ってみると、貝層の外側にもたくさんの遺構があり、無残にも壊されてしまいました。わたしが博物館に出た直後のときです。

阿部　そうした記述は、後藤さんが書かれた『千葉市史』にも見られますね。

後藤　犢橋貝塚の史跡指定の時に協力してくれたのが、文化庁の岡田茂弘さんでした。加曽利の補助金などの件もあり、良く相談に応じてもらっていました。

熊野　その時は県にどのように相談したの？

後藤　県に行く前にまずは一個人として文化庁に御相談に行きましたから（笑）。

阿部　鈴木さん、ここまでで何か確認しておきたいことやご意見はありますか。

鈴木　まず1点は加曽利貝塚の保存範囲を対岸にまで広げるとお考えになっ

史跡指定への道程　235

鈴木正博氏

た時に、集落として何か具体的なイメージがあったと思うのです、保存範囲を広げる論理といったものが。たとえば水場としての谷を共有するといったように考えても、これまでの認識では別々の遺跡として考えるわけですが。

それを一体的に人類活動のある種の全体として捉えたという、遺跡の概念を見直す理由は何だったのでしょうか。

後藤　たとえば貝塚の保存でもお話ししたように、貝塚の内側だけにムラがあるという前提だけで考えた場合、視野が制約されてしまう。わたしは逆に遺跡の周辺から考えていったのです。ちょうどその頃からわたしは、「遺跡限界確認調査」という概念を提唱しました。

阿部　それは無いという事実を確認することも重要だという考え方ですね。

鈴木　そうした時に、やはり南とか、東とかいう地点の名称を新たに付けていきますよね。

後藤　そうですね。遺跡とはその限界がぼやけているお化けみたいなものです。だから周辺も含めて考えたのです。たしかに加曽利を中心にして考える場合には名称がそうして付けられます。しかし、わたしもこうした事業を進めるうちに考え方が少し変わってきたことも事実です。

現実的には別々の遺跡として認識されていても、相互に関係があったのではないか、むしろその方が自然ではないかと。

鈴木　なるほど。しかし、基準が明確でないと際限がなくなりますよね。

後藤　わたしは、加曽利貝塚は周辺の集落の人々が集結する遺跡だと考えたのです。おそらく当時の人々も、われわれが遺跡と呼んでいる場所を自由に往来していたはずです。それに遺跡という括りを設けるのは、考古学者の変な縄張り根性みたいなものです。だから、加曽利貝塚の保存という場合にも、なるべく広くその周辺地域、あるいは関係をもったであろう遺跡までを含めて保存しようと考えたのです。

鈴木　わたしもその点には賛成です。

後藤　わたしは、むしろそうした事実を学ぼうというわたしたち現代人の意思、堀越君のいうように貝塚から学ぼうとする意識がとても重要に思うのです。あらかじめ貝塚や遺跡に限界を設けて閉鎖的に考えるのは、考古学者の傲慢さだと思うのです。

鈴木　同感です。そうした考え方に立ちますと、たとえば市川市の堀之内貝

塚などは、千葉市とは地形的にも異なる部分もあると思いますが、遺跡の範囲というのはどのように考えてきたのでしょうか。

熊野　そうですね。市川市もおそらく後藤さんのいうように、周辺にも関係をもつ遺跡は当然存在するでしょう。そうした中で、市川の場合は、行政で出来ることをまずおこなったということです。わたしの場合は、まずこれまでにも多くの人たちが重要と考えてきた遺跡自体を残さなければいけないんだという使命感が第一にありました。わたしも縄文を研究していれば、後藤さんのように考えたでしょう。

阿部　後藤さんは加曽利貝塚をただその場所を史跡に指定するということだけではなく、そこで縄文時代の社会をお考えになったということではないでしょうか。2つある巨大貝塚の片方の保存が決まると、それだけでいいのだろうかと疑問をもつ。

そして南貝塚の調査をおこない、その結果、縄文時代環状集落論に疑問をもたれ、さらに貝塚の外にまで目を向けて老人ホームの建設が予定されていた東傾斜面に拡張され、次には加曽利貝塚という従来の認識をこえて、谷や対岸の遺跡にまでいたる保存を構想されたというように。

これは発想としてはもつことは出来ても、それを目の前の現実の中で実行するというのは並大抵のことではなかったでしょうね。

後藤　そうです。しかし、何のための考古学なのかということを考えた場合、困難なことでもやらなければいけないんだと思ったのです。

熊野　市川市の場合、もう1つは堀之内貝塚の場合は、当時すでに貝塚のある台地がどんどん削平されてきていたのです。だから、危機感もありました。まず貝塚を保存して、そこに博物館を作り遺跡破壊を伴う開発の防波堤にしようという考えだったのです。

後藤　また貝塚の上に、城郭など異なる時代の遺構が重なる場合がよくあります。その場合、貝塚を守るために、城郭をどんどん壊していることもあるのです。遺跡とはさまざまな時代の生活址が重なっているのだから、本当に貝塚だけを残せばいいのかという、そうした現実などもきちんと認識すべきでしょう。

阿部　さて、次に加曽利貝塚のあとに、古くから千葉貝塚と呼ばれてきた貝塚の1つの荒屋敷貝塚という巨大貝塚の史跡指定がありますが、そちらへ話を移したいと思います。現在荒屋敷貝塚の下にはトンネルを設けて京葉道路が貫通していますね。当初は橋脚で貝塚の上に道路が通る計画だったということですが。その辺りのお話をお願いします。

後藤　これまた大変な貝塚群ですよね。馬蹄形貝塚の周辺には多くの遺跡が

史跡指定への道程　237

ありますが、台門貝塚が掘れなかったのがとても惜しいことでした。昭和41年でした。わたしはちょうど加曽利貝塚の開館準備で徹夜続きの毎日でしたが。県からの指名でわたしに台門貝塚を掘れというのです。ところが当時の千葉市社会教育課の課長の遠藤健郎さんが、「後藤は博物館の開館で手が離せないし、片手間で掘れるような遺跡でもないので、市が予算を出しますから県が掘りなさい」と断ってくれたのです。そしてあの時は、本当に市が千葉県に調査費を出したのです。前代未聞のことでしたが、遠藤さんのおかげでわたしは開館準備に専念できました。

鈴木 そうでしたか。ちょうどその時に最悪の体制で発掘された千葉市台門貝塚の出土資料を現在研究しているものですから。昭和40年3月に発足した千葉市東千葉土地区画整理組合による土取り作業の中で、遺跡が十分な調査をされることなく破壊されてしまいました。わたしは後藤さんや熊野さんよりも10年も後から千葉の貝塚の勉強をはじめましたので、当時の状況について教えていただきたい部分もあるのです。

とくに昭和41年前後の千葉市における埋蔵文化財保存の状況などを詳しくお聞きしたいと思います。台門貝塚が破壊されたちょうどその頃から、千葉県の埋蔵文化財行政の中で遺跡のランク付けということがおこなわれたようです。これはその後に大きな影響を及ぼした出来事なのです。

後藤 台門貝塚の資料はどこにあるのですか。

鈴木 わたしが学生の頃は、早稲田大学の本部6号館地下にありました考古学研究室の一角に保管されていました。その後考古学研究室体制の組織再編による移転問題で、先輩達から命じられてわたしが整理を担当することになりましたが、新しい研究室は狭く、整理場所が早稲田に確保できなくなり、縄文時代の資料の一部については、現在わたしの手元で整理中です。それ以外の資料、古墳時代の遺物なども含めて、早稲田大学の本庄キャンパスに保管されています。

後藤 どなたが調査を担当されたのでしょうか。

鈴木 先輩達に伺った限りでは、突発的な破壊対処作業のようです。事前の準備期間もなく、発掘の話が早稲田大学にもたらされた時にはすでに夏休みで、ほとんどの学生はほかの調査などで不在だったようです。偶然そこに居合わせたのが、当時早稲田大学商学部の2年生で考古学研究会に所属していた鈴木一和雄さんでした。否応なく駆り出されたというのが本当のところでしょうか。

後藤 調査の団長はだれでしたか。たしか市川にお住まいの方だと思います

ね。そこで県が当時の市川の高校の先生に調査をお願いしたのです。

鈴木　鈴木一和雄さんから当時の発掘日誌を預かっていますが、それによりますと、発掘に参加していたのは私立本郷高校の生徒達だったようです。

後藤　わたしも発掘現場を見に行きました。古墳時代の住居などが発掘されていましたが、晩期の土器なども出ていましたね。

千葉県千葉市台門貝塚の破壊を伝える新聞記事
（読売新聞 1966年7月7日付）

鈴木　とくに晩期中葉の土器群は纏っており、千葉貝塚（貝塚町貝塚群）における縄文時代集落の最後を理解するためには必須であり、また今日的にも興味深い資料があります。

堀越　あれは早稲田大学が掘ったものかと思っていましたが。

鈴木　いや、西村正衛先生も金子浩昌先生もまったく関わっておりませんでしたので、その経緯について詳細はだれも知らないようです。

　本郷高校の生徒による調査日誌の中に新聞報道について書かれてありましたので、それを頼りに昭和41年の新聞を調べました。そうしたら発掘中の7月7日に読売新聞が報道していました。そこで千葉読売に注目すると、かなり大きな問題が発生していたことがわかりました。

　その内容をかいつまんで言いますと、組合に参加している地主たちがどんどん開発を進める中で、貝塚の重要性を行政が問いストップをかけようとするわけですが、地主たちは貝塚や遺跡の重要性を知らされておらず、実際に遺跡の範囲もわからないままでは開発もできない、という逆の抗議が起こったようです。

　当時の埋蔵文化財行政では、地元の人たちに遺跡や貝塚の重要性が十

分に周知されていなかったのです。

後藤　たしかに調査の成果などは公表されていませんよね。

鈴木　そのようです。県側はそうした反省からか、これをきっかけにして重要遺跡の選定を始めるようです。重要遺跡100選などといったような遺跡のランク付けです。それが茨城県にも飛び火して、茨城県側でも行政がそうした作業に同調しつつあるときでした。それが関係して常総台地研究会による陸平貝塚の保存運動が始まったのです。

　　　このような状況が千葉県で起きていた昭和41年というのは、わたしが大学に入学した時が昭和46年ですから、70年安保を境にして先輩達と入れ違っている一種断絶のときでした。

　　　こうして見ていると、どうも台門貝塚にかかわる県の対応が引き金になって、その後に大きな問題となる遺跡のランク付けが始まったらしいのです。

後藤　台門貝塚は、県道を隔てたお寺の部分までを含みます。宍倉昭一郎さんは御自宅が近くでしたので、こうした状況を見られ、東京の小石川高校の中野春夫先生を会長にして「千葉市の遺跡を守る会」を結成し、署名運動などを始めたのです。そして市や県に遺跡の保存をはたらきかけた。こうした方々の取り組みがなければ、その他の荒屋敷貝塚、月之木貝塚、草刈場貝塚などはなくなってしまったかもしれませんね。

鈴木　台門貝塚がなぜあのようなことになったか、その経緯も含めて宍倉さんにもお聞きしましたが、複雑な事情があるようで詳細は不明のままでした。そこで共同して台門貝塚を研究している鈴木加津子さんが、当時の新聞を丹念に調べ上げて、ようやくある程度の概要が判明した次第です。

阿部　「千葉貝塚」を考える上でも重要な遺跡ですので、今後も記録と経緯を調べる必要がありますね。

鈴木　ぜひとも皆様のお力添えを賜りたいと思います。

後藤　荒屋敷貝塚は、はじめオープンカットで京葉道路を通すという建設省の計画でした。それを中野春夫先生は地理が御専門でしたから、地下にトンネルが通せないだろうかとお考えになったのです。

　　　しかし、関東ローム層は地盤が弱いということで、陥没してしまう危険性があったので、はじめはなかなか上手くいきませんでした。ところが土壌を硬化させたり、アーチ式の工法を取り入れたりすることで可能になったのです。

　　　ただし、私に言わせると、トンネルの入り口と出口は未調査のままで

壊されてしまいました。記録保存の調査だけでもすればよかったのですが、台地上の貝塚しか残せなかった。その当時でも貝塚の周辺遺跡の重要性はあまり認識されていなかったのです。

阿部　県は台地上の当初の橋脚予定地の基礎部分だけを調査していましたね。

後藤　はじめからトンネル式にすれば発掘する必要もなかったのですよ。そうした経緯もあり残念なことでしたね。千葉市では4つが国指定、県指定が2つ、市指定が4つ、全部で10ヵ所が保存されていますが、それだけでは不十分なので、より多くの貝塚を含めて世界遺産として守ろうという動きも現在では見られるようになりました。

貝塚の保存では貝塚のある部分の土地を全部買い上

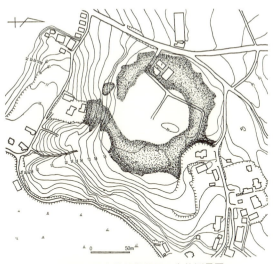
千葉県千葉市荒屋敷貝塚の全体測量図

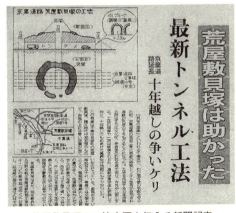
荒屋敷貝塚の工法変更を伝える新聞記事
（朝日新聞1977年9月8日付）

げて保存するというこれまでの考え方だけではなく、家と家の間に残された貝塚などは開発されている現状も含めて景観として保存すべきではないか、と思います。従来のような閉鎖的な考え方だけではなくてね。ヨーロッパ諸国の事例などでもありますね。

阿部　それは現在の町並みを含めて、という考え方なのですか、あるいは現状止む無くという現実的な問題なのでしょうか。

史跡指定への道程　241

後藤　将来へ可能性を残すということでしょうね。ひとつの遺跡を残すために他の遺跡の破壊には目をつぶるということではなくてね。将来の研究の可能性を残すということが一番重要なのです。

鈴木　遺跡を護るための理念と考古学としての倫理観を確立しないといけないということですね。

阿部　たとえば市川市の曽谷貝塚などは同じ考え方なのでしょうか。

熊野　そうです。一気に買い上げて保存するという方法には限界がありますし、地権者の方々にもさまざまな事情があるのです。だから、すぐに全域をというのではなく、遺跡の重要性の理解にしても土地の買い上げにしても、もう少し長い時間の中で進めるという方法が重要だと思います。

阿部　かなり長期的なスタンスですね。

熊野　100年くらいは考えたほうが良いですね。

後藤　荒屋敷貝塚の場合も地権者が34名もおりまして、全員がすぐに承諾してくれたわけではないのですよ。3年かかりましたね。脅かされたりもしました。代替地なども用意して説得しましたね。だから買収に応じた者から一軒一軒出てゆく、最後に2軒だけ残りましたが周りは草原と化していました。

阿部　土地への愛着もありますよね。

後藤　わたしも戦後間もなくの時期に開拓の経験があるので、そうした気持ちは良くわかります。いきなりそこが重要な遺跡だから出て行けと言われても、大切な土地をそう簡単に手放す気持ちにはなれませんよね。だから長い目でみようよという考え方も必要だと思いますよ。

熊野　曽谷貝塚などは、同じ考え方ですね。まず行政の内部での遺跡の認識や重要性を共有しないといけないですね。それが一番大変なことなんですよ。

博物館の構想

阿部　次は貝塚博物館の構想というテーマでお話をすすめたいと思います。堀之内貝塚のほうからお願いします。

熊野　堀之内貝塚の場合は、やはり貝塚が展示構想の中心にありました。また、当時は貝塚を残すということだけでは予算化することが難しかったことも事実でした。そこで貝塚に博物館を作るという計画を立てたのです。ちょうどその頃、千葉県教育委員会には西下総地域に県立の博物館をつくろうという計画がありました。幸いにも市川市には博物館はまだなかったものですから、それではそれを市川にもっていったらどうかと

いうことになったの
です。はじめは県立
西下総博物館として
の構想だったので
す。
　この計画は最終的
に市立として、堀之
内貝塚に博物館が建
設されるに至ったの
です。しかし、博物
館の用地自体は貝塚
の一部であり、研究

市立市川考古博物館開館当初の展示風景

者からそれは破壊ではないかということで抗議を受けたこともありました。

阿部　展示計画はどのようなものですか。
熊野　それは別名「杉原博物館」（笑）とも言われたくらいですから、旧石器と弥生は杉原先生、縄文は堀越君、そして古墳はわたしで、歴史は石井則孝さんが担当するということが、すでに杉原先生の心の中で決まっていたようです。それから自然環境では杉原重夫君でしたね。
阿部　そうすると展示計画は市川市域の通時間的な歴史展示が中心ですか。
熊野　いいえ、当初は県立の博物館構想もありましたから、「房総のあけぼの」というテーマの展示でした。
堀越　その頃はまだ千葉県立中央博物館もなかったころでした。
阿部　そうすると加曽利貝塚の博物館とはずいぶんと違っていたのですね。
後藤　全然違います。加曽利貝塚は、日本考古学協会で加曽利貝塚を保存するための3つの条件をつけたのです。1つ目は全域を速やかに買収すべし。2つ目は直ちに全域を国の史跡に指定すべし。3つ目に現地を野外博物館化して活用すべし。
　それで「野外博物館」とは何かという質問に答えるために、博物館の学芸員としてわたしが対応したのです。大学院の学生の時にすでに杉原先生から言われていました。「お前は千葉に行け」と。別に千葉にいたからいいのですけど（笑）。加曽利貝塚博物館の開館の準備に当たれというのが杉原先生からの命令でした。
阿部　問答無用というわけですね。
後藤　そこで、まず野外博物館について調べました。先輩がいた登呂遺跡や

博物館の構想　243

蜆塚貝塚などにも行って考えました。しかし、文献なども野外博物館についてはどこにも書いていない。自分で考えざるをえなかったのです。

そこで登呂や蜆塚などのように、遺跡そのものを現地に展示しようと思ったのです。しかし、登呂とは時代や地域も異なるわけですから、加曽利貝塚は、別のきちんとしたイメージを作らなければいけないわけですね。

その頃から僕の中の遺跡の概念には、遺物と遺構だけではなく環境という概念がはいっていたのですよ。当時の地形、森や川などを包括して生活環境を展示しないといけないとね。

阿部　それは縄文時代の当時の状況ということですね。

後藤　登呂の場合は、ムラと水田や周辺の森林などもふくめて展示していますね。ところが蜆塚貝塚のように、はじめから貝塚を中心に決めてしまうと変更ができないのです。

阿部　そうすると谷や対岸も重要な展示装置となるわけですね。

後藤　まだ全体のごく一部しか発掘していない状況ですべてをイメージすることなどはできませんし、谷だって泥炭層などがあるわけですから、そこには重要な情報がたくさん含まれていると思います。

阿部　加曽利の場合は縄文中期や後期ということですね。

後藤　1980年代から風土記の丘構想というのが始まりますが、それだって僕に言わせれば、特定の階層の人たちの死の場所（古墳）だけを保存して、当時の民衆の生活（集落）は一向に保存の対象にされていない。

鈴木　そうですね。これまでの遺跡という枠組みから抜け出せないのですね。

後藤　あるいは馬込宿などに行くと宿場町は保存整備されていますが、その後ろにある宿場を守る城などは、また別に保存されている。これなどは一体として保存することに本当の意義があると思います。そう考えてくると、加曽利貝塚の保存などにも通じてくる部分があるのです。

地域博物館の活動

阿部　話を戻して博物館内の展示についてお話をお聞きしたいのですが、後藤さん、加曽利貝塚の展示構想というものはどのようなところに置かれていたのでしょうか。

後藤　現在の展示は、「若潮国体」の時に天皇陛下がお見えになるということで急遽つくったものです。それ以前は「縄文時代は平和だった」というテーマです。東京湾の恵みを受けた縄文時代の人々のくらしを紹介したのです。一番はじめの展示を最初に見学に来たのは、自衛隊の研修生

244　第Ⅳ章　座談会　　巨大貝塚はどう守られたのか

でしたね。「戦争がないわけないだろう」などと言ってましたけどね（笑）。

阿部　すると現在の展示はその時のものですか。

後藤　いいえ。貝塚とは単なるゴミをすてた場所ではなく、周辺の人々が集まる場所であることや、周辺の地域や遺跡との関係をテーマにして展示を考えたのです。展示もわたしの後の学芸員に少しずつ変えていってもらいたかったのですが、ほとんど変わっていない。

阿部　だから、わたしはあそこに行くと今でも中学生時代にもどれるのですよ（笑）。

秋山　だけど、改めて展示を見ると、よく出来ていますね。

阿部　ひとつのストーリーに沿って展示されているので、一部だけを変えることはむしろ難しいですね。後藤さんの貝塚の考え方が良く展示に表現されていると思いますね。

後藤　なかなか誉めてくれる人はいませんが、白石太一郎さんに、佐倉の歴史展示は加曽利の展示をヒントにしたんだよ、と言われたことがあります。

阿部　開館に向けて当時はずいぶんといろいろな方面に資料を集めに行かれたようですが。

後藤　そうです。本当は加曽利貝塚の出土品を全部展示したかったのですが、展示できそうないい資料は、整理のため明治大学などにいってしまっているので、杉原荘介先生に、そろそろ地元に戻して欲しいとお願いしたのですが、大声で怒鳴られました。「大学は千葉市のために資料整理しているのじゃないぞ」と。そこで国立博物館を皮切りに、個人のコレクターまでいろいろと訪ねて歩きました。

阿部　土器作りの方法の展示もありますね。

後藤　そうそう、あれは新井司郎さんが亡くなってすぐに展示したものです。

阿部　堀之内の博物館と加曽利貝塚の博物館では、内容もかなり異なっていたということですね。

　　　次に話題を移しまして、今度は博物館活動という観点からお話をいただきたいと思います。まず市民を対象とした取り組みからお願いします。

後藤　まず加曽利貝塚では、土器作りを始めました。学会では加曽利E式と加曽利B式という土器型式が広く知られています。しかし相当に規模の大きな発掘をしても、破片ばかりで展示できるようないい資料も少なかったですね。だから、これらの土器は本当に加曽利貝塚で焼かれたのかどうか、という疑問を持ったのです。

阿部　考古学的な疑問がきっかけだったのですね。

後藤　ちょうど当時、千葉市院内町に市の社会センターがあり、その食堂の壁に縄文時代の土器が並んでいたのです。もちろん複製品です。それは千葉県の五井というところにある瓦屋さんが作ったもので、子供たちに教材として使ってもらうためのものでした。でも焼きが縄文土器とは異なり、植木鉢のように均一でした。しかし、それまでは土器の複製品といえばミニチュアばかりだったのですが、その土器は実物大だったのです。そこで教材として子供たちに本物と同じくらい大きな土器を触らせて実感させるということも重要だと思ったのです。

　もう1つは土器の用途という問題です。出土品の土器がどのようにして使われたのか。それは考古学者のあいだでも意見がまちまちでした。

　そこで、製作実験で焼いた土器を使って使用実験をしてみようと考えたのです。出土品では出来ませんからね。

　それから時々博物館には心身障害者の方々も見学に来られるのですが、今度はこちらから資料をもって訪問して説明したり、文化祭などで展示して実際に土器などを触ってもらおうと考えたのです。しかし、そこに本物を持っていくこともできないので、そのための複製品を作ろうとしたのです。

阿部　それは一般の市民の方々が作られたものですか。

後藤　いいえ、その時は新井司郎さんと学芸員が作った土器でした。市民を対象とした土器作りは、新井さんがなくなった後ではじめたものです。

阿部　新井さんがいらっしゃった時にも使用実験をされていますよね。

後藤　そう。どれ位で煮えるのかなど、これまでいろいろと想像されていたのですが、実際に実験してみるとなかなかお湯が沸かない。水の漏れない土器を作るのは大変なことでしたね。

阿部　新井司郎さんを加曽利貝塚にお呼びになったというのはどのような経緯からですか。

後藤　千葉市で古墳の調査をした時に、立正大学の学生たちが参加しました。その学生の中に増田修一君がいて、彼から群馬県桐生市に喫茶店を経営しながら土器作りをしている人がいることを聞きました。それが見事な土器をつくるのですよ。自分で焼いた土器は喫茶店の灰皿などに使われていて、毎日洗ったりしているうちに質感などが縄文土器にとても良く似てきていました。

　また、わたしが大学で土偶をテーマに論文をまとめたことを知っていたらしく、実験製作した土偶を送ってきたのです。見るとすばらしい出

来でした。そうしたエピソードはすべて『縄文土器を作る』という本に書きましたが。そうした出会いがありました。

阿部　新井さんをどのように博物館にお呼びしたのですか。

後藤　加曽利貝塚博物館は、開館と同時に研究活動を開始したのです。だいたい3年計画でしたが、第1に貝塚の動物遺存体の研究ですね。これは当時早稲田大学の金子浩昌先生にお願いしました。

　　　第2に石器石材の研究です。千葉県は石材が乏しい地域ですが遺跡から出土する石器はどこから持ち込まれたのかという研究です。これは埼玉大学の新井重三先生。もう1つが貝層の断面や遺構の保存技術に関する研究で、東京国立文化財研究所にお願いしました。そして加曽利貝塚で出土する土器はどこで、どのように作られたのかという問題を研究するために、新井司郎さんに土器製作実験をお願いしたのです。

　　　この4つを博物館研究の柱にました。そして順次、承諾をいただいたものから委託研究をしたのです。

阿部　そうした研究テーマは後藤さんがお考えになったのですか。

後藤　もちろんそうです。自分ひとりでは限界がありましたから、土器作りは庄司君とか、保存科学は薬師寺さん、石材は山本さんなど、将来は独自で研究ができるような担当を決めていました。

阿部　市民の参加というのはどのようなことをしたのですか。

後藤　土器作りと県内の文化財の見学会と講座などをおこないました。

阿部　博物館友の会というのはどのような組織だったのですか。

後藤　あれは発掘調査の早稲田、明治、慶応の先生や、地元では武田宗久先生などの錚々たる方々が作られた遺跡を守る会が発展的に改組したものなのです。

阿部　今度は市川の博物館の活動をご紹介ください。

熊野　わたしははじめから友の会をつくりたかったのですが、初代の館長から反対をされました。何故駄目なのですかというと圧力団体になるということでした。そういう風に考える人もいるのですね。そういう時にわたしがとる行動はいつも「待ち」なんですよ。役所は異動がありますから。その時期を待ったのです。次の館長のときに、了解をとり会をつくりました。

阿部　しかし、市民団体の活動をサポートするとなると、博物館にも負担が少なくは無かったのでは。

熊野　友の会を作ると、その仕事のすべてを博物館の職員が担当しなければいけないという意識がどうしてもあります。しかし、それは考え方一つ

地域博物館の活動　247

です。友の会局の大半は退職した方々ですから、組織の仕事なんてたいしたことではありません。そこですべてをお願いし、博物館はいっさいその事務には関係しないということにしました。

阿部　どれくらいの市民が参加したのですか。

熊野　最初は100人くらいでしたね。市民という意識がありました。講座などをよく聞いてくれる人などが口コミで情報を流してくれました。博物館の活用という場面では大切な方々でしたね。

堀越　講座もずいぶんやりました。わたしたち学芸員も担当しましたし、外部の講師にお願いしたこともありました。やり過ぎと思うくらいやりましたね。それから座学だけではいけないということで、土器作りを取り入れました。展示に使う土器をつくるため、開館直前に加曽利貝塚に通い、土器作りを学んだ経験を生かした体験学習を始めました。その時はじめて作った土器が、現在でも博物館の中のジオラマに展示してあります。

　そうしたわずかな経験しかありませんでしたが、土器作りをやるというのも実は大変な準備が必要ですし、常に実験だということで友の会の人たちと一緒にやっています。粘土や砂の配合なども変えて実験をしていますが、そうした取り組みが今もつづけられています。

阿部　市民の方に何を知ってもらおうとしたのですか。

堀越　土器作りは、イメージとは違って結構大変なことだということを知ってもらうための取り組みでした。大体の方は縄文人が出来るくらいのことなどは、現代人は簡単に出来ると思い込んでいるのですね。そうではないということを体験していただくということが目的です。今でも試行錯誤的にやっています。加曽利貝塚の子分みたいな感じですね。

阿部　それ以外の取り組みはどうですか。

堀越　あとは火起こしをやっていますね。これもマッチで火をつけるなんてことも最近の子供たちはほとんどしないと思いますが、簡単に火はつかないぞ、ということを実際に

市立市川考古博物館の市民参加の土器作り

体験してもらうことが目的です。

阿部　実際に焼いた土器を使ってみるということもやっているのですか。

堀越　４月から６月は一番忙しい時期ですね。貝塚の説明や黒曜石で紙を切ってみたり、そして最後は実験で焼いた土器でアサリ汁を作るのです。もちろん味噌はありませんが、お弁当といっしょにアサリ汁を食べてもらうということを体験してもらっています。体験学習ですね。市内の半分くらいの６年生が来ますね。

阿部　加曽利貝塚だと土器作りの会がありますね。

後藤　そうです。相当のベテランの方もおいでで、現在ではもう各地で土器製作の指導をしたり、秋の催し物などをおこなったり、自分たちの作品を展示したり、盛んな活動をしています。

阿部　わたしも見学したことがあります。研究者を対象とした活動ではどうでしょうか。

後藤　わたしが博物館を退職したあと、委託研究もあまりないようですね。予算が削減されたということもあるようですが、大切な取り組みだと思いますし、予算は必要だから工夫して捻出するものなのですがね。

阿部　後藤さんが保存活用などをしながら研究したように、きちんとした目的意識が必要ということでしょうか。

後藤　予算が少ないのなら、少ない予算でできる工夫をすればいいのですよ。

阿部　シンポジウムなどはどうですか。

後藤　土器作りの会が、主体的に外部から研究者をお招きして盛んにやっていますね。

阿部　博物館では特別展示をやっていますね。市川ではどうですか。

堀越　市川では堀之内式土器のシンポジウムをやりました。また2008年の企画展『市川市の縄文貝塚』の開催中には、関連研究の発表会を開催しました。

阿部　堀之内式のシンポジウムはどのような経緯で計画したのですか。

堀越　あれは開館10周年の時に計画したものですね。記念行事のひとつとして開催しました。

阿部　加曽利貝塚ではどうですか。

後藤　開館20周年の時におこないました。市民の方を対象にしたものですが、もっと盛んにやってもいいのですが。

阿部　地域の研究会などとの関係はどうですか。

後藤　下総考古学研究会には開館当時はずいぶんと御協力いただき、発掘などもお手伝いしたことがありますね。塚田光さんがお元気でおられた時

でした。

阿部　昭和40年代の千葉の考古学の様子というのはどのようなものでしたか。

後藤　今よりも市民の方々も活発でしたね。阿部君のような考古少年もたくさんいた時代でした。博物館からもいろいろな人が育っていきました。

阿部　わたしもあの時に将来考古学をやろうと決めました。また加曽利貝塚などに通っていて、博物館の学芸員になりたいという気持が猛烈に強くて……だけど就職はありませんでした。

　　　当時としては、松戸市の貝の花貝塚や船橋市高根木戸遺跡などの大規模な調査などは当然見学されたのでしょうか。

堀越　わたしは学生時代でしたが、発掘していることも知りませんから、見学したことはありませんでしたね。貝の花貝塚は東京教育大学が中心となっていました。あとは地元の関係者の方々ですね。

阿部　むしろ遺跡単位に大学が担当していた時代なのでしょうか。

堀越　そうですね。各自治体の文化財審議会委員の先生方にお願いした結果がそうなったのではないでしょうか。昭和40年代になると大規模な発掘が各地でおこなわれるようになったのですが、大体地元で資料を保管するような体制もそのくらいの時期から始まります。それまでは大学が資料を管理していた場合が多いのです。

　　　だから今日でも加曽利貝塚の遺物が明治大学にあるのも、そうした理由からですね。地元には何も残らないのです。しかし、それ以後は資料が地元に増えてきますから、それを活用した博物館が各地に出来ていくという流れになると思います。

阿部　鈴木さんはその頃は大学生ですね。

鈴木　学部の絶頂期には、一年に120日は発掘や資料調査をおこなっていましたね。堀越さんの時代は大学単位の発掘なんですけれども、わたしの時代は住宅公団などの発掘が多くおこなわれていて、大型の発掘が始まると、埼玉県では桶川市の高井東遺跡などは各大学の学生がひとつの現場に集まり、長期宿泊して同世代が切磋琢磨するような調査でした。考古学の大学間交流の幕開けといったところでしょうね。

阿部　わたしたちの世代は、その終わりに近い時代だと思いますね。現場のプレハブに寝泊りして、他の大学の学生と寝食を共にするなんて現在では考えられないですね。現在は行政側でも埋蔵文化財センターなどが出来て、発掘現場の管理体制も大きく変わり、発掘を請け負う発掘会社などたくさんの作業員を導入しますので、そうした発掘調査の体制自体が

250　第IV章　座談会　　巨大貝塚はどう守られたのか

大きく変貌しています。鈴木さんは下総考古学研究会の発掘などにも参加されていましたね。

鈴木　1980年代後半ですね。茨城県で1970年代に常総台地研究会という会に参加していましたが、活動がやや下火になってきたころでした。わたしは貝塚の調査企画・実践をしたかったのです。その頃は民間企業に勤めていましたので、発掘に参加できるのは、常総台地研究会や下総考古学研究会のように地域に根ざした息の長い研究をしている研究会以外にはありませんでした。

　　　下総考古学研究会は、自分のフィールドをとても大切にしていました。なくなられましたが、湯浅喜代治さんの下総史料館がありましたし、そこにいろんな方が、それこそ大学や職業も異なる方々が集まっていましたね。わたしの研究姿勢にもフィットしたというわけです。発掘もやりましたが仕事が休めるのは土日のみですから、2日掘って5日間じっくりと考えることができるのです。すごく刺激的で戦略的な調査が可能な現場でした。そうした研究を高橋良治さんや江森正義さんなど、中峠貝塚を知り尽くしている地元の方たちと一緒に教わりながら出来たというのがとても貴重な経験でした。

後藤　正月休みなんか発掘していましたね。

阿部　手弁当の発掘の良さですね。

鈴木　そうです。しかも塚田光さんの共同体研究の方針がしっかりとしていましたからね。やはり研究の理念がしっかりとしていないと、地域の研究会は続かないですよね。

市史の編纂と発掘調査

阿部　ちょうど市川市史や千葉市史の編纂の時代にも対応していますね。市史の発掘という点ではどうでしょうか。市川市は杉原荘介先生の方針で編纂が進んでいたようですが。そうした発掘の雰囲気とはどのようなものでしたか。

熊野　市史は企画室が担当しました。わたしは市の社会教育課にいましたので、杉原先生からはっきりと「君には関係ないぞ」と言われて、市史の発掘に関しては一切タッチをしなかったのです。でも調査をさせられたこともありますけどね。国分寺の調査などがそうです。杉原先生は「本当の考古学は先史考古学だ、歴史考古学なんて考古学ではない」などといって、歴史時代の発掘になると「熊野お前行け」なんて言うのですから、ひどいですよ（笑）。

市史の編纂と発掘調査　251

でもその時にはじめて国分寺を掘って、良かったなと思ったのは、石田茂作先生が顧問でおられ、古代寺院についていろいろとご指導を受けることができたことや、それから藤沢一夫先生からは瓦の見方を教えていただきました。懇切丁寧にいろいろなご指導をいただき、「アア‥うちの先生とはずいぶん違うな」なんて内心思いましたけどね（笑）。

堀越　市史の調査としては昭和41年に美濃輪台貝塚と上台貝塚、昭和42年に向台貝塚の発掘をおこないましたね。これは早期と前期と中期の市域の資料が足りないということで掘りました。貝塚ではありませんが、須和田遺跡や法皇塚古墳などもそうですが、市史編纂のために市川市ほど多額の予算を投入した例はないかもしれませんね。

　　　そしてこれらの資料の活用が、博物館建設につながっていったということになります。

阿部　堀越さんも市史の発掘に参加したことはあるのですか。

堀越　わたしは昭和42年の向台貝塚の発掘ですね。

阿部　その場合、出土品は明治大学にもっていくのですか。

堀越　そうです。Ｊ－108というのが明治大学での向台貝塚の遺跡番号なのですが。いったん大学に運んで整理をしていましたね。博物館ができて、全部市川市にもどしています。

阿部　大学では遺跡や出土遺物に関する具体的な研究をしていたのですか。

堀越　研究室では、とくに目標設定はなかったと思いますよ。実習として位置づけていましたから掘るだけではなくて、出土品の整理なども経験させる目的もあった。しかし、学園紛争のときでもありましたから、学生側からそうしたやり方に反発の声が上がったのです。

熊野　そうした形態の発掘実習が中止となった火種のひとつでした。

後藤　加曽利北貝塚の貝層断面施設も明治大学が実習で掘ったのですよ。

阿部　市川市の場合は、掘る遺跡なども杉原先生が決めていたのですね。

千葉県市川市向台貝塚の発掘風景（昭和42年）

熊野	そうですね。
阿部	千葉市史などはどうですか。
後藤	中世城郭の測量などはありましたね。
阿部	千葉市菱名貝塚などは市史とは関係ないのですか。
後藤	あれは加曽利貝塚博物館の独自の学術調査でした。そうそう４本柱の１つは、市内の貝塚を徹底的に測量するということでしたね。荒屋敷貝塚や菱名貝塚などもそうですね。
堀越	わたしは菱名貝塚と荒屋敷貝塚の両方の測量に参加しました。
後藤	それらの成果を市史に反映させたのです。
堀越	時期は古いのですが、昭和26年に武田宗久先生が月之木貝塚を市史編纂の事業として発掘されています。あとは蕨立貝塚も同じ年に発掘をしていますね。
後藤	それはわたしが担当する前の時代の市史編纂事業でした。
阿部	その頃の大学の調査とはやや異なるのですね。
後藤	大学の調査は研究室の研究が目的でしたから。こうした成果を市史の編纂などに使うことはできても、それだけでは歴史叙述ができないですね。だから市史として発掘や測量が計画されたのです。加曽利貝塚などもそうで、いざ展示や整備などをしようとしても、個別の研究事例だけを寄せ集めてみても足りない部分が多すぎるのです。
	今度市史の編纂があるのならば書いてみたいと思いますが、前の市史の時にはそうした点ではずいぶんと苦しみましたね。いかに自分が大学で勉強してきたことが役に立たないかということを痛切に感じました。
阿部	千葉市史の場合は、とくに貝塚や縄文時代集落、縄文文化の理解といった点では後藤さんの歴史観が良く現れていると思いますが。
後藤	そうですか。しかし歴史観がなければ市史などは書けませんよね。ただ事実だけを並べても市民の方にはわかってもらえませんから。
阿部	大学の調査といってもその時代によってずいぶんと違ってきていますね。調査予算も大学では十分には工面できませんし、学生そのものも発掘に積極的に参加し考古学を勉強しようという学生の数が極端に減少してきています。
後藤	それは何故なの。
阿部	考古学に関するイメージが大きく変わってきていることも事実です。一部では最近の学生の考え方の変化や前期旧石器捏造事件のせいにする見方もありますが、もっと根本的なところに問題があると私は思います。
	そうした状況の中では、さきほど鈴木さんがお話しされたようなタイ

市史の編纂と発掘調査　253

プの調査、小規模な発掘を繰り返して、そこでじっくりと考えるというスタイルの継続的な研究が教育的な配慮を考えた場合、一番重要ではないかと思います。

熊野　遺跡保存という問題でも、これからは市民の声が重要だと思いますね。市民が博物館などを核として活動を続けて行く中で、市民が中心となって遺跡を守っていく、そういう時代が来ていると思います。この東京湾東岸地域は縄文時代の貝塚が群集している地域ですが、行政単位でみてくると、取り組み方の違いが明瞭にわかりますね。地域博物館はそうした現状の中でも大きな役割を担っていると思います。もうこれまでの行政の考え方だけでは限界ですよ。将来の市民のために残すという意味でも、市民と向き合って考えないといけないと思います。

阿部　さきほど曽谷貝塚の事例のご紹介のなかで、発掘の成果を地元の方々に広く見せるということが保存の時に大きな力になったというお話がありましたが、たとえば、これまで大学の発掘では研究のために各地の遺跡を掘ることはしてきましたが、その成果を地域に還元するという取り組みは比較的、いや、かなり低調であったように思います。出土品が遺跡や地元を離れて長い間大学に収蔵されているというのも、時代的な背景があったにせよ、そうした考え方が基本にあったからでしょうね。

　大学の調査は少ない予算、短い期間でしか実施することはできませんので、現地にその成果を周知することにも限界があります。しかし、研究者も自分が研究した遺跡を残してほしいと思わない人はいないだろうと思いますね。今の熊野さんのお話を聞いていて研究成果の地域還元という取り組みも、大学での考古学研究の一環として積極的に位置づけていく必要があると思います。

熊野　地域博物館というのは、そうした点で

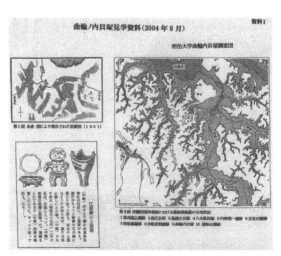

千葉県佐倉市曲輪ノ内貝塚の現地説明会資料

も大きな力を発揮すると期待できますし、そのためにも博物館ではきちんとした研究もしなければいけないと思います。そして必要に応じて大学との共同研究で遺跡を保存したり、活用することを計画したらよいと思います。

阿部　その点では、たとえば土器型式の研究のためだけに遺跡を掘るとか、個別的な研究だけを考えると、遺跡の保存に結びつける視点がかなり限定されてしまいます。しかし、さまざまな個別的研究を学際的な視点でリンクさせていけば、後藤さんの言われるような遺跡の考え方や保存活用などに無理なく結びつけることが出来ると思います。

　　　市民参加型の活動として一番最近の例のひとつとして、鈴木正博さんがさいたま市の遺跡で市民を中心とした保存活用の取り組みをされていますね。鈴木さんの考え方や取り組みを少しご紹介願えますか。

鈴木　地域と考古学を結び付けるために重要なのが、博物館の役割ですね。わたしたちの年代は考古学を大学で勉強したあとは、教員になるという流れも結構ありました。ところが現在では市町村の埋蔵文化財の専門職員であるとか、博物館の学芸員などになるので、子供たちが考古学と身近に直接触れ合う機会がないのです。一方で小学校の先生達は総合学習という時間などができて子供たちをどのように教育したら良いのか、という点でものすごく悩まれています。そうすると社会科の行く先は博物館ということになるのですが、一方で先生たちも本当は自分達で教えたいと思っているわけですね。しかし、連携がとれていない。ですから博物館などがそうした中核にあって、相互に連携するように機能できれば良いとおもいます。

阿部　地域博物館の重要な役割ということですね。

鈴木　そこでさいたま市の馬場小室山遺跡の市民活動ですが、その場所が遺跡だから大事というだけではなくて、現実的な問題として、その場所が屋敷林として三室中学校に隣接しており、そこで学ぶ子供たちのためにも緑の里山が残って欲しいという強い想いが地元の住民の中にあったのですよ。そこに考古学の遺跡という付加価値がついていたのです。保存されたのは遺跡のごく一部ですが、今もって立ち入り禁止のままですので、どうしたら市民にとって役に立つ場所になるのだろうか、という問題を考えざるを得ませんでしたが、後藤さんが先ほど指摘された現代社会との共生という視点は、とても重要な考え方だと思います。

　　　国の史跡だから大きくて建物や設備が立派で、というような格差をつける発想ではないでしょう。むしろ、身近な活用を考えなければ、かえ

市史の編纂と発掘調査　255

って広い保存範囲が地域や町並みから遊離してしまうことにもなり兼ねない。

阿部　現状に即した活用を第一に考えるということですね。

鈴木　本当に現在そこでくらしている方々に、その場所の重要性が周知されていなければなりません。台門貝塚の破壊の問題でもそうであったように、まず地域の方々にその場所が大事なんだ、ということが十分に周知されていれば、あのような不幸なことは起こらなかったのではないでしょうか。さきほどの保存の議論でショックを受けたのですが、そこで思い出されたのがわたしの好きな考古学者の岡本勇さんです。

　岡本勇さんには遺跡群研究の理念がありますが、いちど直接お会いして話をうかがったことがあります。神奈川の三浦半島には海蝕洞窟がたくさんあります。あるいは鶴見川流域の貝塚群や弥生時代の環濠集落群などがあります。ひとつの理論に沿ってステレオタイプな研究を進めるのではなく、それぞれの地域には目玉になるような個性がある。歴史的な特性というものを、まずそれぞれの地域において周知するのです。だから東京湾東岸の巨大貝塚群というような歴史的個性は、広く周知させる必要があると思います。

阿部　県や市といった現在の行政単位でものを見て考えるということとは違うのですね。

鈴木　たとえば県という行政単位でものを見ている立場ですと、つまみ食い的に良い資料はたくさん集まりますが、それらが本来あるべき地域としての特性を見逃してしまう可能性が高い。つまり研究者として地域にどう接すれば良いかという基礎的な対応や、生活者として地域への接し方もわからなくなってきているのです。

　遺跡の保存活動にかかわって勉強になったのは、生活者としてその地域の価値を見つけ出すということに、考古学はとても役に立っているということです。おそらく、そうした価値は埋蔵文化財としてよりも先に、地域の人たちが気づいている部分も多くあると思います。

　従来型の保存運動は月の輪古墳の運動に代表されますように、国民運動として行政に対してマスで価値を訴求していきました。これからは、より身近な地域でそれぞれの地域の中で、将来に向けて重要な価値を見つけて情報発信していくということだろうと思います。

阿部　そのための現実的な方法などはありますか。

鈴木　これからは団塊の世代といわれる人たちが、組織や仕事から解放されて地域に戻った時にかれらの培ってきたスキルやリーダーシップという

ものはとても重要になってくると思います。そこで地域としてみんなで護りたいもの、大切なものを考え纏め上げていく、という取り組みが大切だろうと思います。

阿部　考古学の中でも地域に根ざした研究を進めていけば、こうした取り組みにつながっていくということですね。

鈴木　そうです。たくさんの市史には、どこでも同じようなステレオタイプのものもありますが、本来はそうした中でこそ、価値の発見として本当の地域研究を進めてほしいですね。

堀越　だからこそ遺跡の発掘現場などで、実際の資料や状況を見てもらうということも重要な意味をもってくるのです。それが一番重要ですね。

鈴木　それは大賛成です。情報公開は市民に大きなインパクトを与えます。

阿部　秋山さんは史跡整備という仕事を通じて、市民側の活用という観点からご意見はないでしょうか。

秋山　史跡整備がどれだけその存在する地域に貢献できるかだと思います。今までにお手伝いさせていただいた史跡整備の中では、愛媛大学の下條先生が愛媛県西予市宇和町で実践されている整備が実例として参考になります。それは、文化財を活かした"まちづくり"を戦略的に試みている「古代ロマンの里構想」です。これは、宇和町全体の歴史的文化遺産の本質的な価値を保存整備し市民の手で普遍的なものにしていこうとするものです。そこでは田んぼの畦や水路

秋山邦雄氏

のつくりなども対象としていまして、その結果として蛍の生息する環境が復元されることなども含まれています。そして、この構想のなかで市民の積極的な参画をうながしています。

阿部　たとえば、どのような遺跡ですか。

秋山　宇和盆地を囲む山の中腹にある笠木峠古墳（4世紀前半頃前方後円墳）です。史跡が調査研究・保存整備・公開活用という各段階で市民が積極的に参加し、それぞれにふさわしい活動をしています。調査段階では樹木の伐採、下草刈り、道の整備などを、現地説明会では会場の設営などです。また、調査のために現地に泊まり込んでいる学生さんたちのために食事の用意を地元の婦人会の皆さんが手伝っています。大学研究室と地元の保存会や婦人会、そして行政とも一体となった人のつながりが、これから史跡活用を活性化していく原点ではないかと思います。

阿部　わたしも10年近く同じ地域で発掘をしています。研究のための発掘を実施するということは問題ではないのですが、近くの住民の方や隣の畑の方などとどう付き合っていくのか、さらには地域の方々に成果を広めるための方法などについては、もっと経験を積まなくてはならないと思っています。

秋山　笠木峠古墳の近くを通るお遍路道も整備され、この道を下っていくと、次に整備される予定の「ナルタキ古墳群」にもつながっていきます。また峠の茶屋も地元の保存会の人たちの手で復元され活用されています。

阿部　遺跡としての活用だけではなく、さまざまな活用を重層的に考えていることが活性化に結びついているのですね。

堀越　まさに市民の宝としての認識が育っているのでしょうね。

阿部　今日はこの座談会を市川で開催しているということもありますが、最近秋山さんも参加された姥山貝塚の再整備事業についてご紹介願えますか。

秋山　姥山貝塚の再整備構想は、首都圏を意識した都市という視点から、史跡整備がどうあるべきかを検討してみてはと考えています。市川市の都市計画を見ますと、近くに都市計画道路が予定されておりますし、周辺環境が刻々と変化しつつあることがわかります。ですから史跡だけで活用を考えるのでなく、周辺環境の変化を予測し総合的な整備を考えていく必要があります。例えば都市計画道路と史跡の間に"道の駅"をつくりお互いに生活に必要なものとして地域にとって不可欠な存在となり、共生することによって相乗効果を発揮し、集客率を高めることもできそうです。そして史跡の存在が周知されブランド化することによって、より活用が積極的に行われるようになると考えています。

阿部　遺跡の価値だけではなく、そこを核とした市民の活動そのものが秋山さんのいうブランドというものを作るということですね。

熊野　姥山貝塚の再整備計画も、実は地域の住民から出てきているのです。現在は散歩道としてくらいしか利用されていないのですが、ああいうことで良いのかという声が上がった。そこでわたしも指定に関わる仕事をしてきた一人として、再整備計画に参加したのです。それで検討委員会を開きました。第1回のたたき台を作りましたが、その中にはもちろん住民の方も参加しています。

　阿部さんも検討委員会の中で主張したように姥山貝塚だけではなく、市内にある曽谷貝塚や堀之内貝塚などを相互に結び付け、ネットワークを作った活用計画なども考えるべきでしょうね。

阿部　わたしはすぐ近くに小学校があることが教育活動とリンクさせた活用を考える場合、重要で個性的な取り組みができる可能性があると思います。校庭と遺跡のフェンスなどを取り払ってしまい、校庭を駆けていくと自然に遺跡につながるなんていう意識も、歴史教育を考える場合、体で覚える歴史になるのではないかと思います。

熊野　それが再整備の第一歩ということですね。

阿部　そうした視点で遺跡の活用を考えていくと、後藤さんの遺跡保存と活用の考え方と同調してゆく部分も多いですね。その辺りのことを、これまでの考古学ではあまり主体的に取り上げてこなかったというのは反省すべき点です。市民の視線にたった活用論が重要ですね。

後藤　これまで史跡整備、都市計画などは別々に考えられていますが、われわれの生活のアメニティを考えるという視点では、すべて同じであると思います。それが現在では相対立している。生活環境の整備としては同じなのです。

　わたしは千葉市内の史跡を整備しろということで、千葉市史跡整備基本構想というものを作りました。それは貝塚だけではありません。

　構想や実施計画の策定など全部で12年かかりましたね。そしてそれを市が取り上げてくれました。それが『縄文の森と水辺の構想』というものです。それを事業決定してくれたのですが、ちょうど私が定年になって、創価大学の教員として地元から離れてしまい、帰ってきたら何も進んでいないのですね。最近では市民の中からこの計画を復活しろという声もあがってきていますが、蒔いた種が芽を出すまでには随分と時間がかかりましたね。

　当時は一人だけではできないので委員会をつくりました。設計段階では秋山さんにもお手伝いいただいています。12名のさまざまな研究者の方にも加わっていただきました。ところが都市計画の専門の方と史跡整備の計画は当然うまくいかないと思っていたのですが、現場で議論をしてゆくと不思議にも意見が合うのですね。これはいい勉強になりました。

阿部　要するにお互いの立場を超えた広い視野で物事を考えていかないといけないということですね。

後藤　いろいろな立場の人たちでも、同じ方向性でものを考えると意外に意見が一致することがあるのです。もっともっと共同学習の場を作るべきだと思いました。一番意見があったのが公園課でした。緑のマスタープランの計画があったときに随分と協力しましたね。逆に考えて遺跡を守る場合には、遺跡環境として自然を残していけばいいのだと考えたのです。

市民ボランティアによる遺跡保存運動
（馬場小室山遺跡に学ぶ市民フォーラムの活動）

秋山　そういう意味では後藤さんは時代の先端をいっているのでしょうね。本来は次の時代を担っているのですね。

阿部　鈴木さん、現在取り組まれている活動からはどうですか。

鈴木　本当に後藤さんのおっしゃる通りだと思います。ちがった視点と経験あるいは多様なスキルで物事を考えることを通して、私自身も勉強になることが多々ありました。たとえば地元の画家の方がいつも気にして遺跡を見るとき、画家は細かな観察をしますから、そこに画家に不足している考古学的な情報を提供することによって遺跡の復元をしてもらうのですよ。そうすると市民の方も遺跡の特徴がよくわかるのです。その結果こうした公園になるといいな、といった感想も生まれてきました。考古学でも遺跡の絵（実測図）は描いていますが、それは考古学に必要な絵であって市民にとって必要な絵ではないのですよ。ですから、もっと市民の想像力を掻き立てるような絵を描いていただいています。しかし、反面であまりいい加減なものでは困りますので、考古学側が倫理観と共に適切な情報を与えるのです。

阿部　考古学だけではない、さまざまな手法を考案するわけですね。

鈴木　感性や想像力に訴えるということが重要であり、そのためには絵画や音楽なども良い手段だと思います。その場所をずっと見てきた地元の方が、ジャズ・ピアノを趣味としている方ですが、そこが壊される状況を見て、いてもたってもいられなくなり、その場所の大切さをテーマ曲にしました。それがまたとても素敵なメロディーなのです。そしてこれまで年一回は開催しております「馬場小室山遺跡に学ぶ市民フォーラム」の会場で、生演奏をしていただいています。

　要するに考古学だけではなく、さまざまな感性・視点やスキル・経験をもつ方が集まってわいわい考えて、その場所の価値をみんなで考えてゆくということが大切だと思います。小さな活動ですが、そうした営みや想いを、あまり無理することなく、より多くの人に知っていただこうと考えています。

後藤　とくに若い人などの参加も重要ですね。

阿部　わたしも鈴木さんの取り組みに少しだけお手伝いをしていますが、こうしたさまざまな感性や特技をもった方々を、一体何処から連れてきたのだろうかと不思議に思ったのですが、後で聞いてみると実はみんな地元の方だったんです。だから市民とは単に遺跡の説明をする、あるいは聞いてもらうという集団ではなくて、さまざまな感性と技術をもった豊かな資源としての意味をもっていると思いました。こうした人たちとさまざまな形でリンクしていけば、お互いの価値観を高めることも出来ると思います。

秋山　考古学の遺跡とは、学問的な意味以外のものをもっているのですね。遺跡は専門家のものだけではない、捨てるかどうかはあなた方市民が考えるという視点も必要です。

鈴木　市民の側にも意識改革は必要であり、厳しい選択をせまるわけですね。

秋山　そうです。それは市民が責任をもって自分の街をつくるということです。もうひとつは人づくりということです。公園は癒しの空間です。遺跡は人をつくることができるものをもっている。コミュニティを作る空間としての意味をもっている。これが公園と遺跡の違いだろうと思います。しかし、これは行政的にいえば、「街づくり」ということになるのです。そういうものの原点をもっていると思います。

阿部　とくに史跡の整備計画での課題などはありますか。

秋山　心配なのは、整備にはリニューアルの時期というものがあります。それを改めて作り直すことなのか、継続した作業として新しいものを常に生み出していくようにするかということが重要になります。

　　　教科書の問題を見てもわかるように、日本の基層文化をきちんと捉えて教育していくということをきちんとした観点から言わないと、ただ保存、保存だけでは駄目ですね。

鈴木　たしかに画一的に歴史を捉えてしまうと、教科書問題のようになる危険性はありますね。だから、それぞれの地域のなかでの歴史的な個性を考えるという視点が重要に思いますね。

阿部　本当にそうですね。わたしも同感です。さて、冒頭で紹介しましたように後藤さんや堀越さんも参加された貝塚研究の手引書ともいう『縄文貝塚の謎』という本が刊行されて30年が経ちました。その本のまとめの中に今後の考古学研究は地域研究にあるということが書かれています。

　　　今日もみなさんのご意見の中には地域を大切に考えるという主張が多く見られたと思います。そしてこの座談会では、ただ単に地域を考古学

市史の編纂と発掘調査　261

的に研究するだけではなく、その場所を活用することの重要性、しかもそれを市民と一体となって取り組むべきであるという主張が、これまで様々な立場で遺跡や文化財を考え、また市民とともに経験を積まれた参加者の方の共通の意見でした。

　大学の考古学もそうした流れから孤立してしまうのではなく、考古学という学問の視点から地域を豊かにする活動に協力できればと思います。これで本日の座談会を閉じさせていただきます。本日はどうもありがとうございました。

あとがき

　千葉県内には多くの貝塚があり、それに基づいた研究の蓄積は戦前から豊富に蓄積され、また研究者も数多い。しかし、これらの貝塚に関する報告や論文は多いものの、貝塚から地域を考えるという視点は、こと近年の貝塚研究では急速に薄れてきたように思う。本書を構想した当初、数人の貝塚研究者と懇談の機会をもち、千葉県の貝塚研究書を作成するという意見がまとまった。

　当初は若手・中堅どころで普段の研究を論文としてまとめるという構成からの出発であったが、当時学史を少しばかり深めていた私は、過去の先人たちの貝塚にかかわる研究にも興味があった。

　ところが、学史という言葉の響きは、新しさとは逆に回顧的な文言で終始するような雰囲気があり、また事実そうした書物も多いためか、その場ではよい返事が得られなかった。

　貝塚研究は当初「一坪発掘」からはじまった。今日の数千平米が調査面積の常態となりつつある埋蔵文化財調査から見れば蟻の一穴にしかすぎない規模である。しかしそこから土器の編年や、環境、生業に関する多くの研究が芽生えた。近年の調査の中には大型貝塚を全掘する例も珍しくはない。この膨大な資料の山から我々は何を読み取り、何を後世に伝えるのか。求められるのはその時々の新しい発見ばかりで良いのだろうか。そう考えると、何よりも高度経済成長期の貝塚研究を牽引した先学の取り組みと、今日的な課題を整理することが重要に思えた。近年の膨大な出土資料を分析することと共に、これまでの調査の成果や出土資料の検討の重要性が一層強く意識された。

　新しい資料には新しい可能性が見えるが、はたして古い資料は役割を終えたものとして収蔵庫で死蔵するだけで良いのだろうか。新しい資料との接点は絶えず存在するのであり、古きを訪ねる意義もまた、新しい研究に課せられた大切な役割ではないだろうか。本書ではそうした意識から東京湾岸を代表する巨大貝塚である姥山貝塚、古作貝塚、園生貝塚、加曽利貝塚、千葉貝塚（群）の５貝塚の過去の研究記録に今日的な視点から検討を加えた。

　本書は４部構成からなるものである。第Ⅰ章から第Ⅲ章までに具体的な研究の成果が論文として収められているが、冒頭述べたように、これらの中には過去の研究記録の再検討に５本の論文がまとまり、力点が置かれている点は本書

の性格をよく表している。

　さらにまた、第Ⅳ章はこれまでの千葉県の代表的な貝塚史跡の保存と整備・活用のなかで、第一線の現場に立たれた、まさに生き証人たちの座談会であり、巨大貝塚がたどった史跡までの、それぞれの険しい道のりが語られている。これが本書の2つ目の特徴である。所々の本音は厳しくもあり、今日の行先の見えにくい埋蔵文化財行政の中では暖かくも聞こえる。史跡保存というゴールまでには実にさまざまな出来事があった。この記録はこれからの新しい史跡整備や博物館活動の礎になるに違いない。

　本書を編んでみて素直に思うのは、過去を考える視点の多様性と、わたしたち自身が残した「過去」が一体何であったのかということを常に意識することの大切さである。

　こうした問題意識と価値観を、日本の先史文化研究を通じて共有し、広く発信するために明治大学では特定研究課題ユニット日本先史文化研究所を立ち上げた。本書は一部にその成果を記録したものでもあり、また現実世界にある貝塚という文化資源の多面性を解説した部分もある。

　遺跡や遺物の研究はその時代の歴史観や、研究の方法や目的に応じて異なる事実を垣間見せてくれる。そのことを問わずして時代を拓く研究は成り立たないであろう。奇しくも座談会の中で共有された「研究なくして活用はなし」という認識が確かな重みをもつのである。

　最後に本書の刊行では雄山閣出版の宮島了誠、桑門智亜紀の両氏に大変にお世話になった。記して深く感謝したい。

　なお、千葉の貝塚研究を今日まで牽引され、本書所収の座談会にもお元気で参加された後藤和民先生は本年11月8日に逝去された。座談会での貝塚保存の熱弁も記憶に新しく、これからも御指導をお願いしていただけに誠に残念である。ここに謹んで哀悼の意を表したい。

阿部　芳郎

執筆者紹介（掲載順）

阿部芳郎（あべ　よしろう）1959年生

明治大学文学部教授　明治大学日本先史文化研究所所長

主要著作論文「縄文時代の生業と中里貝塚の形成」『中里貝塚』2000　「貝食文化と貝塚形成」『地域と文化の考古学』Ⅰ、2005　『失われた史前学』岩波書店、2004

堀越正行（ほりこし　まさゆき）1947年生

元市立市川考古博物館館長

主要著作論文『シンポジウム縄文貝塚の謎』新人物往来社、1978（共著）　「千葉県の考古学研究のあゆみ」『千葉県の歴史　資料編　考古4（遺跡・遺構・遺物)』千葉県、2004（共著）

渡辺　新（わたなべ　あらた）1965年生

千葉縄文研究会

主要著作論文「骨角貝製「腰飾」―箆状鯨類下顎骨製品・環状イモガイ製品―」『千葉縄文研究』1、2006（共著）　「西広貝塚7次調査出土人骨の歯牙」『市原市西広貝塚』Ⅲ、市原市教育委員会、2007　「集団構成―千葉県権現原貝塚の事例―」『縄文時代の考古学』10、同成社、2008

須賀博子（すが　ひろこ）1970年生

松戸市教育委員会臨時職員

主要著作論文「土坑内貝層にみられる貝の利用形態」『陣ヶ前遺跡―第2次発掘調査報告書―』2000　「二ツ木後田遺跡の加曽利B2式土器の構成」『松戸市立博物館紀要』12、2005　「加曽利B式算盤玉形土器の変遷と地域性」『地域と文化の考古学』Ⅰ、2005

鈴木正博（すずき　まさひろ）1951年生

元㈱東芝情報システム部参事

主要著作論文『取手と先史文化』上・下巻、1979・1981　「我が中年の夢、『日本先史社会図譜』」『利根川』15、1994　「縄紋学再生」『古代探叢』Ⅳ、早稲田大学出版部、1995

西野雅人（にしの　まさと）1962年生

財団法人千葉県教育振興財団上席研究員

主要著作論文「貝塚」『千葉県の歴史　資料編　考古4（遺跡・遺構・遺物）』千葉県、2004（共著）　「東京湾東岸の大型貝塚を支えた生産・居住様式」『地域と文化の考古学』Ⅰ、2005　「縄文時代の通年定住型集落を支えた食—植物の発達と貝・小魚の通年利用—」『研究紀要』24、千葉県文化財センター、2005

谷畑美帆（たにはた　みほ）1966年生

明治大学大学院ＧＰ研究推進員

明治大学文学部兼任講師

主要著作論文「縄文時代の貝塚から出土する人骨の形質的特徴と古病理学的所見」『季刊考古学』105、2008　「縄文時代人の疾病」『縄文時代の考古学』10、同成社、2008　「骨病変から見た市川市出土の縄文時代人骨」『市川市縄文貝塚データブック』市立市川考古博物館、2008

忍澤成視（おしざわ　なるみ）1962年生

市原市教育委員会・埋蔵文化財調査センター主査

主要著作論文「骨角器の研究　縄文篇Ⅰ・Ⅱ」『考古民俗叢書』22・23、慶友社、1986（共著）　「縄文中・後期におけるタカラガイ・イモガイ加工品の社会的意味—その生産における房総半島集落の役割—」『縄紋時代の社会考古学』同成社、2007　「もう一つの「貝の道」—伊豆諸島におけるオオツタノハ製貝輪生産—」『動物考古学』26、2009

黒住耐二（くろずみ　たいじ）1959年生

千葉県立中央博物館上席研究員

主要著作論文「伊是名貝塚の貝類分析」『伊是名貝塚』勉誠出版、2001　「千葉県西広貝塚の土壌サンプルから得られた微小貝類遺体」『市原市西広貝塚』Ⅲ、市原市教育委員会、2007　「微小陸産貝類が示す古環境」『縄文時代の考古学』3、同成社、2009

後藤和民（ごとう　かずひと）1932年生　2009年没

元千葉市加曽利貝塚博物館館長

元創価大学教育学部教授

主要著作論文『シンポジウム縄文貝塚の謎』新人物往来社、1978（共著）　『縄文土器をつくる』中央公論社、1980　『縄文人の謎と風景』廣済堂、1981

熊野正也（くまの　まさや）1941年生
　元千葉県市川市教育委員会文化財係長
　元市立市川歴史博物館館長
　主要著作論文「市川市の文化財と杉原荘介」『考古学者　杉原荘介』1984

秋山邦雄（あきやま　くにお）1943年生
　歴史環境計画研究所所長
　主要著作論文「遺跡の活用計画の実際と課題」『季刊考古学』105、2008　「遺跡の
　　保存活用の実態と「大森ムラ」の街づくり」『東京の貝塚を考える』雄山閣、
　　2008

2009年11月25日　初版発行　　　　　　　　　　《検印省略》

明治大学日本先史文化研究所　先史文化研究の新視点Ⅰ

東京湾巨大貝塚の時代と社会

編　者　阿部芳郎

発行者　宮田哲男

発行所　株式会社 雄山閣

　　　　〒102-0071　東京都千代田区富士見2-6-9

　　　　ＴＥＬ　03-3262-3231㈹／ＦＡＸ　03-3262-6938

　　　　ＵＲＬ　http://www.yuzankaku.co.jp

　　　　e-mail　info@yuzankaku.co.jp

　　　　振　替：00130-5-1685

印　刷　亜細亜印刷株式会社

製　本　協栄製本株式会社

法律で定められた場合を除き、本書からの無断コピーを禁じます。
Printed in Japan　2009　©YOSHIRO ABE
ISBN978-4-639-02114-8 C3021